AUFKLÄRUNG HEUTE

ILUMINISMUL ASTĂZI

HERAUSGEGEBEN VON / EDITORI

RAINER SCHUBERT UND/ŞI MIHAI-ANDREI TODOCA

Gedruckt mit Unterstützung der Österreichischen Botschaft Bukarest –
Tipărit cu sprijinul Ambasadei Austriei la Bucureşti

Wissenschaftliche Referenten / Referenţi ştiinţifici:
Prof. univ. dr. Vasile Muscă
Prof. univ. dr. Alexandru Boboc – Membru corespondent al Academiei Române

Descrierea CIP a Bibliotecii Naţionale a României
ILUMINISMUL ASTĂZI = AUFKLÄRUNG HEUTE : SIMPOZION INTERNAŢIONAL (2007; Sibiu)
Iluminismul astăzi = Aufklärung heute: simpozion internaţional: Sibiu, 2007 / coord.: Rainer Schubert.. - Cluj-Napoca : Presa Universitară Clujeană, 2007
Bibliogr.
ISBN 978-973-610-654-5
I. Schubert, Rainer (coord.)
14(063)

Universitatea Babeş-Bolyai
Presa Universitară Clujeană
Director: Codruţa Săcelean
Str. Hasdeu nr. 51
400371 Cluj-Napoca, România
Tel./fax: (+40)-264-597.401
E-mail: editura@editura.ubbcluj.ro
http://www.editura.ubbcluj.ro/

AUFKLÄRUNG HEUTE

ILUMINISMUL ASTĂZI

HERAUSGEGEBEN VON / EDITORI

RAINER SCHUBERT UND/ŞI MIHAI-ANDREI TODOCA

PRESA UNIVERSITARĂ CLUJEANĂ / KLAUSENBURGER UNIVERSITÄTSVERLAG

2008

Inhaltsverzeichnis / Cuprins

Vorwort 7

Cuvânt înainte 17

Peter Kampits: *Aufklärung und Wissenschaft* 25

Bernhard Irrgang: *Aufklärungsphilosophie und technologische Moderne. Überlegungen zu ihrem Verhältnis am Ende der Moderne* 55

Hans-Klaus Keul: *Menschenwürde und menschliches Leben. Zu Kants Begriff der Person* 81

Herbert Lachmayer: *Essay zu meinem Vortag in Sibiu/Herrmannstadt mit dem Titel: Aufklärung der Aufklärung heute* 101

Herbert Schnädelbach: *Aufklärung als Prozess und Projekt. Versuch einer Begriffsklärung* 119

Rainer Schubert: *Technikphilosophie. Zur Aufklärung der Begriffe „Virtualität" und „Realität" am Beispiel des Internets* 145

Andrei Marga: *Freiheit, Reform, europäische Integration (Über die kritische Theorie)* 161

Andrei Marga: *Libertate, reformă, integrare europeană (Despre teoria critică)* 197

Mircea Flonta: *Luminarea ca îndatorire permanentă* 233

Adrian-Paul Iliescu: *Cât de puternică este argumentarea anti-iluministă contemporană?* 259

Vasile Muscă: *Iluminism şi istorism* 281

Vorwort

Im März 2007 fand in der damaligen europäischen Kulturhauptstadt Sibiu/Hermannstadt ein internationales Symposion mit dem Titel "Aufklärung heute" statt. Der Ort der Begegnung war im Brukenthal-Museum. Das Symposion wurde von der Österreichischen Botschaft Bukarest finanziell unterstützt und auch organisiert. Insgesamt nahmen daran zehn Referenten aus Rumänien, Österreich und Deutschland teil und standen dem Publikum für anschließende Diskussionen zur Verfügung. Gemäß dem Titel bestand die Hauptaufgabe des Symposions darin, darzulegen, daß "Aufklärung" keine vergangene Epoche der Geistesgeschichte, sondern eine permanente Aufgabe für gegenwärtiges Denken und Handeln darstellt. Dies ist nicht nur für westliche Verhältnisse von Belang, sondern auch für Rumänien selbst, das sich durch seinen EU-Beitritt stärker als vorher mit den Werten der Aufklärung konfrontiert sieht. Das Symposion diente daher auch in hervorragender Weise dazu, sich auf die europäischen Werte zu besinnen und einen aktuellen Querschnitt über den diesbezüglichen Reflexionsstand zu geben. Im folgenden werden die Beiträge schwerpunktartig wiedergegeben:

Rumänien

Prof. Dr. Andrei Marga, Rektor der Universität Klausenburg, sprach zum Thema "Freiheit, Reform, europäische Integration" aus dem Blickwinkel der kritischen Theorie im Umfeld von Jürgen Habermas. Das besondere Interesse galt dabei den Reformstaaten des ehemaligen Ost-Blocks. Zitat: "Während im Westen die Aufklärung zur normativen Basis offener Gesellschaften wurde, mußte im Osten erst die Ideologie des *östlichen Sozialismus* zerstört werden, um zu einer unverzerrten Gestaltung der Gesellschaft zurückzufinden." Ausführlich widmet sich Marga dann der Frage nach einer "europäischen Kultur", um schließlich an die christlichen Fundamente der europäischen Aufklärung zu erinnern.

Prof. Dr. Adrian Paul Iliescu, Universität Bukarest, untersucht die Einwände rumänischer Intellektueller gegen die Aufklärung und zeigt, daß diese Argumente alle an einer petitio principii leiden. Sie seien religiös motiviert und kreisen um das Problem des Bösen in der Welt. Zitat: "Kurz gesagt, nur wer von vornherein vom Verfall der heutigen Welt, von ihrem Einsturz überzeugt ist, wird zum Schluß kommen, daß die Aufklärung gescheitert ist und ihr unterstellen, daß sie den Verfall der heutigen Welt selbst befördert habe." Der Autor hebt schließlich hervor, daß es zur Aufklärung keine Alternative gebe. Ex negativo stützt sich daher das Projekt Aufklärung selbst.

Prof. Dr. Vasile Musca, Universität Klausenburg, beleuchtet das Verhältnis von Aufklärung und Historismus. Einerseits zeige sich die Rationalität ungeschichtlich und dafür stehe der Kartesianismus. Andererseits wurde durch geographische Entdeckungen und geschichtliche Ereignisse dieser Glaube zerstört und es entwickelte sich zur Lösung dieses Widerspruchs eine Philosophie der Geschichte (Voltaire) oder eine Geschichte der Philosophie (Hegel). Der deutsche Historismus hatte hier seinen Ursprung. Die Historisierung der Vernunft führe aber auch zu einem Dilemma in Bezug auf künftiges Denken und Handeln, zu einem Widerspruch von Endlichkeit und Unendlichkeit. Zitat: "Das Ende der Geschichte wird aber dauernd verlegt, immer weiter durch kreative Eingriffe des Menschen hinausgeschoben." Historizität und lineare Infinitheit sollten zur Synthese gebracht werden, allerdings sei eine vollständige Aufklärung als historische Realität niemals möglich.

Prof. Dr. Mircea Flonta, Prof. emer. der Universität Bukarest, hebt vervor, daß die Aufgabe der Aufklärung eine permanente ist. Zu diesem Zweck müsse nach drei Begriffspaaren gedacht und gehandelt werden: Freiheit-Solidarität, Irrtum-Toleranz, Bildung-allgemeiner Dialog. Der jeweils erste Begriff sei die Bedingung, der jeweils zweite Begriff deren Erfüllung. Würde nach diesen Maximen gelebt, könnten wir optimistisch sein. Allerdings stehen der Aufklärung Hindernisse, besonders in Rumänien, entgegen. Unkritische Religiosität auf der einen, schrankenloser Hedonismus auf der anderen Seite behindern aufgeklärtes Denken und Handeln.

Zitat: "Im heutigen Rumänien haben die Prinzipien der Aufklärung eine besondere Aktualität. In schizophrener Spannung oder in gleichgültigem Nebeneinander koexistieren die traditionellen und neuen Gegner der Aufklärung. Auf Schritt und Tritt begegnen wir einerseits autoritären Appellen, die sich durch Bezug auf das Absolute legitimieren, andererseits den Stereotypen des westlichen Hedonismus". Angesichts dieses Umstandes erwägt der Autor schließlich die Chancen der Aufklärung in Rumänien und beklagt, daß nüchternes und vernünftiges Denken oftmals für langweilig gehalten wird.

Österreich

Prof. Dr. Peter Kampits, Universität Wien, geht von der Diagnose J. F. Lyotards aus, die große Erzählung der Aufklärung beginne mit dem Glauben an den wissenschaftlichen Fortschritt und einer damit einhergehenden Steigerung von Wohlstand und Freiheit des Menschen. Der Autor diskutiert innerhalb dieses Rahmens das mittlerweile äußerst kontroversiell gewordene Verhältnis von Aufklärung und Wissenschaft. Das Vertrauen in die Wissenschaft zum einen, andererseits die Skepsis gegenüber dieser Art von szientifischer Rationalität werden anhand verschiedener zeitgenössischer Positionen vorgestellt. Daraus ergibt sich aber die Grundfrage (Zitat): "Wie also sollen wir - nach all diesen Beschreibungen, Diagnosen und Warnungen mit der Frage nach der Legitimität der aufklärerischen und szientistischen

Vernunft umgehen?" Möglicherweise bleibt, nach der Verabschiedung vom Prinzipiellen, nur noch der Einsatz von Pluralitäts- und Diversierungsstrategien für ein halbwegs erträgliches Überleben.

Prof. Dr. Herbert Lachmayer, Universität Linz, Da Ponte Institut Wien. In diesem Vortrag wird die Metafrage nach der Aufklärung einer "Aufklärung heute" angerissen. Die Begriffsmagie des Wortes "Aufklärung" sei angesichts der Globalisierung selbst tückisch geworden. Die ideologischen Ressourcen als Motivation zur Aufklärung erschöpfen sich. Bedauerlich dabei sei, daß der Zweck der Aufklärung, die Freiheit des Individuums zu formulieren und zu garantieren, angesichts eines neo-liberalistischen Manager-Absolutismus immer mehr abhanden kommt. Aus der Worthülse "Aufklärung" sollte der Mensch wieder zu einer leidenschaftsfähigen Aufklärung finden. Zitat: "Sich dem Freiheitsgefühl, das mit dem Geist der Aufklärung entstanden ist, heute wieder zu nähern, legt auch nahe, sich das exstatische Moment zu vergegenwärtigen, das mit dem Wort "enlightenment", mit der Tatsache einer leidenschaftsfähigen Vernunft verbunden ist." Vor allem die künstlerisch-wissenschaftliche Fähigkeit des Menschen wäre in diesem Sinne zu bilden und zu verbessern.

Prof. Dr. Rainer Schubert, Universität Klausenburg. Angesichts der ständig verschwimmenden Begriffssphären von "virtuell" und "reell/real" bzgl. des Internets wird die Frage nach schärferen Unterscheidungskriterien gestellt. Dabei wird die Diskussion als ein Beitrag zur Technikphilosophie mit Bezug auf bestimmte Perspektiven der Aufklärung angesehen. Der taktuelle Unterbau, den Berkeley bei der optischen Wahrnehmung herausarbeitet, wird auf die Wahrnehmung im Internet übertragen. Die Begriffe "reell" (sensorisch verstanden) und "real" (pragmatisch verstanden) werden diskutiert. Zitat: "Der Begriff "virtuelle Realität`` enthält einen riesigen Widerspruch, der gelöst werden muß. Freilich handelt es sich hier um einen langwierigen gesellschaftlichen Lernprozeß, das Virtuelle vom Reellen immer deutlicher unterscheiden zu können. Nach all den vorgebrachten Argumenten hat dann "virtuell" nur eine negative Bedeutung und dies auch immer nur vorläufig: was noch nicht von der äußeren Wirklichkeit eingeholt wurde." Wir stehen vor einem ähnlichen Problem wie Kant in der Erkenntnistheorie: das Noumenale vom Phänomenalen unterscheiden zu können.

Deutschland

Prof. Dr. Bernhard Irrgang, Technische Universität Dresden, fragt nach der Position der Aufklärungsphilosophie am Ende der Moderne. Ideologische Rechtfertigungen gegenüber der Wissenschaft und dem Übel in der Welt in Gestalt einer Theodizee seien beide obsolet geworden. Eine illusionslose Stufe der Betrachtung ist nötig, welche weiter an die historischen Möglichkeiten der technischen Zivilisation glaubt, allerdings ohne messianische Hoffnungen. Die Extreme von Resignation und Utopie sind zu überwinden, gleichzeitig das Erbe der Moderne entsprechend zu übernehmen. Zitat: "Aufgabe ist vielmehr, unsere vererbte

Moderne zu reformieren, ja richtig wieder herzustellen, indem wir sie humanisieren und dabei eine Naturphilosophie entwickeln, die auch ökologischen Belangen gerecht wird." Der alte aufklärerische Fortschrittsglaube an Wissenschaft und Technik sollte transformiert werden im Hinblick auf ökologisches Handeln.

Prof. Dr. Herbert Schnädelbach, emer. Prof. der Humboldt-Univ. Berlin, sieht die Aufklärung als Prozess und Projekt. Nach einer Klärung des Wortfeldes "Aufklärung" unterscheidet der Referent drei Redeweisen über "Aufklärung": die chronologische, die historische, die strukturelle. Letztere sei insofern die bedeutsamste, weil wir mit dem Epochenbegriff (chronologische Redeweise) und dem historischen Verständnis (geschichtsphilosophisches Modell der Aufklärung) nicht mehr auskommen. Zitat: "Das Aufklärungszeitalter hat nicht alle Unmündigkeiten beseitigt; .... also brauchen wir ein strukturelles Aufklärungsverständnis, das es uns erlaubt, Aufklärungsbedarfe in den verschiedensten kulturellen Kontexten zu identifizieren und ihre Deckungschancen genauer einzuschätzen." Kein Aufklärungsversuch könne allerdings fruchtbar sein, ohne das Subjekt, das sich selbst aufklärt, in der jeweiligen Gegenwart, in der es lebt.

Dr. Hans-Klaus Keul, Univ. Ulm, behandelt das Thema Menschenwürde und menschliches Leben im Hinblick auf Kants Begriff der Person. Ausgehend von Kants Konzept von Aufklärung und Kritik betont der Autor den Vorrang der praktischen Vernunft im Gebrauch der drei Vermögen: Verstand, Vernunft und Urteilskraft. Dadurch, daß Kant selbst bereits gebrauchstheoretisch denkt, eröffnen sich neue Möglichkeiten der Revision seines praktischen Denkens. Zitat: "Gleichwohl, selbst Kants Konzept der Person bedarf durchaus einer Revision. Denn deren Identität, und darauf hat ja die Sozialphilosophie von Hegel bis Honneth immer wieder hingewiesen, ist nicht schlicht gegeben." Die fortdauerende Aktualität von Kants Ethik bestehe allerdings darin, daß alle Anerkennungsbemühungen das Konzept der Würde immer schon voraussetzen. Im Hinblick auf Menschenwürde und menschliches Leben werden die angerissenen Fragen besonders virulent. Der Zusammenhang von Würde, Organismus und Natur sei im Sinne der Aufgabe von einer "Aufklärung heute" neu auszuloten.

Nach den jeweiligen Referaten fanden rege Diskussionen statt. Dies zeigte einmal mehr die Aktualität der Debatten rund um das Thema "Aufklärung". Es ist zu hoffen, daß die diesbezüglichen Diskussionen und Begriffsklärungen niemals enden werden, da ohne aufgeklärtes Bewußtsein ein gedeihliches Zusammenleben der Menschen auf unserem Globus nicht möglich ist.

Es sei an dieser Stelle auch Dank all denen gegenüber ausgesprochen, die am Zustandekommen dieses Symposions beteiligt waren: nicht nur den Organisatoren und Übersetzerinnen, sondern auch allen Referenten aus dem In- und aus dem Ausland. Da die finanziellen Mittel für eine komplette zweisprachige Ausgabe leider nicht ausreichten, werden die Beiträge im wesentlichen in der Originalsprache publiziert.

Die Herausgeber hoffen jedoch, daß die zweisprachig wiedergegebenen Kurzfassungen des Vorworts dem Leser zumindest einen kleinen thematischen Überblick verschaffen können. In diesem Sinne darf allen Interessenten viel Vergnügen bei der Lektüre gewünscht werden.

Univ. Prof. Dr. Rainer Schubert
Doktorand Andrei Todoca

Klausenburg
Juni 2008

Cuvânt înainte

În luna martie 2007 a avut loc în Sibiu / Hermannstadt, Capitală culturală la acea dată, un simpozion internațional cu titlul "Iluminismul astăzi". Locul întâlnirii a fost Muzeul Brukenthal. Simpozionul a fost sprijinit financiar şi organizat de către Ambasada Austriei la Bucureşti. În total au participat zece vorbitori din România, Austria şi Germania, care au stat ulterior la dispoziția publicului pentru discuții. Conform titlului, principala sarcină a simpozionului a constat în sustinerea tezei cum că "Iluminismul" nu este o epocă trecută a istoriei spiritului, ci o sarcină permanentă pentru gândirea şi acțiunea contemporane. Acest lucru nu este relevant doar pentru sfera occidentală, ci şi pentru România, care, prin aderarea la UE, este confruntată într-o măsură mult mai mare decât înainte cu valorile iluminismului. Simpozionul a servit aşadar în primul rând reflecției asupra valorilor europene şi a prezentării, din acest punct de vedere, a unui raport actual asupra stadiului reflecției în aceasta privință. În cele ce urmează vor fi prezentate prelegerile, accentuandu-se punctele de importanța ale acestora:

România

Prof. Dr. Andrei Marga, Rector al Universitatii "Babeş-Bolyai" din Cluj-Napoca, a vorbit despre tema "Libertate, reformă, integrare europeană", din perspectiva teoriei critice a lui Jürgen Habermas. Un interes deosebit a fost arătat statelor în proces de reformă ale fostului bloc estic. Citat: "În vreme ce în Vest Aufklärung-ul a devenit baza normativă a unor societăţi deschise, în Est a rămas încă de destrămat ideologia "socialismului răsăritean" pentru a se reveni la o concepere nedistorsionată a societăţii.". Marga se dedică apoi în profunzime întrebării referitoare la "cultura europeană", pentru a aminti spre final de fundamentele creştine ale iluminismului european.

Prof. Dr. Adrian Paul Iliescu, Universitatea Bucureşti, cercetează obiecţiile intelectualilor români aduse la adresa iluminismului şi arată că toate aceste argumente suferă de o petitio principii. Ele sunt motivate religios şi sunt centrate în jurul problemei răului în lume. Citat: "Pe scurt, numai cine este deja convins că lumea de azi este o *cădere,* o *prăbuşire,* va conchide la eşecul Iluminismului care a creat sau accelerat frenetic această cădere". Autorul subliniază în ultimă instanţă că nu există nicio alternativă la iluminism. Ex negativo, proiectul iluminismului este autoportant.

Prof. Dr. Vasile Musca, Universitatea "Babeş-Bolyai" din Cluj-Napoca reliefează raportul dintre iluminism şi istorism. Pe de o parte raţionalitatea s-ar manifesta anistoric, idee sustinută de către cartesianism. Pe de altă parte însă, prin intermediul descoperirilor geografice şi a evenimentelor isotirce, acest credo a fost distrus şi, spre soluţionarea acestei contradicţii, s-a dezvoltat o filosofie a istoriei (Voltaire) sau o istorie a filosofiei (Hegel). Istoricizarea raţiunii ar duce însă şi la o dilemă în raport cu gândirea şi cu acţiunea, la o contradicţie a finitudinii şi a infinitului. Citat: "Sfârşitul istoriei este însă permanent amânat, împins de fiecare dată mai departe în timp, de intervenţiile acţiunilor creatoare al căror subiect este omenirea". Istoricitatea şi infinitul liniar ar trebui unite în sinteză; în tot cazul, o luminare completă nu va fi niciodată posibilă ca realitate istorică.

Prof. Dr. Mircea Flonta, profesor pensionat al Universităţii Bucureşti, subliniază faptul că sarcina iluminismului este una permanentă. În această ordine de idei reflecţia şi acţiunea ar trebui să se desfasoare în funcţie de trei duete conceptuale: libertate-solidaritate, failibilism-toleranţă, formare (Bildung)-dialog generalizat. De fiecare dată, primul concept din duet reprezintă condiţia, cel de-al doilea împlinirea. Dacă am trăi în conformitate cu aceste maxime, am fi îndreptăţiţi să fim optimişti. În tot cazul, iluminismul are de înfruntat obstacole, mai ales în România. Religiozitatea necritică pe de o parte, hedonismul fără limite pe de altă parte împiedică gândirea şi acţiunea iluministe. Citat: "În România de astăzi, principiile luminării au o acută actualitate. Aici coexistă, într-o tensiune schizofrenică sau într-o alăturare indiferentă, adversarii tradiţionali şi cei noi ai luminării. Ne întâmpină la tot pasul, pe de o parte apeluri autoritare, care se legitimează prin raportare la absolut, pe de altă parte stereotipiile hedonismului vestic." Cu privire la aceste circumstanţe, autorul cumpăneşte la urma urmei şansele iluminismului în România şi deplânge faptul că gândirea lucidă şi raţională este adesea considerată plictisitoare.

Austria

Prof. Dr. Peter Kampits, Universitatea Viena, porneşte de la diagnoza lui J. F. Lyotard cum că marea poveste a iluminismului ar începe cu crezul omului în progresul ştiinţific şi într-o sporire a bunăstării şi a libertăţii omului care merg mână în mână cu acest progres. Autorul discută în acest cadru raportul, devenit devenit între timp unul controversat, dintre iluminism şi ştiinţă. Încrederea în ştiinţă pe de o parte, şi scepticismul faţă de acest tip de raţionalitate ştiinţifică pe de alta, sunt prezentate pe baza unor diferite poziţii contemporane. Din aceasta emerge însă întrebarea fundamentală (citat): "Cum trebuie să abordăm noi - în urma tuturor acestor descrieri, diagnoze şi avertismente - întrebarea privitoare la legitimitatea raţiunii iluministe şi scientiste?"[1] Este posibil ca în urma abrogării principialului, să nu ne rămână, pentru o supravieţuire pe jumătate suportabilă, decât utilizarea unor strategii ale pluralităţii şi diversificării.

Prof. Dr. Herbert Lachmayer, Universitatea Linz, Institutul Da Ponte Viena. În această prelegere este abordată meta-întrebarea referitoare la luminarea "iluminismului astăzi". Magia conceptuală a cuvântului "iluminism" ar fi devenit, în contextul globalizării, ea însăşi una purtătoare de capcane. Resursele ideologice ca motivaţie a iluminismului se epuizează. Regretabil ar fi faptul că scopul iluminismului, anume acela de a formula şi garanta libertatea individului, se pierde din ce în ce mai mult. Plecând din cuvântul golit de conţinut "iluminism",

[1] Traducerea editorilor

omul ar trebui să îşi regăsească locul într-un iluminism capabil de pasiuni. Citat: "A ne apropia iarăşi de sentimentul libertăţii care s-a născut odată cu spiritul iluminismului, înseamnă şi reactualizarea momentului extatic care este legat de cuvântul "enlightenment", de faptul unei raţiuni capabile de pasiune"[2]. Înainte de toate, în acest sens ar trebui formată şi îmbunătăţită capacitatea artistico-ştiinţifică a omului.

Prof. Dr. Rainer Schubert, Universitatea "Babeş-Bolyai" din Cluj-Napoca. Cu privire la sferele conceptuale în permanentaă oscilaţie "virtual" şi "real", respectiv cea a internetului, se ridică problema unor criterii de diferenţiere mai precise. Astfel, discuţia este considerată a fi o contribuţie la filosofia tehnicii cu referire la perspective precise ale iluminismului. Substratul actual, pe care Berkley l-a profilat în cazul perceptiei optice, este transferat aspura percepţiei în internet. Conceptele "real" (în accepţiune senzorială) şi "real" (în accepţiune pragmatică) fac obiectul discutiei. Citat: "Conceptul de "realitate virtuală" conţine o contradicţie care trebuie rezolvată. Desigur că avem de-a face aici cu un proces social de învăţare de lungă durată, pentru a putea distinge într-o măsură tot mai mare virtualul de real. În urma tuturor argumentelor prezentate, "virtual" nu mai are decât o semnificaţie negativă şi acest lucru doar în mod provizoriu: anume ceea ce nu a fost ajuns încă din urmă de realitatea exterioară.[3]" Ne aflăm în faţa unei probleme similare cu cea kantiana a teoriei cunoaşterii: aceea de a putea distinge noumenalul de fenomenal.

---

[2] Traducerea editorilor

[3] Traducerea editorilor

Germania

Prof. Dr. Bernhard Irrgang, Universitatea Tehnică Dresda, se întreabă asupra poziției filosofiei iluminismului la finalul modernității. Justificările ideologice față de știință și față de răul din lume în ipostaza unei teodicei ar fi devenit desuete. O etapa lipsită de iluzii este necesară, care să creadă în continuare în posibilitățile istorice ale civilizatiei, în tot cazul însă fără speranțe mesianice. Extremele dintre resemnare și utopie trebuie depășite și în același timp trebuie preluată în mod corespunzător moștenirea modernității. Citat: "Sarcina este mai degrabă reformarea modernității moștenite de noi, ba chiar restaurarea ei, prin aceea că o umanizăm și dezvoltăm în acest proces o filosofie a naturii care să ia în considerare și elementele ecologice"[4]. Vechiul credo luminist în progresul științei și tehnicii ar trebui transformat ținându-se cont de acțiunea ecologică.

Prof. Dr. Herbert Schnädelbach, profesor pensionat al Univertiății Humboldt din Berlin vede iluminismul ca proces și proiect. În urma clarificării câmpului semantic al "iluminismului", vorbitorul distinge trei tipuri de discurs despre "iluminism": cel cronologic, cel istoric, cel structural. Cel din urmă este cel mai relevant deoarece nu reușim să mai înaintăm cu ajutorul conceptului de epoca (discurs cronologic) și cu comprehensiunea istorică (model istorico-filosofic al iluminismului). Citat: "Epoca iluminismului nu a îndepărtat toate stările de minorat; ..... așadar avem nevoie de o înțelegere

[4] Traducerea editorilor

structurală a iluminismului, care să ne permită să identificăm necesarul de luminare în cele mai diferite contexte culturale şi să estimăm mai precis şansele lor de a fi acoperite.[5]" Nici o încercare de luminare nu ar putea fi fructuoasă fără subiectul care se luminează pe sine în contemporaneitatea în care trăieşte la un moment dat.

Dr. Hans-Klaus Keul, Universitatea Ulm, tratează tematica demnităţii şi a vieţii umane cu privire la conceptul kantian al persoanei. Pornind de la conceptul kantian al iluminismului şi al criticii, autorul subliniază preeminenţa raţiunii practice în utilizarea celor trei facultăţi: intelect, raţiune si facultate de judecare. Prin faptul că I. Kant însuşi gândeşte deja din perspectiva teoretică a utilizării, se deschid noi posibilităţi ale revizuirii gândirii sale practice. Citat: "De asemenea, chiar şi conceptul kantian al persoanei necesită în tot cazul o revizuire. Deoarece identitatea sa, şi asupra acestui aspect a indicat deja în mod repetat filosofia socială de la Hegel până la Honnerth, nu este pur şi simplu dată.[6]" Actualitatea continuă a eticii kantiene ar consta în tot cazul în faptul că toate strădaniile de recunoaştere presupun deja întotdeauna conceptul de demnitate. Cu privire la demnitatea umană şi la viaţa omului, întrebarile abordate devin deosebit de virulente. Legătura de context dintre demnitate, organism şi natură ar trebui sondate din nou din perspectiva sarcinii lor de către un "iluminism - astăzi".

---

[5] Traducerea editorilor
[6] Traducerea editorilor

După fiecare prelegere au avut loc discuţii intense. Acest lucru a arătat încă odată actualitatea dezbaterilor în jurul tematicii "iluminismului". E de sperat ca discuţiile şi clarificarile conceptuale legate de aceasta să nu se sfârşească niciodată, deoarece fără o conştiinţă luminată nu este posibilă o convieţuire înfloritoare între oameni.

Aducem aici mulţumiri tuturor celor care au contribuit la desfăşurarea acestui simpozion: nu doar organizatorilor şi traducătoarelor, ci şi tuturor vorbitorilor din ţară şi din străinatate. Deoarece mijoacele financiare nu au fost, din păcate, suficiente pentru o ediţie complet bilingvă, prelegerile vor fi publicate esenţialmente în limba originală în care au fost ţinute.

Editorii speră totuşi că versiunile prescurtate ale Cuvântului înainte, publicate bilingv, să îi poată oferi cititorului cel puţin o mică perspectivă tematică. În acest sens nu ne rămâne decât să dorim tuturor celor interesaţi o lectură cât mai placută.

Prof. Univ. Dr. Rainer Schubert
Doctorand Andrei Todoca

Cluj
Iunie 2008

Aufklärung und Wissenschaft

Peter Kampits

"Stets ist die Vernunft der kognitiven Vernunft in eine soziale, ökonomische oder politische Ordnung eingeschrieben. Von der Wissenschaft wird erwartet, daß durch sie mehr Gerechtigkeit, mehr Wohlstand oder mehr Freiheit ermöglicht wird. Im Grunde hegte man in Europa und Nordamerika die Erwartung, als man vor zweihundert Jahren im Zuge der Aufklärung die großen Erzählungen der Emanzipation konstruiert und für glaubwürdig empfunden hat."[1]

Diese zeitgemäße Diagnose von Jean-François Lyotard gibt sozusagen den Rahmen vor, in dem die Problematik des Zusammenhanges von Aufklärung und Wissenschaft in der Gegenwart fortgeschrieben wird.

Freilich haben sich die Grundbegriffe dieser Diskussion neu formiert. Was heute zumeist unter dem Titel "Moderne gegen Postmoderne" auftritt, ist die seit dem 18. Jahrhundert beobachtbare Auseinandersetzung zwischen Aufklärung und Gegenaufklärung, zwischen einem Setzen auf die der Aufklärung zentrale Sache der Vernunft und ihre Folgen und der dagegen vorgebrachten Skepsis.[2]

---

[1] J.F. Lyotard, Die Vernunftverwirrung, In: Das Grabmal des Intellektuellen, Graz 1985, 37

[2] Vgl. etwa: Die unvollendete Vernunft. Moderne versus Postmoderne, hrg. v. D.Kamper und.W.W. van Reijen

Dabei erscheint der Zusammenhang zwischen Aufklärung und Wissenschaft durchaus zentral. Erhoffte man sich doch gerade von der Wissenschaft eine entscheidende emanzipative und progressive Funktion, die nicht allein dem Eigeninteresse der Wissenschaft, sondern darüber hinaus dem auf Vernunft und Einsicht begründeten "besseren Leben" zugutekommen sollte.

Daß sowohl die aufklärerische Vernunft wie auch die Wissenschaft gründlich in Mißkredit geraten sind, bedarf keines besonderen Aufweises. Die "Ambivalenzen der Aufklärung" (H.Reinalter) sind seit dem 20. Jahrhundert fester Bestandteil der Diskussion. Mit dem Unbehagen an den modernen Lebensformen, der unbestrittenen Verwissenschaftlichung unserer Lebenswelt und der gleichzeitigen Barbarei unseres vergangenen Jahrhunderts ist das ungebrochene Setzen auf einen Fortschritt, der nicht zuletzt durch die Wissenschaften getragen wird, gründlich in Mißkredit geraten.

Das "Projekt Moderne" (J. Habermas) gerät angesichts der postmodernen Kritik gründlich unter die Räder, wobei die kritischen Stimmen aus vielerlei Lagern herrühren: Hatten schon Vertreter der "kritischen Theorie" wie Max Horkheimer und Theodor Adorno die Ambivalenz der Aufklärung als deren Dialektik beschworen, setzte sich diese Kritik bei Martin Heidegger fort, um von hier aus über Richard Rorty, Gianni Vattimo und viele andere ins Lager der französischen "Postmodernisten" überzugehen. Die Errungenschaften der Moderne, wie sie eben in besonderem Maß auf der Verschränkung von Aufklärung und Wissenschaft beruhen, werden nicht selten und mit durchaus verschiedenen

Begründungsstrategien nicht nur ins Abseits der Geschichte verwiesen, sondern für jene Gefährdungen verantwortlich gemacht, denen unsere lebensweltliche Wirklichkeit ausgesetzt ist, und die - nach Ansicht vieler Kritiker - zu einem Unbehagen an der Moderne geführt haben, das sich je nachdem in Verweigerungen, Destruktion oder Flucht in neue, nicht selten irrationalistisch bestimmte Lebenswelten ausdrückt. Die von der Postmoderne skizzierte Abschiedlichkeit von den großen Metaerzählungen der Neuzeit (Lyotard) bedeutet zugleich auch Abschied von den Größen Aufklärung und Wissenschaft, die beide von der Dominanz der Vernunft, dem Zentrum aufklärerischen Bestrebens bestimmt sind.

Freilich muß und kann diese Infragestellung nicht eine totale Verwerfung der Vernunft als solcher bedeuten, sie darf andererseits aber auch nicht als Verharmlosung umgedeutet werden, in der neue Formen der Vernunft, wie etwa die von W. Welsch angezogene "Transversale Vernunft" die alte Einheitsvernunft der Aufklärung ersetzen und ablösen könnte.[3] Denn die Krise in der Auseinandersetzung um Aufklärung und Wissenschaft geht tiefer. Wir sind letztlich - durch die Wissenschaften - in eine aus allen Fugen geratene Modernisierung eingetreten, die unsere lebensweltliche Wirklichkeit durchzieht und bestimmt.

Die Verwissenschaftlichung unserer Welt ist beileibe nicht mit ihrer Vernünftigkeit identisch: Vor allem dort nicht, wo etwa im Bereich von Computertechnologie, Genforschung und

---

[3] vgl. dazu W. Welsch, Vernunft, Die zeitgenössische Vernunftkritik und das Konzept der transversalen Vernunft, Frankfurt, 1995

atomaren Techniken Möglichkeiten erschlossen wurden, die nicht nur tief in unsere Lebenswelt hineinreichen, sondern auch Handlungsspielräume freigesetzt haben, die eine Herausforderung, besonders für die praktische Vernunft und die Ethik darstellen. Das daraus resultierende Unbehagen am "Projekt Moderne" ist ebenso ernst zu nehmen wie der nach wie vor bestehende, ungeminderte Anspruch der (aufklärerischen) Vernunft, diese wissenschaftlichen Erkenntnisse und Einsichten in den Dienst eines besseren Lebens zu stellen.

Beides steht inbesonders der Gegenwart oft unvermittelt einander gegenüber: Wissenschaftseuphorie, verstärkt durch die erstaunlichen und einander oft überbietenden Resultate der Wissenschaft (man denke nur an die durch Gentechnik, Computertechnologie oder vor allem in der medizinischen Wissenschaft und Forschung erschlossenen neuen Möglichkeiten unseres Handelns) trifft auf radikale Ablehnung und Infragestellung wissenschaftlicher Rationalität, die nicht selten als Anfang des Endes der Menschheit betrachtet wird. Bedenken gegenüber nachteiligen Folgen, wie sie etwa im Bereich der Atomforschung, der Ökologie und eben der Genmanipulation bestehen, werden nur allzu schnell mit einer erfolgreichen Kosten-Nutzen-Bilanz konfrontiert. Freilich scheint der Ruf nach einer Einschränkung oder zumindest einer Einbremsung des Waltens wissenschaftlicher Rationalität immer eindringlicher zu werden. Die Entschlüsselung des menschlichen Genoms beispielsweise hat die Frage aufgeworfen, ob diese Form der offenbar erreichten Autoevolution der Menschheit tatsächlich noch von eben jener Rationalität beherrscht zu werden vermag, die sie in Gang gebracht hatte.

Dazu kommt, daß dieser wissenschaftlichen Rationalität erhebliches Machtpotential zugesprochen werden muß. Die Wissenschaft ist nicht nur im Bereich der Rüstung zu einer Machtgröße geworden, die den ursprünglichen Zukunftsoptimismus ebenfalls erheblich beeinträchtigt.

Wissenschaft ist vor allem im Zeitalter der Aufklärung durch Professionalisierung, Institutionalisierung und Disziplinierung zu einem eigenen gesellschaftlichen Subsystem geworden, das seinen Erfolg nicht zuletzt einer bestimmten, letztlich als reduktionistisch erscheinenden Vernunft verdankt. Eben diesen reduktionistischen Vernunftbegriff teilt Wissenschaft in hohem Maß mit dem, was man als die aufklärerische Vernunft bezeichnet, der in der gegenwärtigen Diskussion eben dieser Reduktionismus mitunterstellt wird.

Dabei hatte alles so vielversprechend begonnen. Wenn wir Aufklärung nicht nur als Epochenbegriff sondern auch als Grundhaltung und damit als eine prinzipiell unabgeschlossene Aufgabe verstehen, so ist sie sowohl ein konstitutives Moment der Moderne, wie auch eine Einstellung, die allen Umbrüchen und Infragestellungen zum Trotz vielfach ungebrochen weiterexistiert.

Kants bekannte "Definition der Aufklärung" aus dem Jahr 1784 "Aufklärung ist der Ausgang des Menschen aus seiner selbstverschuldeten Unmündigkeit" und die sich daran anschließende Forderung "Sapere aude! Habe Mut dich deines eigenen Verstandes zu bedienen!" ist von Anfang an mit der Forderung nach öffentlichem Gebrauch der Vernunft verknüpft und ebenso mit dem Appell an eine "Reform der Denkungsart".[4]

Deutlicher vielleicht noch als im Deutschen kommt dieser Grundzug in anderen Sprachen zum Ausdruck: "Enligthenment", "Lumierès" oder "illuminismo" kennzeichnen deutlicher die Absage an die als "dunkel" empfundenen früheren Epochen. Dabei ist der Wandel der Grundeinstellungen zur Wirklichkeit, zum Sein, bereits in der Renaissance und im Humanismus aufgebrochen. Schon mit Galilei, Descartes oder Bacon tritt ein Wandel der Grundeinstellung des Denkens und seiner Beziehung zur Wirklichkeit auf den Plan, der die Hauptlinien der Aufklärung ebenso vorzeichnete wie die Entwicklung der modernen Wissenschaften.

Galileis Versuch, durch quantitative Methoden die Wirklichkeit zu erfassen - "Alles was meßbar ist messen, und was nicht meßbar ist, meßbar machen" - eröffnet ebenso wie Descartes oder Bacons Absicht, durch Wissen zu einer Beherrschung oder Macht über die Natur zu gelangen, einen neuen Zugang zur Wirklichkeit. Der dem wissenschaftlichen Wissen innewohnende und oft kritisierte Zug der Dominanz, der Verfügbarkeit über die Objekte, tritt hier zum ersten Mal offen zutage. Ebenso wie der eine Vereinheitlichung der zugreifenden Vernunft enthaltende Versuch, durch eine bestimmte Methodik, alle Wirklichkeit erkenntnismäßig und wissensmäßig zu erfassen.

---

[4] I. Kant, Was ist Aufklärung?, in: Ges. Schriften, Frankfurt 1954, Bd. XI, 53

Wissenschaft als systematische, disziplinierte und an Methodik gebundene Weise der Erkenntnis sucht mittels Beobachtung und Experiment, begrifflichen Analysen und theoretischen Entwürfen gesetzmäßige Zusammenhänge, deren Ursachen und Gründe, geleitet von einem universalistischen Anspruch. Der ihr innewohnende Zug zu einer bestimmten Form der Rationalität ist von ihren Adepten und Kritikern oft auch als operative Vernunft gekennzeichnet worden, als "Herrschaftsvernunft" oder als "instrumentelle Vernunft".

Natürlich beruht der Erfolg und Siegeszug der Wissenschaft auf dieser reduktiven und verkürzenden Vernunftauffassung, die vor allem gegenüber der Natur modellhafte Vorstellungen entwickelte, wie sie von Descartes und dem Mechanismus des 16. und 17. Jahrhunderts initiiert wurden und von der Aufklärung weiterentwickelt und intensiviert worden sind. Aufbauend auf der Physik Galileis und Newtons führt diese Linie direkt zu den Materialisten der Aufklärung, wie La Mettrie oder Holbach, ebenso wie die Verbindung der Wissenschaft zu humanitären Ideen schließlich die Bewegung des Utilitarismus eines Bentham in England förderte. Denn die von der Aufklärung geforderte Verbindung von Wissenschaft und Vernunft zielte letztlich auf eine Erholung und Beförderung aller Lebensprozesse im Sinne eines Zuwachses an Freiheit, wobei diese sowohl als eine Emanzipation von der Natur, wie auch als eine solche in sozialen und politischen Verhältnissen angelegt war.

Charakteristisch für den engen Zusammenhang von Wissenschaft und besserem Leben ist der die Aufklärung beherrschende Glaube, daß Irrtümer und Autoritäten der Tradition oder der herrschenden ideologischen oder religiösen Instanzen die Wurzel vieler, wenn nicht aller menschlichen Unglücke und Leiden seien. Darum läßt sich nicht bloß in einer Vermehrung des Wissens, sondern vor allem in einer durch Erkenntnisfortschritt bewirkten Überwindung dieser Irrtümer, einer Abkehr von Aberglaube, religiöser Dogmatik und ideologischen Vorurteilen eine Beförderung des Glücks erreichen. Diderot etwa hat dies in seiner Encyclopädie klar herausgestellt, wenn er dieses Projekt mit dem Argument begründet, eine derartige Systematisierung und Sammlung des Wissens sei notwendig, "damit unsere Enkel nicht nur gebildeter, sondern gleichzeitig auch tugendhafter und glücklicher werden."[5]

Diese Verbindung von Wissenschaftsfortschritt, Kritik an Autoritäten und Hoffnung auf ein besseres Leben hat sich bis in die Gegenwart erhalten. Noch ein Karl Popper glaubt in seiner Sozialtheorie und dem darin entwickelten "piece-meal-engineering" an eine zunehmende Verbesserung unseres Lebens durch Wissenschaft und Rationalität, wie überhaupt Poppers "kritischer Rationalismus" als eine wichtige Ausprägung der Spätaufklärung gesehen werden kann und mit seinem Prinzip der Falsifizierbarkeit wissenschaftlicher Theorien und Hypothesen eine wichtige Variante aufklärerischer Rationalität darstellt.

Auch die der Aufklärung immanente Religionskritik entspringt diesen Impulsen: die säkulare Betrachtungsweise

[5] D. Diderot, Encyclopädie 1751 ff.

will nicht allein eine "Religion der Vernunft" an Stelle der dogmatisch-konfessionsgebundenen Religion setzen, sondern in Verbindung mit der Wissenschaft eine fortschreitende Verbesserung der gesellschaftlichen Zustände erreichen. Dieser Glaube an den Zusammenhang von Wissenschaft, als einer Instanz, die durch Erkenntnis der Naturgesetze diese nutzbar machen konnte, an die rationale Gestaltung der sozialen Verhältnisse und an die Geschichte als eines Prozesses des Fortschrittes des menschlichen Geistes bildet sozusagen eine der Kernideen der Aufklärung und begründet auch ihren Optimismus.

Das Pathos dieses Optimismus hat aber auch die Relevanz der Auseinandersetzung mit der Religion verändert: Wissenschaft und ihre spezifische Form der Rationalität wird kaum mehr zur Religion in Gegensatz gebracht, der emanzipatorische Prozeß, der in der Aufklärung eine Art Höhepunkt erfuhr, scheint heute weitgehend bedeutungslos, der Stellenwert der Wissenschaft wird nicht länger an ihrem Konkurrenzkampf mit der Religion gemessen. Wissenschaftliche Theorien oder Hypothesen erregen wohl immer noch gesellschaftliche Auseinandersetzungen, wie dies etwa im 19. Jahrhundert, beispielsweise anläßlich der Theorien Darwins der Fall war. Verbote von Seiten religiöser Instanzen sind allerdings sehr selten geworden. Die Wissenschaft, pochend auf die auch in den meisten Ländern verankerte Freiheit der Forschung, muß sich eher ethischen als religiösen Tribunalen stellen, zumal die in der Aufklärung vehement vertretene Freiheit der wissenschaftlichen Forschung in mehrfacher Hinsicht problematisch wurde. Davon zeugen nicht zuletzt die immer stärker werdende Forderung nach einer ethischen Begleitung der wissenschaftlichen Forschung, die Debatten um die Grenzen der Wissenschaft, die Risiken und Folgenabschätzung wissenschaftlichen Fortschritts.

Mit dem Wegfall des aufklärerischen Kampfes gegen die Beengungen dogmatischer Religionen ist freilich auch die tief in der Aufklärung verwurzelte Heilsfunktion der Wissenschaften verloren gegangen. Wissenschaft wird nicht mehr als Ersatz für Religion betrachtet und schon gar nicht als eine Instanz, die dem abhandengekommenen Heilswissen nunmehr eine neue, auf Rationalität und Sicherheit basierende Lebensorientierung zur Verfügung stellen könnte.

Freilich durchzieht der vorhin genannte Optimismus weithin Natur- und Geisteswissenschaften zumal und findet seinen Ausdruck ebenso in den Gesellschafts- und Moraltheorien der Aufklärung wie auch in den Naturwissenschaften selbst. Deren Glaube an einen ungebrochenen Erkenntnisfortschritt erscheint zwar weiterhin ungemindert und erlebt gerade heute angesichts der Erfolge der Mikrobiologie und der mit ihr eng verbundenen Genforschung neue Nahrung, sieht sich aber andererseits einer heftigen Kritik ausgesetzt. Jedenfalls läßt sich der Glaube an einen zwingenden Zusammenhang zwischen wissenschaftlicher Erkenntnis, Aufklärung und Humanität kaum aufrechterhalten. Dies gilt vor allem auch für den in der Aufklärung verheissenen Wohlfahrtsgewinn, auch wenn die nutzenorientierte, technische Beherrschung der Natur inzwischen nahezu zur Regel geworden ist und nicht selten an Stelle des gerne als Ziel der Wissenschaften verkündeten

Erkenntnisgewinns um der Erkenntnis selbst getreten ist. Gerade die in den letzten Jahren offen zutage getretene Entwicklung einer ökonomischen und gesellschaftlichen Indienstnahme der Wissenschaft offenbart nur allzu deutlich, daß in einer Art von Verkehrung, aber auch Weiterführung der ursprünglichen Forderung der Aufklärung Wissenschaft und ihre spezifische Form von Rationalität selbst wiederum instrumentalisiert wurde.

Dabei ist Aufklärung, ebenso wie Wissenschaft ein vielschichtiges und dennoch einheitliches Phänomen. Wenn auch die vielfältigen regionalen Unterschiede- etwa zwischen der englischen, der französischen und der deutschen Aufklärung - durchaus beachtlich sind, so lassen sich doch die Ziele der Aufklärung, die nicht zu Unrecht auch als "Zeitalter der Philosophie" bezeichnet wurde, folgendermaßen zusammenfassen: "Die sich mit der Aufklärung durchsetzende weltimmanente Betrachtungsweise hat insbesondere im Geschichtsbild, der Fortschrittstheorie, der Gesellschafts- und Staatstheorie ihren Ausdruck. Sie gründet auf der Überzeugung, daß der Mensch nicht nur befähigt sei, die Naturgesetze zu erkennen und sie nutzbar zu machen, sondern auch in der Lage, auf Grund von natürlichen Wesensqualitäten- . ... sich selbst zu verwirklichen, das heißt, die sozialen Verhältnisse als allgemein menschliche Verhältnisse zum Nutzen aller rational zu gestalten. Dieser Konzeption gemäß stellte sich die Geschichte als ein fortschreitender Prozeß der Humanisierung von zwischenmenschlichen Beziehungen dar, als Ergebnis der Fortschritte des menschlichen Geistes."[6]

---

[6] Europäische Enzyklopädie zu Philosophie und Wissenschaft, Hamburg, 1990

Ähnlich freundlich urteilt etwa Helmut Reinalter, wenn er die unterschiedlichen Tendenzen der Aufklärung zusammenfaßt und unter Aufklärung die Entfaltung eines Denkens versteht, das die kritisch überkommenen Autoritäten in Frage stellt, religiöse Toleranz, rechtliche Gleichstellung aller Menschen und politische Selbstbestimmung ebenso fordert, wie Meinungs- Pressefreiheit und freie wirtschaftliche Entfaltungsmöglichkeiten, sowie eine an positiver Diesseitsgestaltung orientierte Humanität.[7] Aufklärung als Grundhaltung und als Epochenbegriff zumal sind aber auch ein konstitutives Moment des neuzeitlichen Denkens und mithin der Moderne. Und mit der Ablösung dieses Traditionsbegriffs, seiner Transformation in das, was ebenso uneinheitlich und gelegentlich auch diffus als Postmoderne bezeichnet werden kann, ist vor allem die Rationalität einer tiefgreifenden Infragestellung ausgesetzt. Auch hier ist Differenzierung angebracht, geht es doch nicht einfach darum, Irrationalismus gegen diese Rationalität ins Treffen zu führen und auszuspielen. Die Krise der Rationalität liegt tiefer als alle bisherigen historischen Wechselspiele zwischen Aufklärung und Gegenaufklärung. Natürlich läßt sich dies unter dem Blickwinkel der gegenwärtigen Entwicklungen auch anders sehen: so hat etwa Dietmar Kamper die Immanenz der menschlichen Welt, die Machbarkeit der Dinge und das Selbst als Natur des Menschen als jene Programme der Aufklärung bezeichnet, die als gelungen bezeichnet werden können, und

[7] vgl. dazu H. Reinalter, Aufklärung und Geisteswissenschaften, in H. Reinalter, R. Benedikter (Hrg.), Die Geisteswissenschaften im Spannungsfeld zwischen Moderne und Postmoderne, Wien 1998

die nunmehr zu einer "Agonie des Agonalen" geführt hätte.[8] Diese gleichsam "postmoderne" Kritik an der Aufklärung hat viele Wortführer: von Wissenschaftskritikern wie Erwin Chargaff, Joseph Weizenbaum, Paul Feyerabend oder Herbert Pietschmann bis zu Vernunftkritikern wie Jean Baudrillard oder Paul Virilio ließe sich eine beachtliche Kette von heftigen bis moderaten Skeptikern erstellen, die den Grundzug der Moderne und ihrer Konzentration auf Vernunft, sei es resignativ-beschreibend oder konstruktiv-alternativ, in Frage stellen.

Freilich sind diese Ausformungen ebenfalls nicht neu: bereits zu Beginn oder in der ersten Hälfte des 20. Jahrhunderts hat sich vornehmlich der Vernunft, Aufklärung und Wissenschaft zusammenschließende Fortschrittsoptimismus mannigfachen Infragestellungen ausgesetzt gesehen.

Im Grunde setzt aber bereits mitten in der Hochblüte der Aufklärung selbst ihre kritische Infragestellung ein: schon mit Jean-Jacques Rousseau entwickelt sich eine Art aufklärerische Gegenaufklärung, die sich über Herder und Goethe, Hegel und Schelling bis in die Gegenwart fortzieht.

So wird etwa bei Husserl die Krisis der europäischen Wissenschaften durchaus als eine solche der Aufklärung und ihres Zusammenhanges mit der Wissenschaft gesehen.[9] Freilich soll in dieser Krisensituation die Philosophie und ein erweiterter vertiefter Begriff von Vernunft gegenüber dem

---

[8] D. Kamper, Aufklärung, was sonst?, in: Die unvollendete Vernunft, Moderne versus Postmoderne, D. Kamper, W. van Reijen, Frankfurt, 1987, bes. 37ff.

[9] vgl. dazu E. Husserl, Die Krise der europäischen Wissenschaft und die transzendentale Phänomenologie, Husserliana Bd. 6, Den Haag, 1987

positivistischen "Restbegriff der Vernunft" als Retterin auftreten. Denn die sich seit der Aufklärung reduktionistisch auf Wissenschaft reduzierende Vernunft hat nach Husserl uns "in unserer Lebensnot ... nichts zu sagen".[10] Der positivistische Verfall der Vernunft hat zu ihrer völligen Abkoppelung von der Lebenswelt geführt, eine "mathematische substruierte Welt der Idealitäten" soll als einzig wirkliche Welt gelten. Unbeschadet des Scheiterns des Versuches Husserls, Vernunft und Wissenschaft ein tieferes und anderes Fundament zu geben, bleibt seine Diagnose der Aufklärung und deren Rationalitätsauslegung bedenkenswert, die Husserl als "sich verirrenden Rationalismus" gekennzeichnet hatte.[11]

Die Kluft zwischen Lebenswelt und Wissenschaft wird auch von Ludwig Wittgenstein immer wieder betont, so wenn er etwa im Tractatus bei aller Metaphysikkritik formuliert " Wir fühlen, daß selbst, wenn alle *möglichen* wissenschaftlichen Fragen beantwortet sind, unsere Lebensprobleme noch gar nicht berührt sind".[12]

Ist Husserl aber immer noch von der Intention einer Vernunftvertiefung und damit eines Ausweges aus der Krisis der Wissenschaften und ihrer reduktionistischen Rationalität getragen, fällt die von Adorno und Horkheimer vorgebrachte Kritik bereits wesentlich schärfer aus: Die Ambivalenz beziehungsweise Dialektik der Aufklärung wird hier mit ihren totalisierenden Tendenzen identifiziert.

---

[10] Ebenda, 4

[11] Ebenda, 357

[12] L. Wittgenstein, Tractatus logico-philosophicus, 6. 52

Die sich letztlich als "Unvernunft der Vernunft" demaskierende aufklärerische Vernunft ist auf ihrem Weg einer Entzauberung der Welt durch Wissenschaft in Unterdrückung umgeschlagen. Die Befreiung von Naturzwängen durch Wissenschaft hat nach Adorno-Horkheimer nur zu einer Unterdrückung der inneren, der menschlichen Natur geführt, und einen repressiven Charakter der quantifizierenden und zweckrationalen Vernunft hervorgebracht.

Vor allem die auch in der postmodernen Vernunft - und Wissenschaftskritik im Vordergrund stehende Uniformierung, der "Geist mathematischer Egalität", der sich auch in den gesellschaftlichen Tendenzen niederschlägt, wird als Ergebnis der Aufklärung gesehen.[13] Die totalitären Unterdrückungen und Barbareien unseres vergangenen Jahrhunderts haben so in einer zweckrational umgedeuteten Vernunft ihren Ursprung: "Aufklärung ist totalitär wie nur irgendein System. Nicht was ihre romantischen Feinde ihr seit je vorgeworfen haben, analytische Methode, Rückgang auf Elemente, Zersetzung durch Reflexion ist ihre Unwahrheit, sondern, daß für sie der Prozeß von vornherein entschieden ist."[14]

Hier hilft auch die Korrektur, die Habermas, selbst der Frankfurter Schule verpflichtet, einbringt, wenig: Habermas Bekenntnis zum "Projekt Moderne" will einen "unverkürzten Begriff der Vernunft" wiederherstellen, der sowohl Kritisierbarkeit wie auch Begründbarkeit einbegreift und Rationalität als grundlegend kommunikativ und konsensual

---

13 vgl. dazu Th. Adorno, M. Horkheimer, Dialektik der Aufklärung, in Th. Adorno, Ges. Schriften, Bd. 3, Frankfurt, 1984, 23ff

14 a.a.O. 138

definieren möchte.[15] Habermas "Projekt Moderne" begreift sich sogar ausdrücklich als eine Erneuerung der Aufklärung und bleibt einem Ideal der Einheitsvernunft verbunden, auch wenn Habermas durchaus die Enge eines kognitiv-instrumentellen Vernunftbegriffes herausstellt.

Man kann Habermas' Unternehmen durchaus als "Aufklärung nach der Aufklärung" charakterisieren, und darin auch einen Ansatz erblicken, Aufklärung im Sinne einer kritischen Aufklärung weiterzudenken und zu entwickeln."[16] Ob damit aber tatsächlich der immer deutlicher werdende Bruch, oder das Auseinanderlaufen von "Humanum" und wissenschaftlich-technischer Entwicklung aufgehoben werden kann, scheint mehr als zweifelhaft. Denn das von Habermas entwickelte Konzept der kommunikativen Vernunft mit seinem Insgesamt von nach wie vor im Lichte der Rationalität aufrechterhaltenen Geltungsansprüchen, die als solche kritisierbar und begründbar bleiben müssen, definiert Vernunft nunmehr als kommunikativ und konsensuell. Damit soll Vernunft aus ihrer Subjektgebundenheit und ihrer Gerichtetheit auf Objekte herausgenommen werden und ihr gleichzeitig der instrumentelle, herrscherische Charakter genommen werden. Damit aber gerät dieses Konzept in Gefahr, der Beziehung zur Natur, die eben durch die instrumentelle Rationalität verkürzt wurde, ebensowenig gerecht zu werden.

---

[15] J. Habermas, Erläuterung zum Begriff des kommunikativen Handelns, Frankfurt, 1984, 605

[16] So H. Reinalter, a.a.O. 159

Habermas Rettungsversuch des Projektes Moderne und damit auch der Aufklärung bleibt eine Fortschreibung jenes Projektes Vernunft, das eben gerade gründlich in Mißkredit gekommen ist.

Um dies zu illustrieren, bedarf es im Grunde genommen gar nicht der Rekurse auf sogenannt postmoderne Denkpositionen, mag es sich nun um die Diagnosen Lyotards, Vattimos oder Rortys handeln. Bereits bei Heidegger sind Denkmotive vorgebildet, die die Technizität der abendländischen Vernunft, die Vollendung der Metaphysik in Wissenschaft und Technik - nicht zuletzt im Absprung und Rückgriff auf Nietzsche -, ihren Rekurs auf Begründbarkeit, kurz das "vorstellende und rechnende Denken" einem anderen Anfang und einem anderen Denken gegenüberstellen. Die von Heidegger geforderte "Preisgabe des bisherigen Denkens" greift nicht allein die durch Wissenschaft und Technik geprägte Weltzivilisation in kulturkritischer Attitude an - sie erstreckt sich vielmehr auf den Grundzug der abendländischen Metaphysik als solcher. Deshalb kann Heidegger auch in der Tat als entscheidender Einschnitt angesehen werden.[17] "Nach Heidegger - also post und secundum Heidegger - nimmt das Denken eine andere Ausrichtung an. Es ist nicht mehr herrscherlich, sondern mimetisch, nicht mehr vereinheitlichend, sondern differenzbewußt, nicht mehr totalisierend, sondern tastend."[18]

---

[17] vgl. M. Heidegger, Zur Sache des Denkens, Tübingen, 1969, 80

[18] W. Welsch, Vernunft, Die zeitgenössische Vernunftkritik und das Konzept der transversalen Vernunft, Frankfurt, 1995, 164

Damit ist freilich zunächst der Anspruch der Aufklärung radikal unterlaufen und das Problem der Vernunft weit über eine immanente Kritik struktureller oder inhaltlicher Fehlentwicklung der Geschichte der Vernunft über die Aufklärung hinaus in Frage gestellt.

Wesentlich erscheint dabei in jedem Fall, daß Heidegger diese (metaphysische) Geschichte der Vernunft in Wissenschaft und Technik kulminieren sieht: "Das Ende der Philosophie zeigt sich als der Triumph der steuerbaren Einrichtung einer wissenschaftlich- technischen Welt und der dieser Welt gemäßen Gesellschaftsordnung. Ende der Philosophie heißt: Beginn der im abendländischen Denken gegründeten Weltzivilisation."[19] Heidegger hat diesen Generalangriff auf die abendländische Vernunft unter den Titel des "vorstellenden und rechnenden Denkens" gestellt, und dieser Form der Vernunft, die er schließlich in "Raserei" einmünden sieht, das besinnliche Denken entgegengestellt. Die von Heidegger eingebrachte enge Verbindung von Wissenschaft und Technik hat sich inzwischen auch hinsichtlich des Wissenschaftsbetriebes mannigfach bewahrheitet. Nicht nur nicht sind die Grenzen zwischen Grundlagenforschung und angewandter Wissenschaft nahezu verschmolzen, die Wissenschaft und ihre traditionell reklamierte Wertneutralität sind inzwischen gründlich in eine Krise geraten. Dies betrifft auch - und sicherlich nicht nur am Rande - das technische Potential der Wissenschaft und die damit verbundenen gesellschaftlichen Folgen.

---

[19] M. Heidegger, Zur Sache des Denkens, Tübingen, 1969, 65

Erforschung der Natur ist extrem nutzenorientiert geworden. Das Streben nach Wahrheit, nach Erkenntnis um ihrer selbst Willen nimmt nur mehr einen marginalen Raum ein. Angesichts der Realität des Wissenschaftsbetriebes der "big sciences" und der von ihm verschlungenen Ressourcen sind sowohl die Folgen wie auch der Stellenwert der Wissenschaft im Ganzen in eine permanente und bei weitem nicht abgeschlossene Diskussion geraten. Diese betrifft die Freiheit der Wissenschaften, ihre allfälligen Grenzen und Risiken und hat auch gleichsam als Gegengewicht zu einer Hochkonjunktur der Ethik geführt. Innerhalb dieser Diskussion ist natürlich ebenfalls eine erhebliche Bandbreite zu registrieren: von ungebrochener Gläubigkeit an die wissenschaftliche Vernunft und Rationalität bis zu schroffer Wissenschaftsskepsis und Ablehnung reichen hier die Extreme und gerade jüngste Durchbrüche auf dem Gebiet der Gen- oder Embryonenforschung haben die verschiedensten Reaktionen ethischer Provenienz hervorgerufen. Der einsam vor sich hin forschende, gleichsam "faustische" Gelehrte gehört endgültig der Vergangenheit an, Wissenschaft wird mit hohem apparativen und materiellem Aufwand und in höchst differenzierten arbeitsteiligen Institutionen betrieben und damit mehr als je zuvor in den gesellschaftlichen Gesamtzusammenhang eingebunden. Mit der Hinwendung beziehungsweise Transformation wissenschaftlicher Erkenntnisprozesse zum Experiment ist überdies eine Dimension des Handelns dazugekommen, die sich wesentlich von den traditionellen Theorie-Praxis-Verhältnissen unterscheidet. Damit sind aber herkömmliche Forderungen, die ebenfalls Errungenschaften der Aufklärung waren, wie die nach Autonomie und Freiheit des Wissenschaftlers in eine andere Perspektive geraten. Die Wissenschaft hat dadurch ihre Unschuld verloren, die Abdrängung der Verantwortung für die Folgen wissenschaftlicher Erkenntnisse an andere Instanzen gelingt nicht mehr. Wissenschaft ist zu einer die Gesellschaft zumindest mitgestaltenden Instanz geworden, die tief in alle zivilisatorischen Prozesse eingebunden ist. Dazu kommt, daß das Theorieverständnis der neuzeitlichen Wissenschaft zutiefst von der Perspektive der Konstruktion geprägt ist. Es geht nicht mehr um Betrachtung der Wirklichkeit wie dies noch in der antiken Theoria der Fall war, sondern um deren Konstruktion. Diese aber wiederum ist eng mit Anspruch auf Beherrschung der Wirklichkeit verbunden.

Darum ist diese Weltzivilisation (Heidegger), die derzeit in vielfacher Hinsicht problematisch geworden ist, ein Produkt des Zusammenhanges von Aufklärung und Wissenschaft. Um die damit verbundenen Probleme zu sehen, bedarf es gar nicht eines Totalabschiedes von der Wissenschaft und Erkenntnistheorie wie ihn etwa ein Paul Feyerabend zelebrierte oder eines Frontalangriffes à la Jean Baudrillard. Selbst ein durchaus "harter" Naturwissenschaftler wie Edward Wilson, der Begründer der Soziobiologie, der der Aufklärung hohes Lob zollt und Wissenschaft als Motor der Aufklärung sieht, verschließt sich nicht vor den negativen Seiten und Folgen.[20] Die erhoffte Befreiung der Menschheit von Zwängen der Natur droht durch die Wissenschaften in ihr

---

[20] vgl. dazu E. Wilson, Die Einheit des Wissens, Berlin 1998.

Gegenteil umzuschlagen: "Wer der Wissenschaft alle Autorität zuschreibt, riskiert die Konversion zu selbstzerstörerischer Ehrfurchtslosigkeit. Die gottlosen Schöpfungen von Wissenschaft und Technologie sind in der Tat bereits zu einem mächtigen und fesselnden Symbol moderner Kultur geworden. Frankensteins Monster und Hollywoods Terminator, seinerseits ein metallenes und von Microchips beherrschtes Monster Frankensteins, stillen ihren Rachedurst an ihren Schöpfern und den naiven Genies in Labormänteln, die arrogant ein neues von den Wissenschaften beherrschtes Zeitalter vorwegnehmen."[21] Die Naivität, in der in einer gleichsam zweiten oder dritten Welle der Aufklärung im 20. Jahrhundert etwa der Neopositivismus des "Wiener Kreises" eine Einheitswissenschaft forderte, und die "wissenschaftliche Weltauffassung" propagierte, gehören endgültig der Vergangenheit an. Selbst E. Wilson schreckt nicht vor der Behauptung zurück, daß "positivistische Analysen ... zumeist wie Dinosaurierfossile in paläontologischen Labors studiert würden, also um zu ergründen, weshalb sie ausgerottet wurden."[22]

Die aufklärerische Devise, Wissenschaft, beziehungsweise eine wissenschaftliche Weltauffassung würde dem Leben und der Lebenswelt dienlich sein, ließ in den zwanziger und dreißiger Jahren des 20. Jahrhunderts noch einmal den Kampf gegen religiöse und politische Autoritäten ganz im Sinne der Aufklärung aufflammen. Die Hoffnung, daß eine derartige

---

[21] E. Wilson a.a.O. 49
[22] a.a.O. 49

wissenschaftliche Weltauffassung "dem Leben dienen würde" hat sich inzwischen gründlich aufgelöst, ebenso wie der Versuch, diese Form rationaler Weltdeutung den als obskurantistisch und ideologisch bezeichneten" Weltanschauungen" gegenüberzustellen.

Wie also sollen wir - nach allen diesen Beschreibungen, Diagnosen und Warnungen mit der Frage nach der Legitimität der aufklärerischen und szientistischen Vernunft umgehen? Wie sich, vor allem aber vornehmlich mit Hilfe welcher Legitimitäts- und Orientierungsinstanz in einer durch "konstitutionelle Unordentlichkeit" gekennzeichneten Form der Rationalität zurechtfinden?[23] Von einer Revision der Einseitigkeiten, die den Despotismus und Dogmatismus der Vernunft überwinden will, bis zu totaler Verweigerung und Destruktion - oder zur postmodern beliebten Alternative der Flucht ins Ästhetische fehlt es nicht an Ratschlägen.

H.Reinalter hat drei Antworten auf die Infragestellung der Aufklärung vorgeschlagen: Eine aus konservativer Tradition kommende Haltung der "stoischen Gelassenheit", die die technisch-wissenschaftliche Welt zwar in Gebrauch nimmt, aber als etwas, das im Innersten und Eigentlichen unseres Seins uns nichts angeht. Die sogenannten "postmodernen Antworten", verbunden mit einer Öffnung zur Ästhetik und zur Kunst, aber auch den Möglichkeiten spielerisch in die Esoterik auszuweichen, bis hin zu Mystik, Okkultismus und Gnosis. Oder die gleichsam reformistische, kurskorregierende Antwort die im Sinne einer kritischen Weiterentwicklung,

---

[23] W.Welsch, a.a.O. bes. 613 ff. bzw. 789 ff.

einer "Aufklärung über die Aufklärung" weiterhin an der Instanz der allerdings transformierten und verwandelten Vernunft festhält.

Alle diese skizzierten Haltungen lassen sich selbstverständlich weiter ausdifferenzieren, und sind auch von Heideggers "Gelassenheit" über Lyotards "Erhabenes", Vattimos "schwaches Denken" oder Habermas' Revitalisierung der Vernunft in einem diskursiven Modell zur Genüge angeboten worden. Insbesondere Wolfgang Welsch' Konzept einer transversalen Vernunft scheint dem Pluralismus der Rationalitäten und Paradigmen ebenso entsprechen zu wollen, wie der Rückbindung an das Ganze und Universelle. Welsch' überaus optimistische Konzeption will in einer Welt der Pluralitäten und der verschiedenen Lebensformen divergierende Ansprüche berücksichtigen und damit Heterogenität und Verflechtung, Pluralität und Übergang zusammendenken.

Welsch sieht in diesem Konzept einer "transversalen Vernunft" eine "Vernunft der Übergänge, die nicht von einem a priori festgelegten Prinzipiensatz ausgeht: "... ihre Tätigkeit besteht in der Analyse, Prüfung und Korrektur der Rationalitäten." Zugleich meint Welsch aber auch damit eine Neuinterpretation der praktischen Vernunft einleiten zu können und damit jene Kluft zu schließen, die sich zwischen unserer lebensweltlichen Wirklichkeit und den Konstrukten der Wissenschaft nahezu unheilbar aufgetan hat. Ob Welsch' Optimismus gerade bezüglich der Prägung von Lebensformen durch diese transversale Vernunft tragfähig bleibt, kann hier nicht ausführlich diskutiert werden. Sicher liegt im Verzicht auf Letztbegründungen und absolut verbindliche Orientierungen nicht bloß ein Bekenntnis zur Unverbindlichkeit und Relativität, jener oft beschworenen, dem Pluralismus von Lebensentscheidungen und Lebenswelten inhärenten Alternative.

Der "Abschied vom Prinzipiellen" (Odo Marquard) ist eine geschichtlich irreversibel gewordene Faktizität geworden, die wir nicht verschleiern können, indem wir zu absolutistischen Systemen traditionell-religiöser oder in neuen Formen des Glaubens oder des politischen Fanatismus Zuflucht suchen. Die Aufklärung hat uns nicht allein - und darin liegt ihre tiefe Janusköpfigkeit - Autonomie und weitgehende Unabhängigkeit vom sogenannt "Natürlichen" beschert, sie hat uns vornehmlich in Wissenschaft und Technik gerade hinsichtlich dieser Autonomie in nahezu katastrophaler Weise überfordert. Das Bermudadreieck von Gentechnologie, Cyberspace und Turbokapitalismus scheint uns von der Wirklichkeit ebenso rettungslos entfernt zu haben, wie es uns andererseits eine neue Wirklichkeit vorgaukelt, die unsere autonomen und freien Möglichkeiten bei weitem übersteigt. Nicht zuletzt deshalb ist die aufklärerische Vernunft in Mißkredit geraten und nicht zuletzt deshalb boomt nahezu die Ethik, die mit den wissenschaftlich-technisch gebotenen Möglichkeiten ihrerseits wiederum kaum zu Rande zu kommen scheint. Vom Klonen bis zur künstlichen Lebensverlängerung, vom genetischen Manipulieren an unserer Umgebung und an uns selbst, vom Ersetzen der Wirklichkeit durch eine sogenannte "virtuelle Realität" bis zum "Terror der Ökonomie" (Viviane Forrester) sind wir - als späte Nachfahren der Aufklärung - in einer Entwicklung einbegriffen, die wir verursacht haben, aber die wir offenbar nicht mehr zu steuern vermögen.

Denn nicht mehr der autonome, emanzipierte, vernünftige Mensch ist Herr dieser Entwicklung, nicht die veränderte und neuformierte Wirklichkeit wird humanisiert, sondern der Mensch dieser angepaßt. Die Simulation der Wirklichkeit hat uns zu kraftlosen Akteuren degradiert, die Agonie des Realen, etwa von einem Jean Baudriallard schon lange prophezeit, ist durch die Vernichtung der Realität und durch ihren Ersatz durch ein Double eingetreten. Wo Hohepriester des MIT-Tempel in Massachusetts von einer Verschmelzung von Computer und Mensch schwärmen, die "Intelligenz ohne Moral" (Baudrillard) als unsere Zukunft vorausgesagt wird, das Möbiusband der Simulation des Realen und der realen Simulation sich weiterdreht, die Autoevolution als Endpunkt einer sich selbst nicht mehr begreifenden Autonomie erscheint, bleibt Ratlosigkeit. Das Erschlagen der Wirklichkeit scheint seit seinem Beginn in der Aufklärung des 18. Jahrhunderts unabwendbare Realität geworden. Jean Baudrillards Befunde, mögen sie auch noch so übertrieben anmuten, enthalten eine illusionslose Beschreibung: auf dem Höhepunkt der technologischen Leistungen bleibt der unwiderstehliche Eindruck zurück, daß uns etwas entgeht - nicht weil wir es verloren hätten, sondern weil wir nicht mehr imstande sind, es zu sehen: weil nämlich nicht wir über die Welt siegen, sondern die Welt über uns. "Es sind nicht wir, die das Objekt denken, sondern das Objekt denkt uns. Wir leben unter dem Zeichen des verlorenen Objekts, von nun ist es das Objekt, das uns verliert".[24]

---

[24] J. Baudrillard, Das perfekte Verbrechen, München 1996, 113

Visionen wie das gesetzlich verankerte Stimmrecht für Computer (in den USA bereits diskutiert) lassen den Weg der Umwandlung des menschlichen Körpers in eine Festplatte gar nicht mehr als abwegig erscheinen und die Ersetzung der Wirklichkeit durch Prothesen digitaler Art ist auf bestem Weg uns vollends von aller Wirklichkeit zu befreien. Das menschliche Genom ist bereits entschlüsselt, wir werden Menschen klonen. Diese frohe Botschaft löst nicht nur Erschrecken aus: die bereits zwischen genetischen Simulationsprogrammen und der Erfindung neuraler Netze pendelnde Computerforschung ist auf dem Weg zu ermöglichen, was Unsterblichkeitsträume und kühnste Utopien nicht zu denken wagten: Befreiung von unserer Freiheit, die wir lange erstritten, als Last mit uns herumgetragen und schließlich keiner Autorität menschlicher Provenienz zu opfern bereit waren. Wir schicken uns an alles zu reduplizieren, die Wirklichkeit, die Natur, uns selbst.

Sogar E. Wilson, wahrhaftig nicht postmodernen Gedankengutes verdächtig, weist auf die Gefahr hin, die mit einem weiteren Fortschritt der Naturwissenschaften verbunden bleibt: "Es gibt und gab noch einen anderen, eher rationalen Einwand gegen das Aufklärungsprojekt: Gehen wir einmal um des Argumentes willen davon aus, ...daß es den Wissenschaftlern möglich geworden wäre, in die Zukunft zu blicken und festzustellen, welche Handlungsweisen der Menschheit am besten bekommen würden. Wären wir nicht damit in einem goldenen Käfig der Logik und des offenbarten Schicksals gefangen ? Der Antrieb der Aufklärung war wie der ihres Vorläufers, des griechischen Humanismus, prometheisch

- das akkumulierte Wissen sollte die Menschheit befreien,.... Tatsächlich könnte auch das genaue Gegenteil eintreten.[25] Gefangen und geblendet vom Erfolg der Naturwissenschaften hat die Aufklärung aber auch hinsichtlich der Rolle und Bedeutung der Geisteswissenschaften in eigentümlicher Weise versagt. Die zwei oder auch drei verschiedenen Kulturen, die unsere Gegenwart prägen, sind auseinandergelaufen. Wo der vielfach beklagte Verlust des Sinnfundamentes und der Lebensbedeutsamkeit der Naturwissenschaften einerseits eingeklagt wird, sieht man die Bedeutung der Geisteswissenschaften oder "Humanities" andererseits meist höchstens als kompensatorisch, forschungspolitisch nicht selten als überflüssig oder ornamental. Ohne ihnen eine Heilsfunktion zuzusprechen oder sie zu Orientierungswissenschaften hochzuspielen: sie hätten mehr als nur eine kompensatorische Funktion angesichts der Herausforderungen von Naturwissenschaften und Technologie. Denn sie sind auch - vor allem die Philosophie - Reflexionswissenschaften, die gerade jenes kritische Potential bewahren, tradieren und umsetzen können, das einmal eines der wesentlichen Vorhaben der Aufklärung gewesen ist. Nicht zu Unrecht weist H. Reinalter darauf hin, daß die Geisteswissenschaften angesichts der Diskussion ihrer Neupositionierung auch als "Aufklärungswissenschaften" bezeichnet werden könnten, da sie Disziplinen der Selbstreflexionen seien und nicht minder mit den Ansprüchen und Zielen der Aufklärung zusammenhängen, als die Hoffnung, die in die Naturwissenschaften gesetzt wurden. Sicherlich können die Geisteswissenschaften ein

---

[25] E. Wilson, a.a.O. 48

rationales Orientierungswissen zur Verfügung stellen und das Bewußtsein für die Grenzen und Normen unseres Handelns schärfen.[26]

Aber gerade diese Grenzen und Normen sind nicht minder in Bewegung geraten und sehen sich zunehmend einer pluralistischen Situation ausgesetzt. Diese ist - ohne damit auch schon gleich postmoderne Feiern der Differenz, der Polyphonie und Diversität zu veranstalten - offenbar zu einer Grundsituation der Gegenwart geworden und es greift zu kurz, um sie mit dem Vorwurf der "Neuen Unübersichtlichkeit" (Habermas) zu versehen oder schlechtweg von Chaos, Zusammenbruch oder Beliebigkeit zu sprechen. Denn die Einsicht in die Pluralität und auch Subjektivität der Werte steht nun einmal am Beginn des ethischen Denkens der Moderne und das Problem der Verallgemeinerbarkeit und des Universalismus wird gleichsam im Gegenzug ebenso von der Aufklärung propagiert - wenn man etwa an die Kantische Moralphilosophie denkt. Daß Anerkennung des Pluralismus nicht automatisch Beliebigkeit und Willkür bedeutet, haben etwa auch die langen Überlegungen Lyotards zum "Widerstreit" in besonderer Weise hervorgehoben. Denn im Widerstreit zeigt sich deutlich, daß eine für beide Seiten der Widerstreitenden angemessene Vernunftregel fehlt und die Legitimität der einen beanspruchten Vernunft nicht die Legitimität der anderen ausschließen muß und die dabei zugrundliegende "Heterogenität der Diskursarten" ausgetragen und ausgehalten werden wird müssen, um nicht erneut in eine dogmatische Lösung zu verfallen.

[26] vgl. dazu H. Reinalter, a.a.O. bes. 145 ff.

Zurückkommend auf die Möglichkeiten einer Antwort auf die Krise des Zusammenspiels von Aufklärung, Vernunft und Wissenschaft bietet sich die einer grundsätzlichen Verweigerung ebenso wie der Gelassenheit und des Rückzuges in die Individualität. Hilft es dagegen, eine Fortsetzung der Aufklärung als kritische zu verlangen, transversale Vernunft einzusetzen, eine moderierte wirklichkeitsnahe Vernunft zu propagieren, kurz einmal mehr reformerisch-bremsend, vielleicht auch ein wenig skeptisch der bevorstehenden "Abschaffung des Menschen" entgegenzuarbeiten - oder bleiben uns nur noch die Möglichkeiten eines Überlistens und damit eines Davonkommens? Wenn das Polyphone tatsächlich unausbleiblich geworden ist, wenn angesichts der Zerstörung der Realität durch die aufklärerische Vernunft alles zu Stückwerk zerfallen ist, dann scheint eine Aufklärung nach der Aufklärung ebenso illusionär wie die Möglichkeit sich in eine Art großer Verweigerung zu flüchten. Dann bliebe tatsächlich nur noch der Ausweg, jene Gewaltenteilung anzustreben, die durch Einsatz von Pluralitäts- und Diversierungsstrategien uns ein halbwegs erträgliches Überleben erhoffen ließe.

Nicht daß das Projekt Moderne, das sich derzeit anschickt in Gentechnologie, Computerunwesen und virtuellem Kapitalismus sich selbst zu überschlagen, keine Möglichkeiten mehr freiließe, sich dagegen zur Wehr zu setzen. Daß sich dies aber vorerst nur negativ formulieren läßt, angesichts dessen, was sich an Stelle der Wirklichkeit geschoben hat, kann kaum verwundern.

Deshalb ist auch die Frage nach dem Ende der Aufklärung weder mit einem klaren Verwerfen und Sichverabschieden vom Traditionsstrom der Moderne zu beantworten, noch mit einem Setzen auf Fortschreibung dessen, was im 18. Jahrhundert so hoffnungsvoll begonnen hat. Weder eine Radikalverwerfung der Vernunft noch ihre ebenso radikale Verteidigung wird uns helfen, die längst in Gang gebrachte entscheidende Veränderung der Welt, des Menschen, des Seins zu beeinflussen, geschweige denn aufzuhalten. In Abwandlung eines berühmten Wortes von Karl Marx könnte man sagen, Aufklärung und Wissenschaft haben die Welt genügend verändert, es kommt jetzt darauf an, sie in Ruhe zu lassen.

Aufklärungsphilosophie und technologische Moderne. Überlegungen zu ihrem Verhältnis am Ende der Moderne

Bernhard Irrgang

Die Aufklärungsphilosophie stieß auf die Endlichkeit der Erdoberfläche. Globalisierung basiert auf der räumlichen Schließung der Erde. Die aufdringlich gewordene Begrenztheit und die Schließung globaler Räume in der Redeweise vom „gemeinsamen Erbe der Menschheit" sind offenkundig (Lübbe 2005, 16-18). Die Wissenschaft ist interkulturell transferierbar, daher wirkt Wissenschaftskultur globalisierend. Wichtig sind vor allen Dingen der Könnerschaftszuwachs und die damit verbundene Moralisierung. Technologiegesellschaften haben einen zunehmenden Normierungsbedarf, wobei Einzelfallentscheidungen und die Verfügbarkeit von Tatsachenkenntnissen bedeutsam werden (Lübbe 2005, 23-41). Die progressiv verlaufende Moralisierung der Gesellschaft ist der Preis ihres Machtzuwachses. Dazu bedarf es dann der Kontrolleinrichtungen. Das Anwachsen ständig neuer Handlungs- und Nützlichkeitsmöglichkeiten ist zu berücksichtigen, wenn wir moralische Regeln mit allgemein pragmatischer Bedeutung formulieren. Auch eine neue Vergangenheitsbezogenheit kann man feststellen. Weltveränderungen vermehren den Erinnerungsbedarf. Diese sind Anzeichen für eine Überforderungskrise. Es geht um die Überforderung der historischen Kulturwissenschaften durch Mangel an materiellen Mitteln (Lübbe 2005, 42-61). Es konstituiert sich zwar keine globale homogene Zivilgesellschaft, sondern eine lange Reihe technischer Infrastrukturen. Die Zwänge der Kooperation im Interesse der Nutzbarkeit von Gütern, die sich entweder einvernehmlich oder gar nicht nutzen lassen, wachsen. Demokratisierungszwänge siegen über Technokratie aufgrund von Sachzwängen der Selbstorganisation moderner Gesellschaft und ihrer Komplexität (Lübbe 2005, 75-86).

1. Technischer und sozialer Fortschritt: Geschichtsphilosophie der Aufklärung

Fortschritt durch technisches Handeln wird erst mit der Industriellen Revolution plausibel. Vorgedacht wird dieses Programm in der Aufklärung, theoretisch bei Christian Wolff, praktisch von den Denkern der „Enzyklopädie". Die „Enzyklopädie" möchte die Wissenschaften, die freien Künste und die mechanischen Künste vereinigen. Die mechanischen Künste wurden oft vernachlässigt. Daher gibt es nur unzureichende Darstellungen von diesem Bereich. Handwerker wissen oft nicht genau, was sie tun. Die Zahl der Handwerker, die zugleich Wissenschaftler sind, ist sehr gering. Nichtsdestoweniger haben die Techniker Erfolg und ermöglichen technischen Fortschritt. Technischer Fortschritt im sozialen Kontext ist Thema auch der Geschichtsphilosophie gesellschaftlicher Entwicklung, die Mitte des 18. Jahrhunderts entsteht. Die aufklärerische Fortschritts- und Wirtschaftstheorie bei Smith und Turgot orientieren sich an der politischen Ökonomie der Merkantilisten. Es geht um Wirkfaktoren der Produktion, die zu ethnographischem Material in Verbindung gesetzt und letztlich zu einer Historiographie verarbeitet werden. So kommt es zu einer zeitlich und räumlich erweiterten Universalgeschichte, für die nicht nur die Ausweitung empirischen Materials ausschlaggebend war. Es ist die Produktivität der Arbeit, die die Entwicklungsgrade des Fortschritts bestimmt.

Fortschritte in der ökonomischen Produktion, die in der Kategorie des ökonomischen Überschusses gefaßt wurden, werden zum Angelpunkt der Fortschrittstheorie (Rohbeck 1987, 93). Die einzelnen Kulturstufen wurden als technisch ökonomische Stadien bestimmt. Es etabliert sich eine Stadientheorie auf der Basis fortschreitender Technik und dem Prinzip der Arbeitsteilung. Turgot und Smith verfahren in späteren wirtschaftshistorischen Werken ahistorisch. Sie plädieren für die Selbstregulierung der Warenpreise, des Arbeitslohnes und des Bevölkerungswachstums. Die politische Ökonomie war zwar die wesentliche Voraussetzung der Fortschrittstheorie, sie lieferte aber selbst kein entwicklungstheoretisches Modell. Vorbild des neuzeitlichen Verständnisses der schöpferischen Tätigkeiten ist beim Menschen offensichtlich die handwerkliche Arbeit im Sinne einer spezifischen Form der Naturnachahmung. Doch in der Manufaktur-Arbeitsteilung sind die Arbeitsbedingungen nicht mehr natürlich, sondern sozial vermittelt. Damit vollzieht sich der Übergang vom Prinzip der Imitatio zur Inventio und letztlich eine Intellektualisierung der Arbeit.

Turgot steht am Beginn einer systematischen Theorie des historischen Fortschritts (Turgot 1990, 7). Er begreift die Geschichte als Totalität und Gesamtzusammenhang. Das Konzept der Universalgeschichte umfaßt alle Zeiten und Räume der Historie. Die Idee des Fortschritts wird durchgängiges Prinzip des gesamten Geschichtsverlaufes. Dabei wird eine Vervollkommnung der Menschheit etwa in Politik und Moral ausdrücklich ausgeschlossen, um den wissenschaftlich-technischen Fortschritt umso sicherer behaupten zu können. Turgot hatte den ersten Versuch unternommen, Technik und Wissenschaft auf der einen, Gesellschaft und Staat auf der anderen Seite in ein übergreifendes Konzept des Fortschritts einzubinden. Am Ende der Bewegung allerdings droht sich der Fortschritt selbst zum Subjekt der Geschichte aufzuschwingen (Turgot 1990, 11-13), obwohl Turgot keinesfalls Anhänger eines naiven Fortschrittsglaubens ist. Er macht sich über den faktischen Geschichtsverlauf keine Illusionen. Diese Geschichtsphilosophie ist ein Konzept der Aufklärungsepoche, die sich selbst reflektiert. Die Hinweise auf Technik und Ökonomie deuten an, dass Turgot die Fortschritte immer mit den praktischen und anschaulichen Erfahrungen der Menschen in Verbindung bringt, nicht unbedingt mit moralischer Vervollkommnung. Turgot entdeckt - parallel zu Smith und Ferguson - die Arbeitsteilung als gesellschaftsbildendes und formendes Prinzip (Turgot 1990, 42). Aus der Perspektive der philosophischen Universalgeschichte interessiert an der Geschichte weniger ihr konkret zeitlicher Verlauf, sondern das allgemeine Schema ihrer Entwicklung (Turgot 1990, 48).

In Adam Fergusons „Versuch über die Geschichte der bürgerlichen Gesellschaft", 1767 in Edinburgh zum ersten Mal erschienen und dann bis 1814 in sieben Auflagen mit erheblichen textlichen Veränderungen versehen, versucht den Entwicklungsrückstand, den Schottland Mitte des 18. Jahrhunderts gegenüber England aufwies, zu beschreiben und aufzuheben. Zentral war die Diagnose der Entwicklung einer „commercial society" mit Arbeitsteilung, Warenproduktion, internationalem Handel und ökonomischer Klassenbildung. Es geht um die Beschreibung und Erklärung natürlicher und gesellschaftlicher Tatsachen, um die Geschichte der menschlichen Gattung im Sinne einer Naturgeschichte, im Sinne eines sich organisch entwickelnden Ganzen (Ferguson 1986, 23).

Die „Enzyklopädie", Turgot, Ferguson und Smith begründen eine aufklärerische Geschichtsphilosophie des sozioökonomischen Fortschritts. Die Kompetenzen einzelner Arbeiter im Umgang mit Technik sind der Ausgangspunkt für technische Entwicklung, der insbesondere durch die Spezialisierung erhöht werden kann. Das Prinzip der Arbeitsteilung verbessert die Kunstfertigkeit jedes einzelnen Arbeiters im Umgang mit technischen Medien. Der Umgang in kompetenter Weise ist entscheidend, nicht eine detaillierte Kenntnis der Funktionsweise des technischen Mediums. Die Organisation des technischen Handelns (Arbeitsteilung) als Gegenstand der Technologie im Sinne von J. J. Beckmann ist das zentrale Prinzip in der Ökonomie der Gesellschaft der zweiten Hälfte des 18. Jahrhunderts bereits vor dem Beginn der industriellen Revolution. Auch die ökologischen Rahmenbedingungen spielen eine wichtige Rolle. Dies ist nicht unverständlich, weil die erste Phase der industriellen Revolution durch eine Änderung der Arbeitsstruktur bestimmt wird, nicht durch den Naturverbrauch. Die neue Energietechnik verbreitet sich erst zu Beginn des 19. Jahrhunderts.

Der Ausgangspunkt von Condorcets Geschichtsphilosophie am Ende des 18. Jahrhunderts ist der Grundsatz, dass die Natur der Vervollkommnung der menschlichen Fähigkeiten keine Grenze gesetzt hat. Ohne Zweifel können diese Fortschritte schneller oder langsamer erfolgen, doch niemals werden es Rückschritte sein. Die Aufbewahrung des Überflusses und der Gedanke des Tausches sind Anknüpfungspunkte für die Kulturentwicklung. Bedürfnisse fördern den Fortschritt: Man fühlte also das Bedürfnis nach etwas wie der Schrift, und die Schrift wurde erfunden. Dabei sollte die Philosophie zu einem brauchbaren Werkzeug der schnelleren Verbreitung der Aufklärung und der Verbesserung der wissenschaftlichen Methode sein (Condorcet 1976, 31-35). Gibt es angesichts der erstaunlichen Mannigfaltigkeit der Arbeiten und der Erzeugnisse, der Bedürfnisse und Hilfsquellen, angesichts der erschreckenden Kompliziertheit der Interessen der isolierten Individuen so etwas wie Gemeinwohl? Condorcet verweist auf den Gewinn des Gebrauchs der Wissenschaften oder ihrer technischen Anwendungen sowohl für das Wohlergehen des einzelnen Menschen wie für die Wohlfahrt der Nation.

Bei Condorcet ist der Motor des Fortschritts nicht mehr die Ökonomie oder die Technik allein, sondern der Fortschritt der aufgeklärten Vernunft, die mit dem Fortschritt in Wissenschaft und Technik gleichzieht. Diese Aufklärungsvernunft befreit die Moral von allen traditionellen Zwangsvorstellungen und Vorurteilen, ist auf der Höhe der Zeit, bleibt Aufklärungsphilosophie, ohne sich auf eine Reflexion von Naturwissenschaft und Technik zu beschränken, auch wenn diese beiden zum zentralen Fortschrittsmotor avanciert sind. Insbesondere die Naturwissenschaft befreit den Menschen von Vorurteilen, die Technik wird eher im Schlepptau der Naturwissenschaften gesehen. Diese Position ist am Ende des 18. Jahrhunderts sehr modern und entfaltet ihre historische Wirksamkeit erst im 19. Jahrhundert, als der Positivismus wichtige Elemente von Condorcets Fortschrittsposition übernimmt.

Differenzierter sieht Johann Gottfried Herder in seinem Werk „Auch eine Geschichte der Philosophie zur Bildung der Menschheit" aus dem Jahre 1774 die Fortschrittsgeschichte der Zivilisation. Diese selbstkritische Version einer aufklärerischen Geschichtsphilosophie entspricht eher der spätaufklärerischen Stimmungslage. In dieser Schrift entwirft Herder eine anthropologisch begründete Idee der Humanität im Rahmen einer Art Naturgeschichte der menschlich-technischen Kultur. Dabei wendet er sich gegen den Fortschrittsglauben einer aufklärerischen Geschichtsphilosophie. In früheren Zeiten war die Bildung national ausgerichtet und von Erfahrung geprägt, im Zeitalter der Aufklärung ist ein abstraktes Regelwerk an diese Stelle getreten (Herder 1967, 86). Er bestimmt Aufklärung als mechanische Fertigkeit und Humanität

(Herder 1967, 87). Angesichts der Ausbeutung der Kolonien ist an dem Grundsatz einer Vermehrung der Tugend durch Aufklärung zu zweifeln. Keime von Glücks- und Tugendfähigkeit der Menschheit sind nicht zu bezweifeln, aber ob in der ganzen Menschheitsentwicklung ein größerer Plan Gottes zu finden ist, lässt sich füglich bezweifeln. Insgesamt betrachtet hat Aufklärung und Bildung nur einen schmalen Streifen der Erde erfasst (Herder 1967, 110).

Ein erstes Fazit: Insgesamt enthält die Geschichtsphilosophie des technischen Fortschritts zu wenige Faktoren, um als eine adäquate Geschichtsphilosophie technischen Handelns gelten zu können. Aber im Grundansatz ist diese Form der aufklärerischen Geschichtsphilosophie richtig und ausbaufähig. Die hier und da konstatierte Komplexitätsstei-gerung technischen Handelns führt zu einer zunehmenden Verflechtung einzelner Bereiche und Typen technischen Handelns und zur Kompetenzsteigerung des technischen Handelns. Technischer Fortschritt wurde bereits teilweise von der aufklärerischen Geschichtsphilosophie der Technik als Verhältnis von Tradition und Innovation interpretiert (Irrgang 2002b).

2. Theodizee: Die andere Seite des Fortschrittsversprechens

Das Erdbeben in Lissabon ist im 18. Jh. so etwas wie Auschwitz im 20. Jh. Das Erdbeben von Lissabon im Jahre 1755 erschütterte die Aufklärung. Lissabon markiert den Anfang in der Frühaufklärung, Auschwitz das Ende der Moderne in der Spätaufklärung. Ihr Thema ist eine Welt, in der Unschuldige leiden. Auschwitz markiert das Ende des aufklärerischen Mutes, Verantwortung zu übernehmen. In der

Verarbeitung des Erdbebens von Lissabon markiert sich die Naivität der Aufklärung. Die Aufklärer stellen sich vor, wie die Welt verfasst sein müsste, damit wir in ihr denken und handeln können. Darin manifestiert sich eine Aufklärungsunterstellung. Wahrscheinlich bedarf es aus der Perspektive einer Nachmoderne eines schonungsloseren Realitätssinns, um in technologischen Gesellschaften als humanes Subjekt sich sittlich selbst erhalten zu können (Irrgang 2007). Es geht um die Forderung nach einer Verstehbarkeit der Welt. Moral verlangt von uns, das Böse verständlich zu machen (Neimann 2006, 23-33). Die Theodizee der Moderne sagt aus, dass die wirkliche Welt so ist, wie sie sein soll. Hier ist allerdings die Hypermoderne viel realistischer. Hegel behauptet: Das Wirkliche ist das Vernünftige. Ethischer Pragmatismus akzeptiert das Unvernünftige, ohne zu verzweifeln (Irrgang 2007). Die Theodizeefrage war eine der Fragen der Aufklärung. Bayle hielt die Welt insgesamt für rätselhaft. Es geht um die Zufälligkeit von Schuld und Strafe. Auf der anderen Seite steht das Erstaunen über die Anzeichen von Ordnung in der Welt. Die Gottesfunktion in der Welt wird durch die Theodizeefrage im 18. Jh. kleiner. In der Aufklärung dokumentiert sich der Glaube, dass Schmerz Geburtsschmerz ist und das Mündigwerden die Sache lohnt. Marx möchte das Böse nicht erklären, sondern es bekämpfen. Marx und Nietzsche durchschauten den engen Zusammenhang zwischen Philosophie und Religion. Für sie ist Religion angewandte Philosophie. Mit der Ohnmacht Gottes werden die Macht des Zufalls und der Wunsch größer, Gott zu ersetzen (Neimann 2006, 47-177).

Die europäischen Philosophen entwickelten ein entwurzeltes Weltbürgertum. Es entstand der Wunsch, an die Stelle Gottes zu treten. Bayles Dictionnaire war die Waffenkammer der Aufklärung. Hier startete er den Angriff auf die Theodizeeproblematik. Gottes Allmacht, Gottes Güte und das Böse in der Welt lassen sich nicht zusammendenken. Voltaires „Candide“ ist eine überbordende Leidensgeschichte. David Hume spricht von der Ohnmacht der Vernunft. Es folgt Humes Angriff auf die natürliche Religion. So kommt es zu einer Zerstörung des Glaubens auch an die Vorsehung. Das Böse vermehrt sich, wenn es auf Böses trifft. Die Problematik kulminiert am Ende der Aufklärung in De Sade's Experimentalterror: Der Folterer und der Gefolterte sind eins. Schopenhauers Pessimismus besteht auf einer Verneinung des Lebenswillens (Neimann 2006, 180-300). Schicksal wird für Freud ein anderes Wort für die ungezähmte Natur. Auschwitz und Hiroshima führen zum Verlust ihrer Denkkategorien. Es geht darum, nicht die Geschichte auf die Anklagebank zu setzen, sondern die einzelnen Täter. Damit werden Absichten von Sinn und Böswilligkeit in den Vordergrund gestellt. Die SS setzte die nicht ein, die offenbar aus Lust mordeten. Die NS-Täter waren keine offenkundigen Schurken. Eichmann wollte nicht böse sein, sondern seine Pflicht erfüllen. Damit wurde die Banalität des Bösen klar. Für den 11. 9. 2001 gab es keine Warnung, gab es keine Botschaften. Das Böse banal zu nennen ist eine Theodizee (Neimann 2006, 350-441).

Die Dialektik der Aufklärung impliziert ihren Niedergang. Die kritische Theorie glaubte wohl eher nicht, dass sich die Welt verändern lasse, sondern verstand sich eher als

Klagegesang über die Obdachlosigkeit der Welt. Das Böse ist aber letztendlich religiösen Ursprungs. Ob sich der Fortschrittsgedanke aus dem der Vorsehung herleitet oder nicht, davon hängt die Legitimität der Neuzeit ab. Die Neuzeit bedarf noch der Tröstungen der Theodizee. Für uns ist das Streben nach Allwissenheit unerfüllbar. Dies ist eine Erkenntnis der Aufklärung, die ihre eigenen Voraussetzungen untergräbt. Das Wirkliche müsse auch das Vernünftige werden, das ist der Versuch, mit technischen Mitteln die Theodizeefrage in einer künstlichen Welt zu beantworten, die instrumentell-rational ist. Gleichzeitig ist es die Konstruktion der Weigerung die Welt sich selbst zu überlassen. Alles verstehen heißt, nicht alles zu verzeihen. Allerdings bleibt hier die Frage: wie viel Grund wäre zureichend, um die Welt zu erklären. Es bleibt der Stachel der Theodizee, die uns die frühe Aufklärung hinterlassen hat (Neimann 2006, 445-471).

Aufklärung in der Spätmoderne ersetzte den Glauben an Gott durch den Glauben an die Wissenschaft. Aber Auschwitz als indirekte Folge von Wissenschaft als Ideologie (Sozialdarwinismus und Rassenhygiene) macht den Glauben an Wissenschaft brüchig. So ist am Ende der Moderne Theodizee genauso obsolet geworden wie die ideologische Rechtfertigung von Wissenschaft. Schafft also Technologie (pragmatische Rechtfertigung von Wissenschaft) das Heil und die Erlösung von der Verantwortung für unsere Taten? Angesichts der Atombombe und der Militarisierung der Technologie sind die Heilsbringer erschöpft. Ein skeptischer Humanismus plädiert für Verantwortungsübernahme, wenn es sich lohnt, im vollen Bewusstsein, dass wir uns übernehmen könnten. Es ist die Wiederkehr des Individuums (Irrgang 1999), der Erwerb von Kompetenz und Meisterschaft in der ethischen Urteilsbildung, die Strukturveränderungen hervorbringen kann (Irrgang 2007).

3. Andrew Feenberg: Eine Neuinterpretation der „Dialektik der Aufklärung"

Andrew Feenberg versucht eine Reformulierung der Thesen der Kritischen Theorie insbesondere im Anschluss an Ludwig Marcuse nach dem Ende des Kalten Krieges. Die These von dem Ende der Geschichte und die darin implizierte radikale Kritik der modernen Gesellschaft sind rein spekulativ. Die progressive Entwicklung der Technologie ist ein erzählerischer Mythos. Entfremdung ist ein veraltetes literarisches Konzept. Worum es heute geht, ist, wie wir einen Glauben in die historischen Möglichkeiten technischer Zivilisationen ohne messianische Hoffnungen erhalten können. Können wir eine Industriegesellschaft errichten, basierend auf demokratischer Teilhabe, in der individuelle Freiheit nicht auf Marktfreiheit reduziert ist und in der soziale Verantwortlichkeit nicht durch Zwangsregulation ausgeübt wird? (Feenberg 2002, 3-7).

Die kritische Theorie der Technologie sollte zwischen Resignation und Utopie angesiedelt werden. Technologie ist nicht ein Ding im gewöhnlichen Sinne bzw. Alltagsverständnis, sondern ein ambivalenter Prozess der Entwicklung, der zwischen verschiedenen Möglichkeiten ausgespannt ist. Technologie ist ein multistabiles System. Und es gibt verschiedene technische Entwicklungspfade. Die Interpretation, die die Doppeldeutigkeit der Technologie berücksichtigt, öffnet eine Theorie der technischen Politik (Feenberg 2002, 13-17). Die Technologie gibt einen materialen Rahmen für die Entwicklung von Modernität vor. Wir haben einige Kontrollmöglichkeiten über unsere eigene Form der Humanität. Das kulturelle Leben hat auch unser Verständnis für humane Erfüllung letztendlich geschärft (Feenberg 2002, 19). Eine wichtige Aufgabe einer kritischen Theorie der Technologie ist die Rekonzeptualisierung des Sozialismus (Feenberg 2002, 24). Die Alternativen radikaler Art betreffen z. B. den Posthumanismus. Feenberg glaubt, dass die an Kontrolle orientierten Zuschreibungen der Technologie, die sowohl in der kapitalistischen wie in kommunistischen Gesellschaften bevorzugt wurden, nicht die Möglichkeiten von Technologiegestaltung erschöpfen (Feenberg 2002, 35).

Theorien alternativer Technologie versuchen einen neuen technischen Code zu entwickeln, der uns zu einer neuen Art der Konstruktion für zukünftige Technologie führt. Er geht davon aus, dass technologische Entwicklung sozial determiniert ist (Feenberg 2002, 141). Es bleibt zu unterscheiden zwischen erster und zweiter Instrumentalisierung. Die erste Instrumentalisierung liegt in der technischen Ausrichtung gegenüber der Realität, die Heidegger als eine Art und Weise der technologischen Entbergung der Realität beschrieben hat. Diese totale Interpretierung von Natur ausschließlich unter Ressourcenaspekten ist zu unterscheiden von Einzelinstrumentalisierungen, die von der Technik immer schon unternommen worden sind (Feenberg 2002,175). Feenberg schlägt daher vor, Natur als Horizont der technologischen Entwicklung wieder in den Blick zu bekommen, um die Dialektik des technologischen Fortschritts in den Griff bekommen zu können (Feenberg 2002, 190).

4. Modernisierung und Aufklärungsphilosophie

Angesichts der These einer Dialektik der Aufklärung und der klassisch-ökonomischen Modernisierungstheorien sollte eine moderne Aufklärung nach der Aufklärung die Geschichtlichkeit und Pfadabhängigkeit der Aufklärung wie der Technikentwicklung erkennen. Die kulturgeschichtlichen Einwirkungen auf die technische Entwicklung sind enorm. Daher hat eine geisteswissenschaftliche Analyse technischer Entwicklung nicht nur die Konstruktionsgesetze technischer Artefakte zu rekonstruieren, sondern den Handlungssinn (oder -unsinn) von Formen des Umgangs mit technischen Medien zu bestimmen. Dazu ist es erforderlich, leitende Ideen, Weltanschauungen und Leitbilder zu untersuchen, die technischen Handlungen Sinn verleihen sollen. Nicht durch die technische Entwicklung selbst, auch nicht durch den Umgang mit technischen Medien kann über die Legitimität technischen Handelns entschieden werden, sondern im Hinblick auf die Bestimmung und die Ziele technischen Handelns und technischer Entwicklungspfade. Diese liegen aber in der Regel für technische Entwicklungspfade nicht im Vorhinein vor, sondern konstituieren sich im technischen Handeln (Irrgang 2001a; Irrgang 2002a; Irrgang 2002b).

Ein Problem stellt der Entwicklungsbegriff bzw. der Begriff der Modernisierung dar. In ihm verschmelzen wie im Begriff der Kultur- und der Geschichtsphilosophie normative und deskriptive Elemente. Insbesondere problematisch ist der normative Entwicklungsbegriff. Minimal und negativ ausgedrückt, sollte es jeder Entwicklung zuallererst darum gehen, das menschliche Leid in all seinen Formen soweit wie möglich zu überwinden. Positiv ausgedrückt, sollte Entwicklung zum Ziel haben, schrittweise die Bedingungen zu schaffen, die es Individuen erlaubt, ein Leben zu führen, das frei von Armut ist, in dem also ihre Grundbedürfnisse nach Nahrung, Kleidung, Wohnung, ärztlicher Versorgung und schulischer Grundausbildung gesichert sind (Magnis-Suseno 1990, 29f). Die Verteidiger der Moderne bestehen auf der moralischen Bedeutung einer Fortsetzung der Emanzipation, die in der Zeit der Aufklärung begann und in einigen Erdteilen heute immer noch im Gang ist (Toulmin 1994, 279). Heute können wir uns weder an die Moderne in ihrer historischen Form klammern noch sie völlig ablehnen. Aufgabe ist vielmehr, unsere vererbte Moderne zu reformieren, ja richtig wieder herzustellen, indem wir sie humanisieren und dabei eine Naturphilosophie entwickeln, die auch ökologischen Belangen gerecht wird. Dazu muss die Einsicht wachsen, dass die Natur nicht einfach aus neutralen Hilfsquellen besteht, die wir zu unserem Nutzen ausbeuten können, sie ist ebenso auch unsere Wohnung (Irrgang 1996b, Irrgang 2002c).

„Moderne" im Sinne der Aufklärung umschreibt Werte wie Freiheit, Individualität, Selbstbestimmung, Menschenwürde,

Toleranz und Vernunft. Gegenmoderne, wie zunächst in der Romantik formuliert, steht für Gemeinschaft, Tradition, Religion und Moral als Politik. Die Industriegesellschaft des späten 19. und des 20. Jahrhunderts ist gekennzeichnet durch technischen und ökonomischen Fortschritt, durch Wachstum, Funktionalität, Materialität und Prosperität, während die Stufe der reflexiven Moderne, die sich am Ende des 20. Jahrhunderts abzuzeichnen beginnt, charakterisiert ist durch Bewusstsein der eigenen Grenzen, Interesse für das Andere, Erhaltung der Natur und technologische Innovation, Anerkennung fremder Traditionen und Koexistenz mit dem Anderen. Andererseits hat Modernisierung Kolonisation, Kulturabbau und erzwungene kulturelle Anpassung hervorgebracht (Young 1995, 172).

Die Rücknahme traditioneller Modernisierungskonzepte zielt nicht auf Abschaffung von Modernisierung, sondern auf die Erhöhung technischer Kompetenz im Kontext der Erhöhung kultureller und sozialer Kompetenz. Modernisierung in Europa basierte häufig auf Traditionskritik, die neue Modernisierung sollte in Schwellen- und Entwicklungsländern nach Einbettungsstrategien suchen. Statt Fortschrittsglaube undifferenziert zu verkünden, ist eine Sensibilisierung für Zukunftsfragen empfehlenswert, die Einordnung in eine Perspektive der Langzeitverantwortung, die ganz konkret auch als Verantwortung für zukünftige Generationen angesprochen werden kann. Viele, die im Westen den Glauben an den technischen Fortschritt und die technologische Modernisierung verloren haben, glauben noch an die kulturelle Dimension westlicher Modernisierung und weisen auf die Notwendigkeit eines Ethiktransfers bzw. eines Kulturtransfers in Menschenrechtsfragen hin. Modernisierungsgesichtspunkte implizieren so eine Forderung nicht nur nach einer nachholenden Industrialisierung, sondern auch nach einer nachholenden Aufklärung. Allerdings erscheint angesichts der Bedeutung von traditioneller Religiosität in Entwicklungsländern die Forderung nach Weckung eines traditionseingebetteten Verständnisses von Modernisierung viel plausibler. Diese setzt auf Ausbildung von Kompetenzen zur Wahrnehmung von Zukunftsaufgaben, wobei nicht unerhebliche Schwierigkeiten zu erwarten sind.

Die Moderne kann als soziale, kulturelle und technische Konstruktion des aufklärerischen Europas und seiner Geschichtsphilosophie verstanden werden, in der insbesondere in Frankreich Wissenschaft und Technik zum Indikator, Maßstab und Kriterium gesellschaftlichen Fortschritts wurden (Irrgang 2002b), Natur als Ressource im Zusammenhang eines Konzeptes von nützlichen Wissenschaften gesehen wurde (Irrgang 2002c), Kant seinen Begriff von Menschenwürde und Weltbürgertum entwickelte, sich Philosophie insbesondere in Frankreich als Emanzipation von der Religion verstand und sich nicht nur die „Dialektik der Aufklärung" vorbereitete, sondern auch ein Konzept kritischer und selbstkritischer, korrekturoffener und pfadabhängiger Vernunft entwickelte (Irrgang 1982), ein Konzept, das Vernunft mit Technik verknüpfte und diese mit einem Interesse an anderen Kulturen, welche schwärmerische Verehrung der fremden Weisheit und Güte und hochmütige Verachtung und Kolonialisierung des Primitiven einschloss.

Aufklärung war mehr als Handlanger der industriellen Revolution, immerhin Wegbereiter für die Aufwertung von Konsum, kommerzieller Gesellschaft, nützlicher Technik und einem Vernunftverständnis, welches sich immer mehr mit Wissenschaft und Technik verknüpfte. Das aufklärerische Interesse für Reiseliteratur, das Ausgreifen auf das Fremde und das Interesse an fremden Völkern - zugegebenermaßen verbunden mit Kolonialismus und Unterdrückung - führte zu ersten Konzepten einer kulturellen Globalisierung, das allerdings von der technologisch-ökonomischen Version von Globalisierung überflügelt worden sein dürfte.

Inzwischen ist Technik in der technischen Modernisierung selbst zur dominanten Leitkultur geworden. Der Umgang mit Technik und Wissenschaft wird mit jedem Modernisierungsschub technischer. Wurde früher Technik eingebettet, so ist Technik heute selbst zum Einbettungsfaktor geworden. Damit hat durch Tradition gekennzeichnete Kultur an Bedeutung verloren. Technologische Modernisierung war in der Entwicklung der frühen Industriestaaten (England, Mitteleuropa, USA) eingebunden in einen Aufklärungskontext, später in den einer instrumentellen Rationalisierung. Der Erfolg des Internets und der Informationstechnologien in Indien, China und Lateinamerika zeigt, dass für den Transfer westlicher Technologie die Einbettung in einen Aufklärungshorizont heute übersprungen werden kann und dass instrumentelle Rationalität nicht ausreicht, ihn zu erklären, sondern zumindest ergänzt wird durch eine globale Faszination durch modernste Technik im Sinne aufklärerischer Geschichtsphilosophie der Technik.

Der fundamentale Unterschied im Hinblick auf die Technikentwicklung im neuzeitlichen Europa und in Indien oder China (Irrgang 2006) besteht darin, dass es Europa seit der Neuzeit in zunehmendem Maße gelungen ist, technische Entwicklungen und technische Nützlichkeiten für Arbeitsprozesse zu mobilisieren und dazu relevante technische Fähigkeiten auszubilden, die Innovationen hervorbringen. Diese Fähigkeiten, Innovationen hervorzubringen, hängen in verschiedener Hinsicht von institutionellen Rahmenbedingungen ab. Die Dominanz der Tradition, augenfällig im Kastenwesen, kann Technik zwar gut einbetten, ist aber nicht per se auf Innovation ausgerichtet. Der Fortschritt beschränkte sich in der Regel auf landwirtschaftliche und handwerkliche Fertigkeiten, die allerdings mit hoher Perfektion ausgeübt wurden. Revolutionär war in Europa die Zusammenarbeit der Handwerker und Theoretiker im Rahmen der experimentellen Grundausrichtung der Renaissance, welche die Trennung von Theorie (Wissenschaft) und Arbeit (Technik) der altgriechischen Weltanschauung (übrigens auch der indischen und chinesischen) überwand und ein neuer technisch-experimenteller Geist, der in die Wissenschaften einzog, dessen Ursprung wohl nicht so eindeutig dem Christentum zuzuschreiben ist. Experimentelle Wissenschaft und Technik waren seit dem späten Mittelalter, verstärkt seit der Renaissance und der Aufklärungsepoche anders kulturell eingebettet als in China und Indien.

Einige Modernisierungshindernisse sind bereits Folgen der ersten Modernisierung wie Bevölkerungswachstum, ökologische Probleme und Armut, so dass Modernisierungskonzepte nicht völlig zu Unrecht in die Kritik geraten sind. Aus diesen negativen Konsequenzen früherer Modernisierungspfade ergeben sich dann weitere Modernisierungszwänge, eine Modernisierungsspirale, die wie eine Windhose immer mehr von dem, was Modernisierung eigentlich einbetten sollte, selbst in seinen Bann schlägt und entwurzelt. Verloren gegangen ist der Fortschrittsglaube des 19. Jahrhunderts, der Glaube an die Verwirklichung der westlichen Werte, der Glaube an die Leistungsfähigkeit von Wissenschaft und Technik - man lastet ihnen relativ unbesehen die ökologische Krise in ihrer Gesamtheit an. Es geht um die Rückgewinnung des Glaubens an die problemlösende Kraft von Wissenschaft und Technik im Rahmen eines Konzeptes ökologischer Modernisierung und unter Einbezug der Zweifel an der eigenen Kultur.

So kann man nur versuchen, den alten aufklärerischen Fortschrittsglauben an Wissenschaft und Technik als europäischen Weg der Problembewältigung so zu transformieren, dass wir einen Horizont für ökologische Modernisierung erhalten. Eine selbstkritische Wissenschaft ohne absolutes Wissen, also im Wissen um ihr eigenes Können und um ihre eigenen Grenzen wäre dabei eine erste Voraussetzung. Es gibt Gründe für ein neues Selbstbewusstsein von Wissenschaft und Technik im Rahmen eines Konzeptes von Langzeitverantwortung. Wissenschaft hat die Umweltkrise in weiten Teilen festgestellt und auch mit Hilfe der Publizistik inszeniert. Der kulturelle Konflikt zwischen dem, was eine Gemeinschaft bewahren möchte, und dem was durch Wissenschaft, Technologie, Ökonomie und Modernität zerstört wird, hat die soziale Frage des 19.

Jahrhunderts abgelöst. Die ökologischen Probleme werden der Modernität zugeordnet und somit als Argument für das Traditionelle herangezogen. Hier liegt aber ein grundsätzlicher Fehler, denn ältere Technik ist nicht per se umweltfreundlicher. Die Probleme der Moderne - einer auf Wissenschaft und Technik basierenden Kultur der Innovation und Beschleunigung mit prekären Nebenwirkungen für Traditionen sowie auf die Natur - werden durch eine Rückkehr in die Prämoderne nicht gelöst. Die sozialen Probleme wie Arbeitslosigkeit, soziale Sicherungssysteme, Wohlstand usw. können vermutlich nur durch mehr Ökonomie und Technik, also durch Modernisierung und Aufklärung bewältigt werden. Aber viele von uns wollen soziale Wärme, kulturelle Identität durch traditionelle Werte - und Reichtum. Aber Reichtum war auch in früheren Zeiten ohne Technik nicht zu erwerben.

Literatur:

Condorcet, Marie-Jean-Antoine-Nicolas Caritat, Marquis de 1976: Entwurf einer historischen Darstellung der Fortschritte des menschlichen Geistes, Frankfurt ^{2}1976

Corona, Nestor; Bernhard Irrgang 1999: Technik als Geschick? Geschichtsphilosophie der Technik; Dettelbach

Dosi, G. 1984: Technical Change and Industrial Transformation. The Theory and an Application to the Semiconductor Industry; Houndsmills

Elshtain, Jean Bethke 1992: Just war theory; Oxford, Cambridge

Enzyklopädie 1972: Artikel aus der von Diderot und D' Alembert herausgegebenen Enzyklopädie; hg. von Manfred Naumann; übersetzt von Theodor Lücke; Leipzig

Feenberg, Andrew 1991: Critical Theory of Technology: New York, Oxford

Feenberg, Andrew 2002: Transforming technology. A critical theory revisited; Oxford

Ferguson, Adam 1988: Versuch über die Geschichte der bürgerlichen Gesellschaft, übersetzt von Hans Medick; Frankfurt

Herder, Johann Gottfried 1967: Auch eine Philosophie der Geschichte zur Bildung Menschheit; Frankfurt

Ihde, Don 1990: Technology and the Lifeworld. From Garden to Earth; Bloomington Indianapolis

Irrgang, Bernhard 1982: Skepsis in der Aufklärung. Zur Rekonstruktion der Bedeutung skeptischer Argumentation und ihrer Widerlegung in Versuchen der Rechtfertigung ihres Anspruchs als 'Siècle philosophique'; Frankfurt

Irrgang, Bernhard 1983: "Evolution" im 17. und 18. Jahrhundert - Fallstudien zur methodologischen Vorgeschichte von Darwins Theorie; in: Conceptus 42, 3-28

Irrgang, Bernhard 1990: Metamorphosen eines "satirischen Realismus". Zweifelsexperimente zwischen Spätaufklärung und Frühromantik in Deutschland; in: Hans Körner, Constanze Peres, Reinhard Steiner, Ludwig Tavernier (Hg.); Die Trauben des Zeuxis. Formen künstlerischer Wirklichkeitsaneignung; Hildesheim, 201-233

Irrgang, Bernhard 1994: Dimensionen des Verantwortungsbegriffes in der Technologie-Zivilisation; in: Ethica 2 (1994) H. 2, 155-169

Irrgang, Bernhard 1995a: Verantwortungsethik in der technischen Zivilisation; in: M. Heimbach-Steins, A. Lienkamp, J. Wiemeyer (Hgs): Brennpunkt Sozialethik. Theorien, Aufgaben, Methoden. Fschr. für Franz Furger; Freiburg, Basel, Wien 1995, 403-417

Irrgang, Bernhard 1995b: Von der Technologiefolgenabschätzung zur Technikgeneseforschung. Leitbilder in einer verantwortungsethischen Konzeption der Technologiegestaltung; in H. P. Böhm, H. Gebauer, B. Irrgang (Hg.) Nachhaltigkeit als Leitbild für Technikgestaltung; Dettelbach, 13-25

Irrgang, Bernhard 1996a: Von der Technologiefolgenabschätzung zur Technologiegestaltung. Plädoyer für eine Technikhermeneutik; in: Jahrbuch für Christliche Sozialwissenschaften 37, 51-66

Irrgang, Bernhard 1996b: Die ethische Dimension des Nachhaltigkeitskonzeptes in der Umweltpolitik: in: Ethica 4 (1996) H. 3, 245-264

Irrgang, Bernhard 1996c: Aufklärungsphilosophie - Vielfalt der Ansätze und Methoden; in: Philosophischer Literaturanzeiger 49, 181-195

Irrgang, Bernhard 1997: Technik als Wachstumsmotor? Wie und warum wächst Technik?; in: Evangelische Akademie Bad Boll (Hg.) Wachstum. Über die Wurzeln der Dynamik von Technik und Wirtschaft; Bad Boll 1997

Irrgang, Bernhard 1998a: Praktische Ethik aus hermeneutischer Perspektive; Paderborn

Irrgang, Bernhard 1998b: La Mettries Begründung der Anthropologie; in: Jan Beaufort, Peter Prechtl (Hg.) Rationalität und Prärationalität. Festschrift für Alfred Schöpf; Würzburg 1998, 81-92

Irrgang, Bernhard 1999: Globalisierung der technologisch-ökonomischen Entwicklung und die Wiederkehr des Verantwortungssubjektes; in: Hans-Günter Gruber, Benedikta Hintersberger (Hg.) Das Wagnis der Freiheit. Theologische Ethik im interdisziplinären Gespräch. Johannes Gründel zum 70. Geburtstag; Würzburg, 343-353

Irrgang, Bernhard 2000: Technische Entwicklung und sozialer Fortschritt; in: Renovatio 56 (2000), 99-106

Irrgang, B. 2001a: Technische Kultur. Instrumentelles Verstehen und technisches Handeln; (Philosophie der Technik Bd. 1) Paderborn

Irrgang, B. 2001b: Lehrbuch der Evolutionären Erkenntnistheorie; ([1]1993) München, Basel

Irrgang, B. 2002a: Technische Praxis. Gestaltungsperspektiven technischer Entwicklung; (Philosophie der Technik Bd. 2); Paderborn 2002

Irrgang, B. 2002b: Technischer Fortschritt. Legitimitätsprobleme innovativer Technik; (Philosophie der Technik Bd. 3); Paderborn 2002

Irrgang, B. 2002c: Natur als Ressource, Konsumgesellschaft und Langzeitverantwortung. Zur Philosophie nachhaltiger Entwicklung; Technikhermeneutik Band 2; Dresden 2002

Irrgang, Bernhard 2005a: Posthumanes Menschsein? Künstliche Intelligenz, Cyberspace, Roboter, Cyborgs und Designer-Menschen - Anthropologie des künstlichen Menschen im 21. Jahrhundert; Stuttgart

Irrgang, Bernhard 2005b: Einführung in die Bioethik; München

Irrgang, Bernhard 2005c: Paracelsus Idee einer Bearbeitung der Natur. Anmerkungen zum Technikverständnis des Hohenheimers; In: Manuskripte, Thesen, Informationen hg. von der Deutschen Bombastus-Gesellschaft; Nr. 22/2005, 13-18

Irrgang, Bernhard 2006a: Technologietransfer transkulturell. Komparative Hermeneutik von Technik in Europa, Indien und China; Dresden Philosophy of Technology Studies 1; Frankfurt

Irrgang, Bernhard 2006b: Innovationskulturen: Bedingungen technischer Kreativität; in: G. Abel (Hg.): Kreativität. 20. Deutscher Kongress für Philosophie 26.-30. September 2005 an der TU Berlin; Hamburg 2006, 290-300

Irrgang, Bernhard 2006c: Technik als Grundlage weltumspannender menschlicher Kultur. Technikphilosophische Reflexionen im Anschluss an Ortega y Gasset; in: Ch. Rodiek (Hg.) Ortega y la Cultura Europea; Frankfurt u.a. 2006, 101-118

Irrgang, Bernhard 2007: Hermeneutische Ethik. Pragmatisch-ethische Orientierung für das Leben in technologisierten Gesellschaften; Darmstadt 2007

Irrgang, Bernhard, Ricardo Maliandi 2003: Technikphilosophie in Lateinamerika. Themen, Probleme und Entwicklungsperspektiven am Beginn des 21. Jahrhunderts; Dresden

James, Jeffrey 2002: Technology, Globalisation and Povertry, Cheltenham, Northampton

Lübbe, Herrmann 2005: Die Zivilisationsökumene. Globalisierung kulturell, technisch und politisch; München

Magnis-Suseno, F. von 1990: Neue Schwingen für Garuda. Indonesien zwischen Tradition und Moderne; München

Neimann, Susan 2006: Das Böse Denken. Eine andere Geschichte der Philosophie; übers. von Ch. Goldmann ([1]2002); Frankfurt

Rohbeck, Johannes 1987: Die Fortschrittstheorie der Aufklärung. Französische und englische Geschichtsphilosophie in der zweiten Hälfte des 18. Jahrhunderts; Frankfurt, New York

Toulmin, Stephen 1994: Kosmopolis: Die unerkannten Aufgaben der Moderne; Frankfurt

Turgot, Anne Robert Jacques 1990: Über die Fortschritte des menschlichen Geistes hg.. von Johannes Rohbeck und Liselotte Steinbrügge; Frankfurt

Young, R. 1995: Colonial desire. Hybridity in theory, culture and race; London, New York

Menschenwürde und menschliches Leben. Zu Kants Begriff der Person

Hans-Klaus Keul

Meine Damen und Herren, bevor wir die Linien eines aktuellen Projekts der Aufklärung skizzieren, oder bescheidener gesagt, zumindest einige Bausteine dessen zusammentragen, was heute eine Philosophie der Aufklärung überhaupt noch kennzeichnen kann, empfiehlt es sich wohl einen Schritt zurückzutreten, um nach der langanhaltenden und vielgesichtigen Kritik am aufklärerischen Denken von Hegel über Adorno und Horkheimer bis hin zu Foucault, an dessen ursprüngliche Gestalt zu erinnern. Ich meine natürlich Kants Philosophie, die, nach einem bekannten Wort von Hegel, „theoretisch die methodisch gemachte Aufklärung" darstellt, sofern es ihr nur um die Welt der „Erscheinungen" und nicht um das im Hegelschen Sinne „Wahre" geht; um ein „endliches Erkennen" eines endlichen Subjekts also, dem Hegel die sukzessive Selbstoffenbarung und Selbsterkenntnis einer „atomen Subjektivität" entgegenhält, von der aus sich vier fundamentale Widersprüche des aufgeklärten Denkens namhaft machen lassen - dem zwischen Denken und Sein, zwischen Subjekt und Objekt, zwischen Freiheit und Notwendigkeit und schließlich dem zwischen Endlichem und Unendlichem, auf welchen die anderen noch zurückgehen.

Gleichwohl verstehen sich die folgenden Ausführungen nicht als neuer Beitrag zum alten Thema: „Der Philosoph der Moderne - Kant oder Hegel". Wenn ich hier den Versuch unternehme, Kants Vernunftkonzept der Aufklärung unter zwei Gesichtspunkten zu rekonstruieren, so verfolge ich vielmehr die Absicht, auf einige unabgegoltenen Aspekte im Kontinuum der Aufklärung hinzuweisen, mit denen das Denken Kants den zeitgenössischen Diskurs befruchten könnte; und zugleich auch auf jene Grenzen im Zentrum des Kantischen Konzepts hinzuweisen, die heute eine Philosophie der Moderne reflektieren muss, will sie Aufklärung als jenen Prozess begreifen, in dessen Verlauf sich die Maßgaben der Kritik und mit ihnen deren Richtung selbst verändern. Zwei Schritte weisen dabei den Weg: Nach einer kurzen Retrospektive von Kants kritischem System, in der ich der Frage nach der Einheit des Konzepts der Kritik nachgehen möchte, werde ich im zweiten Teil näher auf Kants praktische Philosophie und dessen Konzept der Menschenwürde eingehen, um von hier aus den Begriff der Person mit Aspekten einer Philosophie des Organischen zu vermitteln.

I. Kants Konzept von Aufklärung und Kritik

„Kant hat als erster Denker in Europa die *allgemeinsten theoretischen Grundlagen* geschaffen, die wissenschaftliche Antwort auf spezifisch moderne Kulturprobleme überhaupt *möglich* machen, und insbesondere lässt sich dartun: Sein Denken, wie es sich in seinen drei großen Kritiken darstellt, ist in dem Sinne ‚kritisch', d.h. *scheidend* und *Grenzen ziehend* gewesen, dass es dadurch im Prinzip dem Prozess der *Verselbständigung* und *Differenzierung* der Kultur entspricht, wie er sich seit dem Beginn der Neuzeit faktisch vollzogen, aber in der Philosophie vor Kant noch keinen theoretischen Ausdruck gefunden hatte". So lautet das Resümee von Rickerts Kant-Buch, dem zufolge das moderne Kulturbewusstsein erst im Kritizismus zum Bewusstsein seiner selbst gelangt.

Zunächst ist damit das Programm der Aufklärung gemeint, die nach Kants berühmtem Wort, den *„Ausgang des Menschen aus seiner selbstverschuldeten Unmündigkeit"* meint, nachdem er als Freigelassener der Natur auf eigenen Füßen steht und sich seines eigenen Verstandes bedienen muss, um sich in seinem Leben selbst zu orientieren. Später dann, in § 40 seiner *Kritik der Urteilskraft*, erläutert Kant dieses Programm anhand von drei Maximen des *„gemeinen Menschenverstand[es]"*, die er in seiner *Anthropologie in pragmatischer Hinsicht* direkt als Maximen der Aufklärung bestimmt: „1) Selbstdenken, 2) sich (in der Mitteilung mit Menschen) an die Stelle des anderen zu denken, 3) jederzeit mit sich selbst einstimmig zu denken". Die erste Maxime ist die der vorurteilsfreien Denkart. Vorurteile aber unterscheidet Kant an anderer Stelle deutlich von vorläufigen Urteilen: Während die letzteren für unser Denken, das sich immer wieder auf die Probe stellen muss, unumgänglich sind, werden Vorurteile, die den drei Hauptquellen von Nachahmung, Gewohnheit und Neigung entspringen, als Grundsätze angenommen, wobei subjektive Urteile fälschlich für objektive Gründe ausgegeben werden; eine Distinktion übrigens, die noch Gadamers Kritik der

Aufklärung läutern könnte, wenn sie in dessen Hauptwerk *Wahrheit und Methode* die unhintergehbare Vorurteilsstruktur all unseren Verstehens reklamiert. Davor verwahrt uns schon Kants zweite Maxime der Aufklärung, die uns dazu anhält, versuchsweise den Standpunkt anderer anzunehmen, oder uns in die Rolle des anderen hineinzuversetzen - die Nähe zur Sozialphilosophie von Mead und Habermas ist unverkennbar - um damit der Gefahr zu entgehen, subjektive Privatbedingungen des Urteils, in denen wir ansonsten „wie eingeklammert sind", für objektiv gültig zu halten. Die dritte Maxime schließlich ist die der konsequenten Denkungsart, die Kant als Verschränkung der beiden ersteren begreift.

Und was versteht Kant unter Kritik, die dieses Programm der Aufklärung Schritt für Schritt expliziert? Einen ersten Hinweis liefert der Eingangspassus zur *Kritik der reinen Vernunft*: „Die menschliche Vernunft" heißt es hier „hat das besondere Schicksal in einer Gattung ihrer Erkenntnisse: daß sie durch Fragen belästigt wird, die sie nicht abweisen kann, denn sie sind ihr durch die Natur der Vernunft selbst aufgegeben, die sie aber auch nicht beantworten kann, denn sie übersteigen alles Vermögen der menschlichen Vernunft" (KrV, A VII). Fragen wir nach der Art dieser Fragen, welche die Vernunft in eine solche Bedrängnis bringen - die Rede ist, und das lässt sich durchaus als vorausgreifende Kritik an den nachfolgenden Systemen des deutschen Idealismus verstehen, von einer menschlichen und nicht von einer göttlichen Vernunft, die die Kritik allererst provoziert - so sind wir auf nichts weniger als das höchste Anliegen der traditionellen Metaphysik verwiesen: auf das Unbedingte in seiner dreifachen Gestalt, auf die Ideen von Gott, Freiheit und Unsterblichkeit. Denn diese Art der Metaphysik ist zu einem bloßen „Kampfplatz endloser Streitigkeiten" herabgesunken, auf dem, vom dogmatischen Rationalismus im Sinne Descartes und dem Empirismus, vom Skeptizismus im Sinne Humes bis hin zum Indifferentismus, höchst unterschiedliche Parteien verstrickt sind; und aus dem erst die Vernunft im Rahmen ihrer friedensstiftenden aber kritischen Funktion mit der Etablierung ihres Gerichtshofs einen Weg zu weisen sucht. Gilt es doch den Parteienstreit philosophischer Schulen nicht durch „grundlose Anmaßungen", sondern durch begründete und unparteiliche Prinzipien zu schlichten, an denen sich der Gebrauch des menschlichen Vernunftvermögens zu orientieren hätte - ein Anliegen übrigens, durch das Kants Konzept der Kritik den Charakter einer juridischen Aufklärung erhält.

Unter *Kritik* versteht Kant daher und im ersten Durchlauf „nicht die Kritik der Bücher und Systeme, sondern die des Vernunftvermögens überhaupt, in Ansehung aller Erkenntnisse, zu denen sie *unabhängig von aller Erfahrung*, streben mag, mithin die Entscheidung der Möglichkeit oder Unmöglichkeit einer Metaphysik überhaupt und die Bestimmung so wohl der Quellen, als des Umfangs und der Grenzen derselben, alles aber aus Prinzipien" (KrV, A XII). So ist es Kant nicht um eine Abschaffung der Metaphysik zu tun, sondern um deren kritische Läuterung; und jene Suche nach erfahrungsunabhängigen Prinzipien steht auch nicht im Zeichen eines Ausgriffs auf eine wie immer geartete Hinterwelt, wie Nietzsche es einmal vermutete, sondern will gerade umgekehrt und vor aller Erfahrung die Bedingungen aller möglichen Erfahrung ausloten - wofür auch die zentrale Unterscheidung von „transzendental" und „transzendent" einsteht. So betreibt schon Kants Konzept der Kritik, das sei noch hinzugefügt, das Anliegen einer Desillusionierung, wenn sie die Ideen des Unbedingten nicht als gegeben, sondern zur Suche aufgegeben auffasst - die sich, anders freilich als die Religionskritik Feuerbachscher und Freudscher Provenienz, auch nicht in einen negativen Dogmatismus verstrickt.

Mit der *Kritik der Urteilskraft* beendet Kant seine kritische Philosophie. Als „Mittelglied" in der „Ordnung unserer Erkenntnisvermögen", zwischen Verstande und Vernunft, gelegen, kommt ihr der Part der Vermittlung zwischen der theoretischen und praktischen Philosophie zu, wenn sie die „unübersehbare Kluft" zwischen den beiden Welten: „dem Gebiete des Naturbegriffs, als dem Sinnlichen, und dem Gebiete des Freiheitsbegriffs, als dem Übersinnlichen", zu überbrücken sucht (KU, B V, B XX). In diesem Zusammenhang trifft Kant auch die wirkungsmächtige Unterscheidung zwischen bestimmender und reflektierender Urteilskraft: Während im ersten Fall das Besondere dadurch bestimmt wird, dass sie es unter das gegebene Allgemeine subsumiert, ist im zweiten Fall das Besondere gegeben, das Allgemeine aber zu finden aufgegeben. Das vermag die reflektierend verfahrende Urteilskraft dank ihres eigenen heuristischen Prinzips der *Zweckmäßigkeit*. Sie hält uns zum einen dazu an, die Naturdinge so zu betrachten, als ob sie ihrer Form nach zweckmäßig organisiert wären - womit für Kant übrigens eine neue Ordnung der Natur aufgeschlagen wird, die zu einer

Philosophie des Lebendigen führt. Zum anderen aber, und als subjektive Zweckmäßigkeit gefasst, dient sie der kritischen Grundlegung einer autonomen Ästhetik, die Kant in den zwei großen Bereichen entfaltet: der Beurteilung des Schönen (und Erhabenen) durch den Geschmack - mit der Pointe, dass auch das Geschmacksurteil, sofern es ästhetisch und nicht nur sinnlich ist, durchaus allgemeine Ansprüche erhebt, und einer weitreichenden Neukonzeption der Freiheit im Bereich der Einbildungskraft, die von nun an Epoche machen wird - der Hervorbringung des Schönen (Poiesis) durch das Genie, mit der Kant eine Philosophie der Kunst entwirft.

Fassen wir zusammen: Genau genommen erstreckt sich Kants Konzept der Kritik nicht auf das Vermögen der Vernunft allein, das ja nur ein (wenn auch das höchste) Gemütsvermögen unter anderen ist. Vielmehr sucht sie, die grundsätzliche Fehlbarkeit des Menschen einmal vorausgesetzt, der, alles was ihm gegeben ist, gebrauchen, aber auch gründlich missbrauchen kann, die jeweiligen Prinzipien für den Gebrauch der Vermögen des Verstandes, der Vernunft und der Urteilskraft namhaft zu machen und zu begründen, also: Gesetzmäßigkeit, Zweckmäßigkeit und Zwecktätigkeit oder Endzweck, wodurch die Kritik schon bei Kant und nicht erst bei Wittgenstein den Charakter einer Gebrauchstheorie erhält. Wobei allerdings die einzelnen synthesisstiftenden Leistungen, denen die drei Kritiken nachgehen, - und darin scheint mir die Güte dieses Kritizismus auch im Unterschied etwa zu Webers Lehre von den Wertsphären zu bestehen - durchaus unterschiedlichen Mustern und keineswegs (man denke etwa an die Analyse des

Geschmacksurteils) dem gleichsinnigen Schema der Rationalität folgen. Ob sich eine Philosophie der kulturellen Moderne und mit ihr ein Konzept der „Aufklärung heute" auf die Untersuchungen des Gebrauchs menschlicher Gemütsvermögen beschränken kann, oder nicht vielmehr aus den differenten Bereichen der Gesellschaft, sprich einer sich erst zu bildenden Weltgesellschaft, entworfen werden muss, daran wird man gegenwärtig wohl Zweifel anmelden dürfen.

II. Kants praktische Philosophie: Menschenwürde und menschliches Leben

(1) Beginnen möchte ich mit einer kurzen Charakteristik der Kantischen Ethik: Kants kritische Moral ist eine Philosophie der Freiheit, die das Selbstverständnis der Moderne von Grund auf prägen wird. „Es ist ein großer Fortschritt," - so würdigt, bei aller sonstigen Kritik am Subjektivismus, Hegel einmal Kants Philosophie der Moral - „daß dies Prinzip aufgestellt ist, daß die Freiheit die letzte Angel ist, auf der der Mensch sich dreht, diese letzte Spitze, die sich durch nichts imponieren lässt, so daß der Mensch nichts, keine Autorität gelten läßt, insofern es gegen seine Freiheit geht". Dank seiner findet der „Mensch ein schlechthin Festes, Unwankendes in sich selbst..., einen festen Mittelpunkt, so daß ihn nichts verpflichtet, worin diese Freiheit nicht respektiert wird". Freiheit, - sie steht für das abgründige Vermögen des Menschen und dessen Unumgänglichkeit zur tätigen Entscheidung, sei es nun zum Guten oder Bösen, in der sich

die Verlegenheit dieses Zwischenwesens bündelt: Nicht mehr die Sicherheit der Instinkte bestimmen ihn zum bloßen Vollzug seines Verhaltens, sein Leben ist ihm nicht schlicht gegeben, sondern zur praktischen Gestaltung aufgegeben, und im Praktischen ist der Mensch, mehr oder weniger gut und geschickt, zur Selbstbestimmung bestimmt. Denn „praktisch ist alles, was durch Freiheit möglich ist" (KrV, B 828), und als freihandelndes Wesen ist der Mensch für Kant allein das, was er selber aus sich macht, aus sich machen kann und soll.

Auf die Schlüsselfrage der praktischen Philosophie: Was soll ich tun? antwortet Kant mit dem obersten Prinzip der Moralität, das er, und darin besteht die Originalität des kritischen Unterfangens, weder in der Absicht noch in den Folgen der Handlung, auch nicht in den Zwecken des Wollens, sondern allein im Selbstverhältnis des Willens aufsucht. Denn dieser hat „seinen vollen Wert in sich selbst", so dass Kant auf dem Weg einer immanenten Analyse der Willensstruktur den moralischen Standpunkt der Unparteilichkeit zu erschließen sucht. Nicht als ob es ihm darum ginge, die lebensweltliche Sittlichkeit, laut Kants, die „gemeine sittliche Vernunfterkenntnis", dabei „etwas Neues zu lehren" oder ihr gar ein bislang unbekanntes und fremdes Prinzip aufzupfropfen. Im Gegenteil, über sich selbst will er sie aufklären, ihr implizites Wissen um das Moralprinzip in ein explizites überführen, um sie, „wie Sokrates tat", nur auf ihr eigenes Prinzip aufmerksam zu machen (GMS, BA 22); das Kant freilich in eine neue Formel gießen will, um ihm dadurch im menschlichen Gemüt „Eingang und Dauerhaftigkeit" zu verleihen. Denn bei allem Vorwissen um das eigene

Moralprinzip wird die Sittlichkeit des Alltagslebens durch eine ihr eigene, *„natürliche Dialektik“* irritiert: dem „Hang“ zur Selbstillusionierung nämlich, der Versuchung, gegen das immer schon bekannte Sittengesetz zu vernünfteln, es den eigenen Wünschen anzumodeln und damit letztlich zu verderben, - der erste Vorbote des späteren Lehrstücks vom radikal Bösen übrigens, der die praktische Kritik allererst auf den Plan ruft (GMS, BA 23f.).

Gründlich unterscheidet sich damit Kants Anliegen der praktischen Philosophie von den großen Alternativen der philosophischen Ethik, die auch gegenwärtig die Diskussion beherrschen: von der Tugendlehre des Aristoteles und des Aristotelismus, vom Utilitarismus angelsächsischer Provenienz, aber auch von der Verantwortungsethik M. Webers. Nicht als ob Kant die Tugendethik schlicht suspendierte. Doch reicht sie für sich allein noch keineswegs hin, weder in Gestalt traditioneller Kardinaltugenden, noch in der zeitgemäßeren der Zivilcourage, um uns im Dickicht widersprüchlicher lebensweltlicher Einstellungen unzweideutig zu orientieren, wenn nicht zuvor das praktische Prinzip namhaft gemacht wird, das noch das Handeln aus Tugend leitet; das Kant später dann freilich mit allgemeingültigen Handlungszwecken verschränkt, so dass schon Kants Tugendlehre den Charakter einer anwendungsorientierten und integrativen Ethik erhält. Nicht als ob Kant nicht auch auf Nützlichkeitserwägungen abstellte, oder gar das Streben nach dem Lebensglück gering achtete; gehört doch für ihn der Wunsch, glücklich zu sein, zu dem „Verlangen jedes vernünftigen, aber endlichen Wesens“ und stellt damit einen „unvermeidlichen Bestimmungsgrund seines Begehrungsvermögens" dar. Doch kann es schon aus erkenntnistheoretischen Gründen, da uns auch unsere eigene Natur nur als Erscheinung unter Erscheinungen gegeben ist, den Anspruch auf ein unbestechliches Prinzip nicht erheben, so dass es im Feld des Praktischen auch nur seinen Stellenwert innerhalb einer Pragmatik erhält, als „*Ratschläge* der Klugheit" (GMS, BA 43), deren Bezugspunkt letztlich auch nicht in utilitaristischen Glückskalkülen, sondern in dem „Ideal der Einbildungskraft" zu suchen ist (GMS, BA 43, 47). Nicht als ob Kants Gesinnungsethik verantwortungslos wäre. Im Gegenteil: Sie diskutiert das Problem der Verantwortung im Kontext des Gewissenskonzepts, als „innere Zurechnung" der vollzogenen Tat, wobei Kant noch den Schlüsselbegriff seiner Ethik, die „*moralische* Persönlichkeit" als „dasjenige Subjekt" begreift, „dessen Handlungen einer *Zurechnung* fähig sind". Nicht als ob die Folgen der Handlung für die kritische Ethik unwichtig wären. Doch einmal abgesehen davon, dass letztlich auch Weber die Vereinbarkeit von Gesinnungs- und Verantwortungsethik intendiert, reflektiert Kant genau die Schwierigkeit der ethischen Integration der antizipierten Folgen einer Handlung, die, da sie nicht mehr in unserer Macht stehen, den Bereich der Moral überhaupt in Richtung des Glaubens überschreiten, der für Kant zudem im Zeichen eines bloßen Hoffen-Dürfens steht; ein Dilemma übrigens, von dem, natürlich ohne religiöse Konnotationen, auch die gegenwärtige Risikoforschung Zeugnis ablegt.

(2) Das Moralprinzip und das Konzept der Person: In der Form einer unbedingten Vernunftbestimmung des Willens besteht denn auch das gesuchte Moralprinzip, das Kant, entsprechend den Kategorien von Einheit, Vielheit und

Allheit, nach drei Formeln ausdifferenziert, die zudem einen je unterschiedlichen Aspekt des Selbstverhältnisses des Willens thematisieren. Die allgemeine Fassung des Kategorischen Imperativs lautet: *„Handle nur nach derjenigen Maxime, durch die du zugleich wollen kannst, dass sie ein allgemeines Gesetz werde"* (GMS, BA 52). Kant begreift ihn als Test der widerspruchslosen Verallgemeinerung subjektiver Prinzipien zum allgemeinen Gesetz, so dass letztlich nur diejenige Handlung erlaubt ist, deren Maxime diese Prüfung besteht. Schwieriger als die „Auffindung" gestaltet sich die Begründung des Moralprinzips. Kant versucht sie im Wechselbezug zwischen praktischer Freiheit und dem Sittengesetz zu liefern, wobei er in der *Grundlegungs*schrift die Idee der Freiheit als „einzige Voraussetzung" für die Möglichkeit des Kategorischen Imperativs reklamiert (GMS, BA 124) - eine Voraussetzung wiederum, die auf der Annahme der Zwei-Weltenlehre, der Sinnen- und Verstandeswelt, beruht, die der Mensch gleichermaßen, wenn auch in unterschiedlicher Hinsicht, bewohnt; eine Wechselbeziehung übrigens, die kurz darauf die *Kritik der praktischen Vernunft* präzisiert, wenn sie die Freiheit als „ratio essendi" des moralischen Gesetzes, dieses aber als „ratio cognoscendi" der Freiheit begreift, um schließlich bei „einer Art von Kreditiv des moralischen Gesetzes", dem bloßen „Faktum der reinen Vernunft" Zuflucht zu nehmen, das uns „apodiktisch gegeben ist", sich uns von selbst aufdrängt und zugleich „für sich selbst" feststeht (KpV, A 5, A 83, A 81).

In unserem Zusammenhang interessiert vor allem die zweite Fassung des Kategorischen Imperativs. Dabei wird der

Wille als Fähigkeit verstanden, „*der Vorstellung gewisser Gesetze gemäß* sich selbst zum Handeln zu bestimmen" (GMS, BA 64), womit der entscheidende Schritt zur kritischen Ethik getan ist. Denn nun wandelt sich der Akzent der Untersuchung von dem praktischen Selbstverhältnis zur *freien Selbstbestimmung* des Willens, so dass der freie Wille letztlich das objektive Prinzip des Wollens aus freien Stücken will. Als objektiver Grund der Selbstbestimmung fungiert dabei der Zweck, durch den sich die vernünftige Natur insgesamt auszeichnet. Denn diese ist keineswegs ein Mittel zum beliebigen Gebrauch, auch nicht allein Urheberin aller möglichen „zu *bewirkenden* Zwecke", die sie sich nach Gutdünken setzen kann; vielmehr existiert sie als „*selbständiger Zweck*", oder als „*Zweck an sich selbst*", da sie sich ihr eigenes Dasein notwendig als Selbstzweck vorstellt (GMS, BA 65f.). Zugleich gibt dieser Selbstzweckcharakter der vernünftigen Natur den „obersten praktischen Grund" aller Gesetze des Willens ab. „*Handle so, dass du die Menschheit, sowohl in deiner Person, als in der Person eines jeden anderen, jederzeit zugleich als Zweck, niemals bloß als Mittel brauchest*" (GMS, BA 67) - lautet denn auch die zweite Formel des kategorischen Imperativs, welche die Vielheit aller Personen thematisiert. Genauer: Unter dem Prinzip des Selbstzweckcharakters einer jeden Person wird das Gebot der Wahrung des eigenen Selbstrespekts, - „werdet nicht der Herren Knechte", heißt es an anderer Stelle (MdS, A 97) -, mit dem Gebot der Achtung vor der anderen Person verschränkt, so dass Kant in diesem Zusammenhang den praktischen Selbstbezug des Subjekts mit dem, in der kritischen Moral immer wieder vermissten, Konzept der Intersubjektivität verklammert. Dabei wird „Person“ zudem nicht im psychologischen Sinne verstanden, als Vermögen etwa, sich der Identität des Selbst durch verschiedenen Zustände hindurch bewusst zu sein, sondern als jenes praktisch-vernünftige Wesen begriffen, das der Zurechnung fähig und zugleich Gegenstand der Achtung, seiner selbst und der anderen, ist.

Gleichwohl, selbst Kants Konzept der Person bedarf durchaus einer Revision. Denn deren Identität, und darauf hat ja die Sozialphilosophie von Hegel bis Honneth immer wieder hingewiesen, ist nicht schlicht gegeben. Sie bildet sich vielmehr über wechselseitige Verhältnisse der Anerkennung, so dass ihr Resultat die Wechselseitigkeit der Selbstverhältnisse spiegelt, wenn eine jede Person sich nicht nur zu sich selbst und zu der anderen, sondern zugleich auch zu ihrem Selbstverhältnis noch verhält; wobei allerdings, und darin besteht die fortdauernde Aktualität von Kants Ethik auch für die gegenwärtige Sozialphilosophie, alle Anerkennungsbemühungen das Konzept der Würde immer schon voraussetzen.

(3) Die Würde der Person: Ein letztes Mal verlagern sich die Gewichte, wenn das Selbstverhältnis des Willens als *Selbstgesetzgebung* begriffen wird, und erst mit diesem Schritt gelangt auch die Darstellung des kritischen Moralprinzips zu ihrem Abschluss. Dessen dritte Formel bildet das Prinzip der Autonomie: die *„Idee des Willens jedes vernünftigen Wesens als eines allgemein gesetzgebenden Willens“* (GMS, BA 70). *„Autonomie“* - damit benennt Kant zunächst die Fähigkeit vernünftiger Wesen, durch ihren Willen sich selbst Gesetze zu geben und setzt sie scharf gegen jede Form der

Fremdbestimmung ab, welche die Gesetze, die den Willen zu Handlungen verpflichten sollen, außerhalb, sei es nun empirisch oder rational, des Immanenzbereichs des Willens aufsucht. Da sich zudem, auf der Grundlage des Autonomieprinzips, ein jeder Wille für sich selbst und zugleich allgemeingesetzgebend begreift, gelangt Kant zu der Idee einer vernünftigen Einstimmung nicht allein des Willens in sich selbst, sondern des Ganzen aller Willen, in dem ein jeder sich Selbstzweck und zugleich Zweck für den anderen wäre. *Reich der Zwecke* hat Kant dieses Ideal einer systematischen Verbindung verschiedener vernünftiger Wesen zu einer reinen Verstandeswelt (*mundus intelligibilis*) getauft, in der ein jeder gleichermaßen an der gemeinsamen Gesetzgebung partizipiert. - Kurz: Selbstgesetzgebung, Autonomie, das ist der Schlüssel der Kantischen Moral, mit der die Revolution in der praktischen Philosophie eingeleitet wird. Einer Revolution der Gesinnung übrigens, von der Kant, nun selbstbewusst genug, Zeugnis ablegt: „Man sah den Menschen durch seine Pflicht an Gesetze gebunden, man ließ es sich aber nicht einfallen, dass er *nur seiner eigenen und* dennoch *allgemeinen Gesetzgebung* unterworfen sei..." (GMS, BA 73); so dass, frei nach Rousseau, die eigentliche, die moralische Freiheit allein in der Bindung des Willens an das selbstgegebene und zugleich allgemeingültige Gesetz besteht.

Allein, auch und gerade hier im Zusammenhang mit dem Begriff der Würde tun Differenzierungen Not. Gewiss, anders als in dem traditionellen Ethos mit seinen streng abgestimmten Stufen von sozial verliehenen Statuswürden, insistiert Kant auf die Gleichheit der Würde einer jeden vernünftigen Person. Doch bleibt auch Kants Würdebegriff ambivalent, wenn er sie an ein Leistungsmodell bindet, so dass der Mensch sich selbst erst zum Subjekt der Praxis machen muss. Grundverschieden davon ist das Konzept der Würde als einer Gegebenheit, wonach der Mensch Würde immer schon innehat, weil sie ihm als Menschen eignet und die seinen inneren Wert nicht an faktische und mögliche Leistungen knüpft. Zwar lassen sich beide Konzepte der Würde durchaus vereinbaren, doch bleibt die letztere wohl grundlegender – eine Unterscheidung übrigens, die gerade in der Diskussion um die Bioethik an Bedeutung gewinnen kann. - Und nicht zuletzt empfiehlt sich zwar nicht gleich eine Verabschiedung, wohl aber eine Transformation des Noumenalen, welche die harte Scheidung der Welt nach mundus intelligibilis und sensibilis im Rahmen der einen Welt entdramatisiert, in der moralisch eingegangene Selbstverpflichtungen schlicht eingehalten werden. Eine Scheidung zudem, die, einmal auf den Menschen angewandt, doch nur als Zumutung begriffen werden kann. Soll dessen lebendige Einheit von Natur und Geist nicht vorab verletzt, der Mensch zum Reflexionssubjekt entleibt, dessen Leib zum Mechanismus verdinglicht werden, dann rückt das Konzept einer leiblich inkorporierten Menschenwürde in den Blick, in dem das Verhältnis von Freiheit und Bindung neu auszuloten ist.

(4) Menschenwürde und menschliches Leben: So wären wir erneut auf Kants Philosophie des Lebendigen verwiesen, vor allem auf dessen Begriff des Organismus, an die das Anliegen einer „Aufklärung heute“ im ersten Anlauf anknüpfen kann. Mit dem heuristischen Prinzip einer

„inneren Zweckmäßigkeit" organisierter und sich selbst organisierender Wesen hat Kant dem biologischen Konzept einer Autopoiesis vorgearbeitet, und es ist die Unterscheidung zwischen *bewegender* und *bildender* Kraft, durch die sich die lebendige Natur vor der physikalischen auszeichnet. Denn bei einem Lebewesen, nach Kant einem „Ding", das als „Naturzweck" existiert, ist nicht nur ein jeder Teil „*durch* alle übrigen", sondern auch „*um* der anderen und des Ganzen willen" da, so dass die Logik des Vitalen nicht länger in der einsinnigen Kausalkette von Ursache und Wirkung, sondern in dem Verhältnis von Mittel und Zweck verläuft: In einem Lebewesen erhält ein jeder Teil seine Funktion nur innerhalb des Ganzen, wie auch umgekehrt die Teile zur Einheit des Ganzen dadurch verbunden sind, dass sie wechselseitig als Ursache und Wirkung fungieren. Zudem diskutiert Kant die Bildungskraft lebendiger Wesen als Selbstzeugung in dreifacher Gestalt, wenn z.B. ein Baum sich selbst als Gattung und als Individuum erzeugt, und zudem bei Schädigung eines Organs, dank der „Selbsthilfe der Natur" sich selbst erhält - für Kant übrigens „eine der wundersamsten Eigenschaften organisierter Geschöpfe", die auch in einer ökologischen Ethik fruchtbar gemacht werden kann, so dass von einer ökologischen Krise sich sprechen lässt, wenn diese Selbstheilungskräfte der Natur überfordert sind (UK, § 64 - § 66).

Gleichwohl zieht Kant aus seiner Philosophie des Organischen keine direkten ethischen Konsequenzen in Bezug zur lebendigen Natur. Zwar lassen sich verstreute Hinweise auf einen schonenden Umgang mit Lebewesen in seinem Werk durchaus namhaft machen, so etwa, wenn Kant durchaus im Sinne des Nachhaltigkeitspostulats unsere Vorfahren wegen der „unvernünftigen Ausrottung" der Wälder (KU, § 63) anprangert, oder an anderer Stelle die „gewaltsame und zugleich grausame Behandlung" von Tieren, als „lebenden, obgleich vernunftlosen Geschöpfen", ja selbst Tierversuche „zum bloßen Behuf der Spekulation, wenn auch ohne sie der Zweck erreicht werden könnte", verabscheut (MdS, § 17). Allein, solch ethische Indizien eines behutsameren Umgangs mit dem Lebendigen wurzeln nicht in der Güte des Lebendigen selbst - ihm kommt nach Kant immer nur ein relativer Wert zu -, sondern in der Gefahr der Verwahrlosung des moralischen Subjekts. Denn Hand in Hand mit dem Imperativ der Achtung vor der vernünftigen Natur führt Kant die harte Scheidung von *Person* und *Sache* ein, welche die praktische Philosophie von nun an wie ein Schatten begleitet. Indem die eine sich selbst als Selbstzweck einen absoluten Wert zuspricht, entwertet sie in einem Atemzug alles Übrige zum Gegenstand ihres mehr oder weniger willfährigen Gebrauchs. Gerade diesen höchsten Punkt der Kantischen Ethik wird eine „Aufklärung heute" wohl revidieren müssen: Und zwar um den Aspekt einer ökologischen Ethik, vor allem einer Ethik des Tierschutzes, die bis heute allerdings um eine angemessene praktische Kategorie des Lebendigen ringt, wenn sie gegenwärtig zwischen einer emotivistischen Basis und der Vernunftidee einer zu schonenden Natur auseinandergespannt ist.

Eines ist es den moralischen Status von „Naturprodukten" zu reklamieren, ein anderes den Menschen selbst und seine Kultur als Resultat einer Geschichte der Natur zu begreifen.

Produkt der Natur und doch zugleich als Vernunftwesen „Endzweck" der Natur, das den natürlichen Lebenszusammenhang je schon transzendiert, ist auch für Kant der Mensch von Natur aus künstlich, so dass die Natur jene organische Ausstattung des Menschen hervorbringt, welche die kulturelle Daseinsform ihrerseits ermöglicht. Denn die „Natur hat gewollt", das weiß der dritte Satz seines Geschichtsentwurfs von 1784 zu berichten, „daß der Mensch alles, was über die mechanische Anordnung seines tierischen Daseins geht, gänzlich aus sich selbst herausbringe, und keiner anderen Glückseligkeit, oder Vollkommenheit, teilhaftig werde, als die er sich selbst, frei von Instinkt, durch eigene Vernunft, verschafft hat". Freilich so, dass der Mensch auch und gerade als freihandelndes Wesen auf die natürlichen Vorgaben bezogen bleibt und Kants Ethik in ihrem anwendungsorientierten Teil die beiden Kategorien von Zweckmäßigkeit und Zwecktätigkeit in zweifacher Gestalt verschränkt, wenn sie, von einem natürlich vorgegebenen Ausgangskonflikt ausgehend, den Weg zu einer je unterschiedlich verfassten vernünftigen Friedensordnung weist. Von dem anthropologischen „Antagonism" der „ungeselligen Geselligkeit" des Menschen (Ideen, A 392) schlägt die *Rechtslehre* den Bogen zur Idee des äußeren „ewigen Friedens" einer weltbürgerlichen Gesellschaft, während im Gegenzug die *Tugendlehre* einen andersgearteten Friedenszustand entwirft: die Idee eines inneren Friedens mit sich selbst, der auf die Spaltung des Menschen nach Sinnen- und Verstandeswesen antwortet, und den Prospekt des Friedens mit den anderen, der die naturphilosophischen

Kräfte von Attraktion und Repulsion zu moralischen Kategorien von Liebe und Achtung umwertet, deren geglückter Ausgleich Kant als Form der Geselligkeit und letztlich als Ideal der Freundschaft diskutiert – Aspekte des Praktischen, von denen sich auch eine „Aufklärung heute“ durchaus noch belehren lassen kann.

Essay zu meinem Vortag in Sibiu / Herrmannstadt mit dem Titel: Aufklärung der Aufklärung heute

Herbert Lachmayer

Worte wie „Ende“ auszusprechen, versucht festzuhalten, dass es ein „danach“ geben soll. Das Rangieren von Geschichte durch Einsatz von Begriffsmagie wie „Ära“, „Epoche“, „Moderne“ und somit auch „Aufklärung“ ist tückisch geworden. Die mentale Subsumtionskraft von generalisierenden Sinn-Klammern für geschichtliche Zeit ist mit dem Leit-Image „global“ einmal mehr bis zur Bedeutungslosigkeit überhöht worden. Mit der Mediengesellschaft heute hat sich ein geschichtsrelevanter Generationsbruch manifestiert und vollzogen – einerseits das Leitbild der monosequenziellen Lebenskarrieren der Elterngeneration noch mit Zukunftsfernblick, andererseits die Jugendlichen, die im Modell PatchWork / PatchLife eine Gegenwart leben, in der die Zukunft schon mit hinein implementiert ist. Utopie-Obsidierte vermochten politisches Selbstbewusstsein aus der visionierten Kollektivzukunft herauszuziehen – eine profane Transzendenz der Gegenwart ließ Freiheit schnuppern. Noch die Wirtschaftswunder-Generation konnte sich zumindest mit suggestivem Glücksversprechen durch Konsum & Fortschritt turboartig in die Zukunft ziehen lassen, der Blick nach vorne war verinnerlicht. Heute ist der Slogan „Zukunft", wie er in der rhetorischen Routine der Politiker fortschrittsskeptisch - wie zugleich beschwörend - nach wie vor eingesetzt wird, allemal ein schweres Schlafmittel für Jugendliche. Gegen Ende des vorigen Jahrhunderts war mit der Sehnsucht nach einem „Post-" als Denkfigur das Ende der Kultur-Moderne zum Trend stilisiert worden, ging es doch darum, einem ideologisch ausgedünnten Modernismus intellektuell wie künstlerisch erfolgreich das blinde Vertrauen ins „Avantgardismus-Klischee" abzusprechen. Die an der Realität eines technokratisch dominierten Zivilisationsprozesses erschöpften Ideologie-Ressourcen stellten sich gerade in ihrer Sinnstiftungsfunktion als obsolet heraus. Das noch bewährte Analyseinstrument der Ideologiekritik konnte den Realitätsverlust der korrodierten Leitbild-Differenzen West / Ost, Links / Rechts etc. nicht mehr soziokulturell inhaltlich füllen. So gingen die Ideologiekonzepte, welche immerhin noch gültige Weltbilder hervorbrachten und stützen konnten, nunmehr krass an Gesellschaft und Zeit vorbei.

Der Zwang zum Pragmatismus als Realitätsprinzip in einer durchgängig neoliberalistischen Lebensbewältigung hat einen triumphlosen Sieg davongetragen. Der Esperanto-Charme des Wortklangs „global" kann die wachsende Bedrohung von Individualismus nur schwer verdecken, ein Paradox tut sich auf - noch nie gab es eine so reiche Ausdifferenzierung persönlicher Freiheiten, noch nie waren diese so konfektionell gleichgeschaltet, wie heute. Mit der

Attitüde „cool" gelang es den „Postismen" nachgerade, den emphatischen Fortschritts-Modernismus als geschichtlich vollzogene Vergangenheit dekorativ abzutöten, das Subjekt war so tot, wie nie zuvor. Das exzeptionelle Original in der Kunst wurde einmal mehr entzaubert - *In the beginning was the copy*. Nichtsdestotrotz beschleunigt sich eine darunter liegende Moderne extrem. Kunst - ehemals institutionalisiertes „Sensorium für Zukunft" - hat es plötzlich mit der Allgegenwärtigkeit medialer Alltagsästhetik zu tun, wird dem Medium Kultur einverleibt. Der Zivilisationsprozess insgesamt wird global ästhetisiert - wird zur „Medien-Oberfläche", ohne dass die ehemals postulierte Differenz von Ästhetik und Realitätserfahrung noch nachvollziehbar wäre, Virtualität pur. Dennoch verharrt *contemporary art* im Aktualitätsanspruch - muss sie doch notwendigerweise immer in der Gegenwart ankommen, um die Zukunft daselbst zu erreichen, sonst ist sie keine Kunst. Sie bleibt Aufmerksamkeitsmedium Nr.1, experimentelles Lab für Nach-Konstruktion von Seele und Innerlichkeit. Um Kunst herum entsteht mehr und mehr eine Intelligenz des Geschmacks, die als ästhetische Urteilskraft praktisch wird und Erkenntnisse *sui generis* zustande bringt, welche den Wissenschaftselaboraten ebenbürtig sind. Gegenüber wissenschaftlicher Regelanwendung, die partial bleibt, bedarf der individuelle Geschmack einer permanenten Übung auch durch den Alltag hindurch, sonst hat man keinen. Weil sich aber ästhetisches Bewusstsein grundsätzlich nicht unter wissenschaftliches Erklären subsumieren lässt, besteht nach wie vor eine Vorurteils-Ungleichheit zu Ungunsten der Kunst. Dies nicht nur theoretisch zu reflektieren, sondern diesen Widerspruch als Kulturvermittlung durch Konversation in Balance zu halten, heißt an Aufklärung zu erinnern. „Wieviel Diskurs verträgt ein ästhetisches Gefühl, und welchen?“ führt als Frage dorthin.

Keine ästhetische Vermittlungsstrategie ohne Forschungsstrategie - und vor allem auch umgekehrt. Die methodologischen Parameter der klassischen Einzelwissenschaften sind selbst porös geworden, die Disziplinen werden entgrenzt, ohne dass sie dadurch von ihren eigenen Kategorien befreit wären. Denken *in abstracto* soll zugleich sinnlich-empfindend imaginativ, ästhetisch bildhaft sein - und *vice versa*. Die ästhetische Urteilskraft ist eben auch eine hoch reflektierte, obgleich nicht theoretisch - daraus lässt sich heute Geschmacksintelligenz entwickeln, notwendige Voraussetzung für kulturelle Kontextualisierung schlechthin. Ein imaginativer Verstand ist gefragt, sozusagen einer mit Einbildungskraft - im österreichischen Kunstuniversitätsgesetz spricht man sogar von einer „künstlerisch-wissenschaftlichen Fähigkeit“, die es auszubilden gilt. Nur, die radikale Konsequenz dieser Begriffspolarisierung wurde bisher kaum erkannt, geschweige denn umgesetzt. Theorie ist nicht mehr „grau und da“ und Leben „grün und dort“, ästhetische Vermittlung, gerade auch im Mediengebrauch, ist mehr als bloß „Gefallen finden“. All das erinnert ans 18. Jahrhundert.

Was mental *global* stattfindet, kann durch theoretische Diskurse kaum noch zeitgleich begleitet werden, geschweige denn, dass sich daraus gesellschaftliche Wirklichkeit gestalten lässt. Konversation und Rhetorik gewinnen für performative

Wissensvermittlung auch im Forschungsprozess heute ungeahnte Bedeutung. Der *visual turn* ist schon fast retro geworden, der *performative turn* bindet Imaginationsfähigkeit, spontane Textproduktion und rhetorische Denkerzeugung in Echtzeit mit ein und zusammen, ist höchst aktuell. Die prädisziplinäre Bildungs- und Wissensgesellschaft des ausgehenden 18. Jahrhunderts hingegen fand auf der universalistischen Basis von „Konversation" statt, die Inszenierungsvorgabe von Salon und Galanterie brachte auch das reflexive Fluidum von Ambiguität beim Denken und Fühlen mit sich. Darin konnte sich ein leidenschaftsfähiger Verstand entfalten, wie auch gestaltend wirken - getragen von einer sich ständig verwandelnden Verführungsbereitschaft, welche das Ziel argumentativer Eleganz im galanten Themenwechsel erreichte. Sublimation in bizarrer Abstraktion stand der Erregungsstrategie sinnlicher Begehrlichkeit keineswegs im Wege, wenn man an die mental praktizierte Wollust des Marquis de Valmont mit der Marquise de Merteuille in „Liaisons dangereuses" denkt - die wahre Liebe der Opfer des Valmont wirkt vor diesem Hintergrund fast simpel und selbst moralisch langweilig. Sexualität war als erweiterte Kommunikationsform begriffen und nahm als Triebziel erst im Verführungskontext von Konversation die Gestalt des Begehrens an. Dies fand noch vor der Gegenstandskonstitution und Methodenrestriktion sogenannter Einzelwissenschaften statt, welche erst im Laufe des 19. Jahrhunderts ihr partikularisiertes Format gefunden haben.

Hat Kant noch Aufklärung mit dem Postulat „Befreiung aus selbstverschuldeter Unmündigkeit" auf den Punkt gebracht, sollte es heute möglicherweise „Befreiung aus fremdverschuldeter Unmündigkeit" heißen, will man die Selbstbehauptungschancen gegenüber dem Zwang zum Individualismus, respektive gegenüber dem Marktangebot von Individualismuskonfektion nicht krass überschätzen. Sich dem Thema Aufklärung begeistert-naiv nähern zu wollen, ist fatal, weil man die Notwendigkeit in die paradoxen Widersprüche der Aufklärung hineinzuwachsen übersieht – und bloß an der Mythomanie einer Schwellenperiode zur Moderne kleben bleibt. Die Zukunftsoptionen dieser „Sattel-Zeit" an den späteren Verwirklichungen zu erkennen, um daran einen aktuellen *spirit of enlightenment* zu erfahren, macht Sinn. Visionsaggregate und Hoffnungsstrategien lassen sich in unsere Zeitläufe weder schlecht noch recht hineinimplementieren – das kulturelle Gedächtnis daran ist durch das *overlay* von Aufklärungsrezeptionen und die damit verbundenen ideologischen Strapazen erblasst. Schon dem Individualismusparcour des *fin de siècle* um 1900 lag eine produktive Dekadenz zugrunde, ohne vom *début de siècle* um 1800 versucht zu haben seine Dekadenz zu lernen. Die Morbidezza des romantischen Künstlergenies zum gründerzeitlichen Jahrhundertende hatte mit dem Klischee dieser Künstlerfigur zweifelsohne noch zu kämpfen: aus Leidensinnerlichkeit entsteht Produktivität, im Kunstwerk entäußert sich der individualistische Wahrheitsgehalt, die Produktion von künstlerischen Gegenwelten muss sich auf dem Markt bewähren. Überdies waren Künstler professionalisierte Eintänzer für die Individualismusphantasien des Bürgertums. Dieses hatte mit der ständig überlasteten psychischen Instanz des sozialen „Ichs" und seiner stets gefährdeten Stärke zu kämpfen - Zentrum bürgerlicher Persönlichkeitsstandards von Charakterkonfektion, Pandämonium der Über-Ich- und Schuldgesellschaft seit dem 19. Jahrhundert. In ihrer Funktion als künstlerischer Symbolproduzent bei Hofe waren hingegen Compositeur und Librettist für die Gestaltung des höfischen Festalltags gleichermaßen notwendig und nützlich wie Bäcker, Fleischer, Architekt und Maler auch - denn, ohne Oper konnte man fürstlich nicht standesgemäß heiraten und ohne Tafelmusik schmeckte das Essen kaum. Für die höfische Gesellschaft wäre ein Künstler, der immer nur mit seiner einen Identität spielt und auch noch darüber spricht, vollkommen uninteressant und störend langweilig gewesen. Um allerdings Opern schreiben zu können, musste das verwegene Selbstbewusstsein eines nicht-aristokratischen Künstlers dem Fürsten in Augenhöhe begegnen und sich darin behaupten können - gestärkt durch Freiheitsobsession. Dies war Voraussetzung dafür, dass mit den Rollenfiguren Susanna, die Gräfin, Don Giovanni, Despina, Elvira beispielsweise Da Ponte und Mozart Erfinder von Individualitäten waren, welche nicht nur die Bühne der Oper sondern auch die Selbstkonstruktionen unseres kulturellen Gedächtnisses nicht mehr verlassen haben. Auch bei Hofe mussten die beiden aus ihrem großen Repertoire eine gefällige Vielzahl von Rollen und Identitäten parat haben, um in ihrer künstlerischen Produktion ihre eigenen Figuren mit allem Raffinement auf die Bühne zu bringen. Galanterie war Überlebensprinzip bei Hofe, ein Stolpern und der soziale Tod war gewiss - im

Grunde mehr gefürchtet als der physische, denn gestorben ist man ohnehin schnell: heute rot, morgen tot.

Im vergangenen Mozartjahr 2006 konnte der Autor die Erfahrung machen, dass sowohl beim breiten Publikum wie auch bei den ExpertInnen große Bereitschaft besteht, sich über die Künstlerfigur Mozart hinaus im 18. Jahrhundert als Mensch des 21. Jahrhunderts einzufinden und spielerisch sich davon inspirieren zu lassen. Sich den Paradoxien, Leit-Differenzen und Allmachtsphantasien dieser Zeit zuzuwenden, das Interesse an erotischen Erregungsstrategien wahrzunehmen, den Konzepten der Verführung nachzugehen fiel auf - nicht zuletzt, um in dieser Licht- und Spiegelwelt des Rokoko eigene Affekt-Architektur, Triebschicksals-Ornamentik und passagère deviante Sexualität imaginieren zu können. „Exciting Rokoko" versus „Boring Classizism", Casanova, De Sade und die Französische Revolution erzeugten in ihrem Polarisierungs-potenzial ein bizarres wie exzentrisches, ein grausames und vitales Spannungsfeld, welches bis heute in unterschiedlichsten Kontrastierungen nachwirkt. Immerhin galt Rokoko als *goût moderne* ab 1730, Klassizismus war *goût grec* ab 1750 - erstmalig in der Neuzeit gab es die Wählbarkeit zwischen zwei Stilen, die mentalitätsgeschichtlich mit soviel mehr konnotiert waren, als sich dies in einer bloß ikonographischen Stilanalyse thematisieren ließe. Der Geist des Rokoko vermittelt uns eine Balance experimenteller Geschlechterbeziehungen, wobei die Damen, wie etwa in den Mozart-Opern seines Librettisten Da Ponte durchaus die Playerinnen sind: Susanne und die Gräfin, gegenüber dem Figaro und dem Grafen Almaviva - aber auch Despina ist Don Alfonso gegenüber gleichwertig zu sehen, denn dieser ist im Grunde ein *dirty old man*, der sich von der voyeuristischen Fixierung auf die emotionsagilen jungen Paare Befriedigung verspricht. Dem gegenüber steht der Klassizismus durchaus im Zeichen monologischer Männlichkeit - im phallischen Säulenrudel wirkt die Kraft der Symmetrie als Ordnungsprinzip. Über ein zweites und drittes Rokoko, dem Rosenkavalierstil bis hin zu Philip Stark, Roberto Cappucci und Vivienne Westwood wird mit der Stilrezeption auch der laszive Habitus weiter transportiert. Um den Klassizismus herum formiert sich im 19. Jahrhundert der vertraute Schlichtheitsanspruch zur vorbildsuggestiven Minimalismus-Ikone, welche über diverse Modernismen als Avantgarde des *fin de siècle* sich bis zum Porsche-Design heraufzieht, allemal ein männliches Identifikationsformat. Das partriachalische 19. Jahrhundert steht im Zeichen einer männlichen Selbststilisierung sondergleichen. Der Klassizismus-Nachfahre als Manager im Audi TT, der zwischen Dortmund und Wuppertal die Sekretärin der Konkurrenz verführt, mag glauben, er sei Don Giovanni. Im Management-Absolutismus von heute, der kein aufgeklärter ist, erhält allerdings jene Selbstkonstruktion von Männlichkeit - im Klischee *political correct* flexibel geworden - ein Ablaufdatum.

Kurz nach der Französischen Revolution hat sich im 19. Jahrhundert die reformistisch-pragmatische Aufklärung als Erfolgstyp einer wissenschaftlich/technischen Rationalität instrumenteller Vernunft durchgesetzt - sie ist als Wissenschaft, Technik, Ökonomie etc. Realitätsprinzip geworden. Damit wurden den KünstlerInnen mit dem

Unbewussten, welches nicht zufällig im 19. Jahrhundert mit dieser Begriffsbildung entdeckt wurde und Karriere machte, eine Nischen-Existenz aufgetan – sie sind zu Irrationalismus-Profis mutiert, werden also auch SpezialistInnen in diesem ihren „Fach". Der sich anbahnenden Vernunftordnung der pragmatischen Aufklärung stand eine rebellische und pornosophische Aufklärung im 18. Jahrhundert gegenüber, die sich nicht ins 19. Jahrhundert retten konnte - Intellektuelle wie La Mettrie, der außer „L'Homme Maschine" noch ein großes Traktat über die Verbesserungen der Wolllust-Techniken verfasst hatte, fanden keine Nachfolger. Marquis de Sade im Grunde auch nicht, weil seine pornosophische Aufklärung jener zweite Schritt gewesen wäre, den zu tun, er aus der Bastille dem aufgebrachten Volke zurufend, von selbigem ungehört blieb. Nicht sollte man vergessen, dass noch in der Bundesrepublik der 1950er- und 1960er-Jahre es an den meisten geisteswissenschaftlichen Fakultäten noch unmöglich gewesen war, mit Arbeiten über die Werke solcher Autoren zu habilitieren. Dass aber gerade in der tendenziell a-moralischen, aber keineswegs unmoralischen Gesellschaft des ausgehenden 18. Jahrhunderts besagte produktive Dekadenz möglich war, wurde sehr lange verkannt und vorurteilsbedingt schlecht bewertet. Ganz aktuell drängt sich die Frage auf, warum es zur Jahrhundertwende um 2000 keine produktive Dekadenz gegeben hat.

Im Umgang mit den Wissenskosmen und den Weltbildern der Zeit des aufgeklärten Absolutismus spielt zweifellos das Verständnis von Allmacht eine wichtige Rolle, dass polititsche Strategien entworfen, gemessen wie relativiert werden konnten. An der herrschaftsrelevanten Bedeutung der Oper als der Selbstrepräsentation des absolutistischen Fürsten und seines Hofes wird die Darstellbarkeit von Allmacht einmal mehr deutlich. Ging es doch u.a. auch darum, über die höfische Oper den Erregungsstatus von Pathosformeln zu standardisieren, mit Affekt-Modulation dramaturgisch zu experimentieren, Individualitäten zu erfinden – dabei war die Akzeptanz durch Fürst und Hof sozial realitätsgestaltend, wurde ein Verhaltenskodex nachjustiert. Um Opern allerdings schreiben zu können, musste der Librettist die Allmachtsphantasie mit dem Herrscher teilen dürfen. Die Individualismustendenzen bei den Herrschern des 18. Jahrhunderts waren für den Librettisten Vorbild und Orientierungs-Gegenüber, seine Rollenfiguren zu erfinden und als neue Individualitäten nicht nur auf die Bühne zu bringen. Obwohl gerade die Herrscherfigur auf der Opernbühne die Individualisierungstendenz beim Fürsten unterstützt haben mag, mochte sich beispielsweise Joseph II. viel lieber in seiner josephinischen Gesellschaft spiegeln. Für Volk und Untertanen ließ er Freiheit verordnen, unter seiner umfassenden Kontrolle versteht sich. Friedrich II. von Preußen und Katharina II. von Russland verspürten große Lust, sich beim Schreiben von Operntexten in die Position des Librettisten zu versetzen, um auch dessen Blick der geteilten Allmachtsphantasie auf sich selbst nachvollziehen zu können. Dies war offensichtlich so befriedigend, dass es nicht bei einem Libretto blieb: Friedrich der Große verfasste deren fünf, Katharina sechs.

Das aristokratische Hybrid der Allmachtsphantasie profan-aufgeklärter Gesellschaftsordnung kollidierte tendenziell mit der dogmen-gesicherten göttlichen Allmacht, welche durch die

Kirche repräsentiert und verwaltet wurde - so war in der Figur Josephs II. der Konflikt mit dem Papst vorprogrammiert. Die Begegnung vor den Toren Neunkirchens wurde zum Highnoon zwischen Kaiser und Papst, wohl höre er die Stimme der Vernunft, diejenige Gottes nicht - der bewusst zeremonienlos gehaltene Empfang durch den Kaiser zeigte deutlich, was Joseph II. von der Allmacht des Stellvertreters Gottes hielt. Vor dem Hintergrund eines strukturellen Anti-Klerikalismus nährten sich die individualistischen Freiheitsobsessionen einiger nicht-aristokratischen Künstler dieser Zeit am subversiven Aufbegehren gegen Autorität generell. Für die Selbstverwirklichung von Individualismus war der Sinn für praktizierte Ambiguität ein innerlich realer Freiheitsraum auch subversiver Ideen, welcher von der Kirche als Korrosion von Moral angeprangert wurde, aber dadurch indirekt die Schärfung von Ironie und Selbstironie gefördert hat. Die Aufklärung hat immer auch ihre geistigen Waffen an der Religion und der Kirche geschärft. Eine der Schnittstellen dieser Konflikte zwischen säkulär und sakral war Allmacht. Katholischerseits wird immer noch am Modell radikaler Selbstverwirklichung im Individualismus letztendlich menschliche Hybris erblickt: sich in den Zustand von Allmacht zu versetzen, daraus Genuss zu ziehen, schöpferisch sein zu wollen, wie Gott, ist eine Kluft wie eh und je. Sich zeitgemäß aufgeklärt zu verstehen, mag bedeuten, sich an diesem Konflikt kritisch neu zu erfinden und zu begreifen lernen, dass sich hinter vielen noch undurchschauten sakralen Strukturen jene Vorurteile verbergen, die in der profanen Welt unter dem Vorzeichen des Realitätsprinzips gleichermaßen anzutreffen sind.

Die stärkste Affinität des ausgehenden 18. Jahrhunderts zum Heute zeigt sich in dieser Problematik des Individualismus. Die Herrschaftsstrukturen des Absolutismus haben sich in höchst effizienten Ausgrenzungs-, Abgrenzungs- und Unterdrückungsformen erhalten und finden sich in den Verachtungsformen des Hoch-Adels zu Zeiten des Neo-Absolutismus der Gründerzeit Mitte des 19. Jahrhunderts wieder, Steigerungen waren möglich. Eine Fürstin Lobkowitz soll einen genialen Architekten nach dreistündigem Vortrag nur mit einem einzigen Wort abserviert haben - nicht mit einem schlichten „nein", sondern mit einem präzis gesetzten „oba?", etwa „aber, was Sie nicht sagen?". Dies heißt auch Lernen vom 18. Jahrhundert, zumal sich in den hochstilisierten Wortwaffen sozialen Tötens durchaus eine Weiterentwicklung auch nach dem Ersten Weltkrieg noch verfolgen lässt, etwa in den Arroganzformen der Oberschicht des Ständestaates mit einem weitläufigen Repertoire menschenverachtender Depravierungsformen, die etwa heute noch im herrenreiterlichen Ausdruck „Proleten" lebendig geblieben ist.

An der Mentalitätsgeschichte des Individualismus bis heute lässt sich auch eine Geschichte der Freiheitsobsessionen nachvollziehen, die vom Geist der Aufklärung inspiriert eine spannungsgeladene wie widersprüchliche Vernunft Wirklichkeit werden ließ - inkarniert in Künstlern, Philosophen, Wissenschaftlern, Intellektuellen. Sie sind in den Individualismusklischees einer neoliberalistischen Leistungsgesellschaft als wesentliche Wertbildungsproduzenten nicht mehr vorgesehen - gesellschaftlich den *playern* als Intellektuelle nicht mehr gleichbewertet, in Konkurrenz um regionale Weltmachtspositionen. Dadurch lässt die jetzige Oberschicht die Chance, von diesen kreativen Potenzialen lernen zu können, verstreichen, die Umwege der Kultur zu gehen, welche in der Coach-Logik des Management-Individualismus wenig gelten. Die heutige Oberschicht konkurriert im Lifestyle, vermag aber keine Lebensart zu kreieren, wie es weiland dem kultur-liberalen Großbürgertum, welches zu Recht auch ein Bildungsbürgertum sich nennen durfte, wichtig und wertvoll war.

Subversion ist allemal gefragt und wird, wie man im Business so heißt, sexy. Damit tritt eine libidinöse Denkenergie in Erscheinung, die einem selbstkritischen Individualismus heute die Freiheitsobsession von damals aufrecht erhalten lässt - ohne sich alter-naiv in eine Gegenwelt paranoischer Feindbildkonstruktionen und Verschwörungstheorien zu flüchten. Sich selbige nun buchstäblich leisten zu können, weist auf den Luxus-Status intellektueller Nischen-Existenzen hin, welche Aufklärung in sich personifiziert sehen, gewissermaßen als spekulatives Gewissen der Unterdrückten ausgelagert. Subversionskultur hingegen verdankt sich einem lebensbejahenden Nihilismus, der sich allerdings mit ironischer Verve in jeglicher sozialer Entfremdungs-Melange agil zu bewegen weiß. Diese situationistische Radikalität eines ironiefähigen Individualismus vermag sich undogmatisch von der Zynismus-Attitüde der „Coolen" abzugrenzen. Zyniker entpuppen sich zuletzt meist als enttäuschte Idealisten, worin sich ihre verborgene Kleinbürgerlichkeit einmal mehr outet. Subversion als Individualismuskonzept braucht Ironie als kämpferische Geschmacksintelligenz - nicht zuletzt, um nicht durch unreflektiertes Pathos Denk- und Reaktions-Geschwindigkeit einzubüßen. In diesem Sinne muss selbstkritische Einsicht lebbar sein – dass nämlich jegliche Machtstrategie letztendlich durch eine, wenn auch verdrängte, Allmachtsphantasie überhöht wie zugleich untergraben ist.

Den Geist der Aufklärung zu vergegenwärtigen bedeutet, sich auf eine inspirierte Vernunft einzulassen, einen leidenschaftsfähigen Verstand zu effektuieren und die Subjektivitätsmagie der Phänomene als erkenntniskonstitutiv zu nützen. Damit wird ein subversionsfähiger Individualismus beschrieben, der vermag – und darin besteht die *correspondance* zum 18. Jahrhundert – die gegenwärtigen Verhältnisse unter dem Aspekt produktiver Dekadenz wahrzunehmen, ohne – wie im 19. und 20. Jahrhundert – dem Gegenwelt-Reflex zu unterliegen. So gilt es heute, sich unter den Voraussetzungen eines prä-disziplinären Erkenntnisansatzes versuchsweise zu begreifen, was paradox anmutet, aber zu einem völlig anderen Widerspruchsverständnis führt, um den Vorurteilsroutinen der verinnerlichten *mind-maps* der Wissenschaft mit einem imaginationsfreudigen Verstand zu begegnen. Offensichtliche Vorteile des prä-disziplinären Wissensdiskurses im ausgehenden 18. Jahrhundert können im Grunde erst heute richtig begriffen werden. Damit wird auf neue Chancen der Wichtigkeit einer künstlerisch-wissenschaftlichen „Kompetenz" hingewiesen, die einen intelligenten Geschmack dahingehend entfalten lässt und organisiert, das argumentative Regelwerk der Diskurse mit Embleminnovation produktiv zu kontrastieren – und somit wird der wissenschaftliche Hypothesenbildungshorizont nicht nur quantitativ erweitert, sondern qualitativ bereichert. Subversionsfähiger Individualismus ist nicht Nukleus einer Subkultur, sondern erweist sich in der Leistungsgesellschaft als konkurrenzfähig, gerade weil er diese im Geiste einer praktisch gewendeten Dekadenz unterläuft. Der gegenwärtige Management-Absolutismus ist dem aufgeklärten Absolutismus von damals insofern ähnlich, als es den wirklichen kapitalistischen *playern* strukturell auch heute um einen Universalismus geht, der ausschließlich über eine zeitgemäße Allmachtsphantasie gewonnen werden kann – diese ist allerdings mit der spezialisierten Wissensrationalität nur sehr bedingt kompatibel.

Sich dem Freiheitsgefühl, das mit dem Geist der Aufklärung entstanden ist, heute wieder zu nähern, legt auch nahe, sich das exstatische Moment zu vergegenwärtigen, das mit dem Wort „enlightenment", mit der Tatsache einer leidenschaftsfähigen Vernunft verbunden ist. In der Erinnerung an die vergessene Phase der rebellisch-pornosophischen Aufklärung des ausgehenden 18. Jahrhunderts klingt das an. Diese leidenschaftsfähige Vernunft als *focus imaginarius*, als geheimen Brennpunkt eines neuen Individualismus auszumachen, scheint heute deshalb so relevant zu sein, um die globalisierten Rationalitätstrukturen auch *in uns* durch die inspirierende Ambiguität zwischen sinnlicher Einbildungskraft und instrumentalisierter Vernunft dynamisch werden zu lassen. Die libidinösen Komponenten der Vernunft, das Lustprinzip der Sublimation, bedingen diesen zeitgemäßen Individualismus auch, lassen ein Freiheitsgefühl im Geiste der Aufklärung entstehen – eine libidinöse Spiritualität, die profan ist. Die tendenzielle

Polarisierung zwischen Kunst und Wissenschaft sollte einer noch viel grundlegenderen Vorurteilskritik von beiden unterzogen werden - in Konsequenz könnte man sich eine Radikalisierung der Begriffsjudicatur „künstlerisch-wissenschaftlicher Fähigkeit" erwarten. Auf unsere Gesellschaft von heute umgelegt, die als Demokratie auch aus dem radikalen Individualismus des 18. Jahrhunderts entstanden ist, bedeutet dies, dass die Produktivkraft der Intellektuellen, KünstlerInnen und WissenschaftlerInnen heute viel höher anzusetzen ist, als dies in einer durch die Wirtschaft dominierten Politik geschieht. Eine Kritik der künstlerisch-wissenschaftlichen Ambiguität der Vernunft ist noch nicht geschrieben worden - sie wäre Aufklärung in alter Frische.

Aufklärung als Prozess und Projekt. Versuch einer Begriffsklärung

Herbert Schnädelbach

Das Thema dieses Symposions verstehe ich so, dass es darum gehen soll, nicht nur die Situation, sondern vor allem die Erfordernisse und die Zukunftschancen der Aufklärung in unseren Tagen zu erörtern und einzuschätzen. Dazu möchte ich beitragen, indem ich das Wort- und Begriffsfeld von ‚Aufklärung' abzustecken und zu strukturieren versuche, denn ohne dies wissen wir nicht wirklich genau, wovon hier die Rede sein soll. Wie geht man dabei vor ? Wie uns Popper gelehrt hat, sind Begriffe weder Kübel, mit denen man die Phänomene sammeln könnte, um sie zu sortieren, noch Regenschirme, unter denen sie sich „subsumieren" ließen, um sie so ins Trockene zu bringen, sondern sie sind Regeln: Regeln des jeweils für angemessen gehaltenen Gebrauchs der einschlägigen Begriffswörter. Also muss es darum gehen, solche Verwendungsweisen zunächst genau zu analysieren, aber da wir nicht nur Linguistik betreiben, wollen wir sie auch beurteilen und, wenn nötig, kritisieren und berichtigen; wir wollen auch wissen, ob hier das für angemessen Gehaltene auch angemessen ist.

In meinem Beitrag möchte ich zuerst etwas zum *Wortfeld* von ‚Aufklärung' sagen, um dann drei zu unterscheidende Redeweisen von Aufklärung zu erläutern: die *chronologische,* die *historische* und die *strukturelle.* Erst bei dem strukturellen Aufklärungsverständnis wird sich die Frage stellen, ob wir es dabei mit einem nur objektiv beschreibbaren *Prozess* zu tun haben, oder um einen Vorgang, den Menschen zu ihrem *Projekt* machen und aktiv vorantreiben können. Meine These ist, dass von diesem Projektverständnis der Aufklärung ihre Zukunftschancen abhängen; nur so lassen sich kulturelle Veränderungen überhaupt als Aufklärungsschritte verstehen.

Zum Wortfeld von ‚Aufklärung'

In seinem Artikel *Über die Frage: was heißt aufklären ?* von 1784 schreibt Moses Mendelssohn: „Die Worte *Aufklärung, Kultur, Bildung* sind in unsrer Sprache noch neue Ankömmlinge. Sie gehören vor der Hand bloß zur Büchersprache. Der gemeine Haufe verstehet sie kaum." Für ‚Bildung' und ‚Kultur' gilt dies heute nicht mehr, aber was fällt dem berühmten „Mann auf der Straße" schon bei ‚Aufklärung' ein? Bestimmt etwas Sexualpädagogisches, und die Älteren unter uns denken außerdem an Militärisches oder an polizeiliche Fahndung mit dem Ziel, ein schweres Verbrechen endlich aufzuklären. Was darüber hinausgeht, gehört immer noch der „Büchersprache" an und bedarf selber der Aufklärung durch das Nachschlagen in unseren Handbüchern. Dort wird man stets Kants berühmte Definition zitiert finden, und wer jemals an irgendeiner philosophischen Lehrveranstaltung teilgenommen hat, wird sie sinngemäß hersagen können: „Aufklärung ist der Ausgang des Menschen aus seiner selbst verschuldeten Unmündigkeit." (In einem nicht ganz ernst gemeinten Theaterstück, das meine Doktoranden mir zu meinem 60. Geburtstag widmeten, erscheint die Aufklärung als Lichtgestalt und wird gefragt: „Wo kommst du denn so plötzlich her ?"; sie antwortet: „Aus der selbstverschuldeten Unmündigkeit. Ich habe gerade Ausgang...".) Bei aller Verehrung für Kant – es ist sehr fraglich, ob seine berühmte Auskunft, die er Ende des 18. Jahrhunderts gab, und deren Erläuterungen man nicht verstehen kann, ohne auf die komplizierte kulturpolitische Situation im nachfriderizianischen Preussen einzugehen, noch leitend sein kann, wenn wir fragen, was ‚Aufklärung' am Beginn des 21. Jahrhunderts heißen und bedeuten könnte; doch davon später.

Halten wir uns zunächst an das Wort. Es gehört in die große Familie der Metaphern des Gesichtssinns, deren sich unsere philosophische Tradition seit den Griechen gern bediente, wenn es darum ging, die Besonderheit des Menschen genauer zu bestimmen – also seine Vernunftbegabung, die das Lebewesen ‚Mensch' zum *animal rationale* macht. Das griechische Wort für Denken und Erkennen *noeîn* bedeutet ursprünglich ‚etwas bemerken, gewahren' im optischen Sinn, und so ist es nicht erstaunlich, dass viele griechischen Termini für Erkenntnis und ihre lateinischen Übersetzungen etwas mit dem Gesehen-Haben zu tun haben. Auch wir tragen diese Tradition weiter, wenn wir von Einsicht, Evidenz, Intuition, Intellekt, aber auch von Ideen oder Theorien sprechen, ohne meist zu wissen, dass wir uns im Begriffsfeld des Sehens aufhalten. Sehen aber erfordert Licht, von dem schon in Platons Sonnengleichnis die Rede ist und das der christliche Platonismus als den Ort Gottes begreift, den man im Goldhintergrund der Ikonen zumindest ahnen darf. Die Philosophie spricht vom „Licht der Vernunft", von der Vernunft als dem „natürlichen Licht" (*lumen naturale*); mag es ein Widerschein des göttlichen Lichts sein, wie die Theologen behaupten, oder selber eine Naturtatsache, was die Philosophen bevorzugen - wichtig ist, dass in seinem Schein die Dinge klar werden, weil es hell um sie wird. Genau dies meint das Wort ‚Aufklärung': das Klarwerden durch Hellwerden im Licht der Vernunft. (Das deutsche Wort, das wohl eine Übersetzung von franz. *éclairer* bei Leibniz ist, transportiert das Aktivische dieses Klarwerdens, die Anstrengung der Klärung besser als die englischen und französischen Entsprechungen *to enlighten* und *illuminer,* die wörtlich Erleuchtung meinen, und die kann einem ja in Wahrheit nur widerfahren.)

Licht und Finsternis - es gibt wohl kaum ein wirkmächtigeres Metapherngespann. Gott wohnt im Licht und der Teufel in ewiger Finsternis; deswegen ist das Helle das Gute und das Dunkle das Böse. In der *Zauberflöte* heißt es am Schluss: „Die Strahlen der Sonne vertreiben die Nacht, zernichten der Heuchler erschlichene Macht." Als sich die kulturelle Bewegung im Bürgertum des 17. und 18. Jahrhunderts, die wir heute ‚Aufklärung' nennen, selbst so benannte und sich dadurch nach der Renaissance erneut vom „dunklen" Mittelalter abgrenzte, war damit nicht nur eine

Überlegenheit im Wissen gemeint. Wer wollte in Frage stellen, dass Helligkeit besser ist als Dunkelheit ? Das könnten doch nur Dunkelmänner oder Obskurantisten sein. So sahen die Aufklärer auch moralisch das Recht auf ihrer Seite, und an dieser Stelle wurde die Aufklärung politisch. ‚Durch Nacht zum Licht' - das darf freilich nicht zu plötzlich geschehen, denn dann blendet es, und die Verblendung - die auch zur Lichtmetaphorik gehört - wird möglicherweise noch größer. (Vielleicht besteht die „Nacht" gerade darin, dass sich die Menschen von den falschen Lichtern blenden lassen.) Revolutionäre Ungeduld ist nicht die Sache der Aufklärung, sondern viel eher geduldige, menschennahe Bildung und Erziehung; die großen Aufklärer waren immer viel zu vorsichtig, um überstürzten und gewaltsamen Umwälzungen das Wort zu reden, denn die könnten alles verderben. Und deswegen rechneten sie auch nicht mit einem kurz bevorstehen erfolgreichen Abschluss ihres Projekts; in diesem Sinn sagt Kant: „Wenn denn nun gefragt wird: Leben wir jetzt in einem *aufgeklärten* Zeitalter ? so ist die Antwort: Nein, aber wohl in einem Zeitalter der *Aufklärung.*"

‚Aufklärung' chronologisch

Gleichwohl ist es bemerkenswert, dass sich schon um 1800 das Wort ‚Aufklärung' als Bezeichnung einer Epoche durchzusetzen beginnt, auf die man glaubt, historisch zurückblicken zu können; in der breiten Debatte der 80er und 90er Jahre des 18. Jahrhunderts in Deutschland, war davon noch nicht die

Rede gewesen. Historisierung bedeutet Distanzierung, und so besteht in der Tat ein Zusammenhang zwischen der Entstehung des uns geläufigen Epochenbegriffs ‚Aufklärung' – den ich als den *chronologischen* bezeichnen möchte - und einer ersten Welle von Aufklärungskritik, die schon im Sturm und Drang bei Hamann beginnt und vor allem auf der deutschen Rousseau-Rezeption beruht; Rousseau wurde so zum Großvater der deutschen Romantik. Was das Licht und den Tag betrifft, so waren die Romantiker ganz anderer Meinung. Novalis als Dichter der „Hymnen an die Nacht" sagt über die Aufklärer: „Das Licht war wegen seines mathematischen Gehorsams und seiner Frechheit ihr Liebling geworden. Sie freuten sich, dass es sich eher zerbrechen ließ, als dass es mit Farben gespielt hätte, und so benannten sie nach ihm ihr großes Geschäft; Aufklärung." Richard Wagner lässt Tristan und Isolde minutenlang gemeinsam das Licht und den Tag beschimpfen – „Das Licht ! Das Licht ! O dieses Licht, wie lang verlosch es nicht ! ... Dem Tage! dem Tage! dem tückischen Tage, dem härtesten Feinde Hass und Klage !" – bis sie endlich ihr Duett anstimmen: „O sink hernieder, Nacht der Liebe..." Die romantisch-ästhetische Faszination durch das Dunkle, das gegenüber dem Licht als das Tiefere und Wahrere erscheint, ist eine spezifisch deutsche Erscheinung; ihr philosophischer Wortführer war Arthur Schopenhauer, dessen Zögling Friedrich Nietzsche dichtete: „...die Welt ist tief und tiefer als der Tag gedacht."

Auch Hegel, der sonst mit der Romantik nichts im Sinne hat, historisiert die Aufklärung; schon in seinen Frühschriften von 1801 bis 1803, aber auch in seinen späteren Vorlesungen zur Philosophiegeschichte präsentiert er sie als ein begrenztes und im Wesentlichen abgeschlossenes Projekt, das sich primär und fast ausschließlich auf Religionskritik beschränkt. Schon Kant hatte den „Hauptpunkt" seiner Aufklärungsdefinition „vorzüglich in Religionssachen gesetzt", was der deutschen Szene sehr genau entsprach; die deutsche Aufklärung war ziemlich unpolitisch. So ist auch in der *Phänomenologie des Geistes* Aufklärung nichts anderes als das Wegräumen aller Transzendenz durch den abstrakten Verstand, der als „Furie des Verschwindens" notwendig in den Terror mündet, aber in der „begriffenen Geschichte", die Hegels erstes Hauptwerk rekonstruiert, bleibt die so verstandene Aufklärung eine chronologisch eindeutig zu identifizierende Episode. Mit seiner Diagnose verlieh Hegel der Restaurationspropaganda, derzufolge die Aufklärung die Revolution und die notwendig den Terror hervorgebracht habe, philosophische Weihen. Die romantische Aufklärungskritik war nach 1793 längst politisch geworden, aber Hegel hatte für politische Romantik nichts übrig und verteidigte die Ideen von 1789 zeit seines Lebens als welthistorisch gerechtfertigt; gleichwohl nahm er seinen Terrorismusvorwurf gegen die Aufklärung niemals zurück.

Das Klima der so genannten Freiheitskriege gegen Napoleon mit seinen antifranzösischen Affekten, die nationalistische Ideologie des deutschen Sonderwegs und die Restaurationspolitik der Metternich-Ära trugen das Ihre dazu bei, dass man in Deutschland das Wort ‚Aufklärung' bis ins 20. Jahrhundert fast nur noch abfällig verwandte – ganz im Unterschied zu den englischen, französischen oder italienischen Analoga *enlightenment, les lumières, i lumi,* die erst später als Epochenbezeichnungen aufkamen, aber niemals in der Weise, in der unter den Deutschen die Aufklärung häufig als flach, platt und fantasielos verächtlich gemacht wurde. (Noch in meinem Religionsunterricht hörte ich, in der Aufklärung hätten die Pfarrer zu Weihnachten über die Vorteile der Stallfütterung gepredigt.) Es ist ja nicht so, dass sich im 19. Jahrhundert bei uns niemand zur Verteidigung und Fortführung der Sache der Aufklärung gefunden hätte – man denke nur an Heine, Börne, Feuerbach, Marx, Engels und viele andere – aber auch diese Aufklärer verwendeten das Wort bestenfalls historisch im Sinne des chronologischen Rückblicks; was sie selbst taten, nannten sie nicht mehr so. Eine Ausnahme bilden die Linkshegelianer, die ausdrücklich eine „neue Aufklärung" propagieren, damit aber das herrschende Epochenverständnis von ‚Aufklärung' nur bestätigen; so formuliert Arnold Ruge: „Die Zeit der Aufklärung ist wieder da", und "Unsere Zeit ist die fundamentalste Aufklärungsperiode, die es je gegeben hat." Ausgerechnet der als Gegenaufklärer verschrieene Nietzsche ist ein weiterer Sonderfall; in *Menschliches, Allzumenschliches* bekennt er sich dazu, „die Fahne der Aufklärung – die Fahne mit den drei Namen: Petrarca, Erasmus, Voltaire von Neuem" weiterzutragen, d.h. die Sache der Aufklärung als unabgeschlossen anzusehen. Sonst war die Verbalpolitik von Aufklärungskritik und Gegenaufklärung so erfolgreich gewesen, dass man mit ‚Aufklärung' in der Regel entweder nur noch etwas Vergangenes und Abgetanes meinte oder etwas Dummes und Verächtliches: ‚Aufklärerei', und ‚Aufkläricht'.

‚Aufklärung' historisch

Wird die Aufklärung chronologisch verstanden im Sinne einer im Rückblick datierbaren Epoche, dann brauchen wir uns um ihre Zukunft keine Sorgen zu machen – ebenso wenig wie um die von Renaissance und Barock; sie ruht dann wie alle epochalen Großgegenstände im Schoß der Geschichte und kann nur durch ein „Neo-„ zu neuem Leben erweckt werden; genau dies versuchten die Junghegelianer, und im zwanzigsten Jahrhundert war dann von einer zweiten oder sogar dritten Aufklärung die Rede. Was aber war das für ein Prozess - die Aufklärung ? Was wollten ihre Erben fortsetzen, als auch sie hier von einer vergangenen Epoche sprachen ? Um dies zu beantworten, müssen wir die Lichtmetaphorik auflösen und den Vorgang genauer beschreiben, der sich dahinter verbirgt. Das ist aber nur *historisch* möglich, im strikten Wortsinn von griech. *historeîn* - berichten, erzählen; historisch ist das, was man *erzählen* muss, um es zu vergegenwärtigen. Für die Aufklärung bedeutet dies: Es genügt nicht, sie nur chronologisch zu datieren, sondern man muss sagen, wann und wie es dazu kam und wie es damit weiterging.

Die Aufklärungsphilosophen hatten dies wesentlich als einen pädagogischen Vorgang angesehen, als einen Bildungsprozess, aber nicht bloß von einzelnen Personen oder Generationen, sondern der ganzen Menschheit. Wenn Kant vom „Ausgang *des* Menschen..." spricht, meint er auch die

Gattung, und in seinen geschichtsphilosophischen Schriften erscheint die Aufklärung als wesentlicher Aspekt der Ausbildung der „Naturanlagen" des Menschen, „die auf den Gebrauch seiner Vernunft abgezielt sind". In demselben Sinne hatte Lessing von der „Erziehung des Menschengeschlechts" gesprochen, Herder von der „Bildung zur Humanität", und Hegel rekonstruierte in der *Phänomenologie des Geistes* die „Erfahrung des Bewusstseins" als einen weltgeschichtlichen Bildungsprozess, der im „absoluten Wissen" sein Ziel erreicht. Hegel verstand ihn zugleich als „Fortschritt im Bewusstsein der Freiheit" und ließ dabei erneut den „Ausgang aus der ... Unmündigkeit" anklingen. Dass die Menschen umso freier werden, je nachhaltiger sich ihre Vernunftanlagen ausbilden, ist damals die allgemeine Grundüberzeugung. So verbindet sich durchweg der Aufklärungprozess mit der Idee des *Fortschritts* der Menschheit als ganzer und man kann vermuten, dass die Faszination des „Durch Nacht zum Licht" als des großen Menschheitsprogramms wesentlich dazu beitrug, dass der revolutionärer Umtriebe verdächtige Aufklärungsbegriff als entbehrlich erschien; es genügte, fortschrittlich zu sein und „dem" Fortschritt zu dienen.

Der Begründer der Soziologie, Auguste Comte, behauptete im 19. Jahrhundert, dieser Fortschritt durchlaufe beim Einzelmenschen wie bei der Gattung gesetzmäßig drei Stadien: 1. das theologische oder fiktive, 2. das metaphysische oder abstrakte, und 3. das wissenschaftliche oder positive Stadium. Es ist nicht schwer, darin die verschiedenen Lernniveaus wiederzuerkennen, mit denen auch wir geneigt sind, bei der Strukturierung des globalen Aufklärungsprozesses zu operieren: Mythos/

Religion, Metaphysik, Wissenschaft. Die Marxisten ebenso wie Max Weber und selbst die Autoren der *Dialektik der Aufklärung* folgten, sofern sie die Aufklärung als die ideelle Außenseite der menschlichen Zivilisationsgeschichte auffassen, dem Muster von Comte, der seinerseits auf ältere Aufklärungsautoren wie Condorcet und Saint-Simon zurückgegriffen hatte. Was in der zweiten Hälfte des 19. Jahrhunderts abhanden kam, war die Sicherheit, mit der die Generationen zuvor die Zivilisationsgeschichte zugleich als Freiheitsgeschichte zu interpretieren vermochten. An die Stelle von Hegels Modell der Vernunft, das zugleich Freiheit bedeutete, trat jetzt die abendländische Rationalisierung als Schicksal mit dem „ehernen Gehäuse" der Gegenwart als Ergebnis. Die lebensphilosophische Kulturkritik, die auch die *Dialektik der Aufklärung* durchweg bestimmt und die bis in unsere Tage nachwirkt, präsentierte diese Fortschrittsgeschichte schließlich als Katastrophengeschichte.

Aufklärung von „Parmenides bis auf Russell" oder „von der Amöbe bis Einstein" - das ist die *große* Rahmenerzählung für alle Aufklärungsphänomene, sofern damit gerechnet wird, dass es damit weitergehen muss und wird, gemäß Kants Unterscheidung zwischen dem Zeitalter der Aufklärung und dem aufgeklärten Zeitalter. Wo dieser große historische Aufklärungsbegriff verwendet wurde, trauten sich die Autoren meist auch zu, ihre große Geschichte weiterzuerzählen bis hin zu einem zu erwartenden oder zu bewirkenden Endziel. Folgt man freilich Comtes Dreistadiengesetz, kommt nach dem dritten kein neues Stadium, d.h. die Aufklärung ist dann schon an ihrem Ziel angekommen. Dies möchte ich die *kleine* Rahmenerzählung nennen, und sie ist wesentlich hegelianisch. Hegel zufolge ist die Weltgeschichte als „Fortschritt im Bewusstsein der Freiheit" in Wahrheit zu Ende, denn die Vernunft in der Geschichte hat sich in Grundzügen realisiert und als Vernunft selbst erfasst, auch wenn es da noch einiges zu tun gibt, aber eben nichts Prinzipielles. Dieser Weise der Historisierung der Aufklärung mit Hilfe des „kleinen" historischen Aufklärungsbegriffs, folgt auch Comte, demzufolge wir ja bereits im dritten Stadium leben; sie ist eine wesentlich konservative Strategie. Konservative sind nicht einfach gegen die Aufklärung; sie begreifen sich selbst als aufgeklärt, aber sie glauben, auch über die Aufklärung so aufgeklärt zu sein, dass sie meinen, sie für beendet erklären zu dürfen; die sie fortsetzen wollen, erscheinen dabei selber als die Verblendeten und Unaufgeklärten. Schon Hegel polemisiert in der Vorrede zu seiner Rechtsphilosophie gegen alle, die immer noch meinen, Vernunft in die Welt bringen zu müssen, den Wald vor lauter Bäumen nicht sehen und nicht wahrhaben wollen, dass die Vernunft schon längst in der Welt ist und nicht darauf wartet, von ihnen in sie hineingebracht zu werden. Genau in diesem Sinne haben unsere kulturkonservativen Hegelianer in den 70er und 80er Jahren gegen die Linke argumentiert: „Euer Projekt ist schon gelaufen; wir leben „nach der Aufklärung" – so Aufsatz- und Buchtitel von Hermann Lübbe – und lasst Euch endlich darüber aufklären !".

Die große Erzählung der Aufklärungsgeschichte, an der die Marxisten am längsten festhielten, ist längst der Geschichte zum Opfer gefallen, und dies nicht erst durch das postmarxistische und postmoderne Wissen, das diese Story als mythisch erkennt, sondern schon durch den Historismus des 19. Jahrhunderts, den wir heute selber als eine Gestalt der Aufklärung verstehen. An die große historische Version der Aufklärung im Sinne eines die ganze Menschheit umfassenden und sich unvermeidlich auf ein Ziel hin fortzeugenden Prozesses vermögen wir nicht mehr zu glauben. Wie es sich hingegen mit der kleinen Variante verhält, die ja selbst eine solche Zukunft ausdrücklich bestreitet, darüber lässt sich nicht entscheiden, ohne darauf einzugehen, was man genauer mit ‚Aufklärung' meint. Bezieht man sie mit der deutschen Aufklärungsbewegung, Kant und Hegel wesentlich auf die „Religionssachen", dann ist die kleine Version sehr überzeugend. Wir leben - zumindest im Westen - in einer durch und durch profanen Welt, in der Mythos, Religion und sogar die klassische Metaphysik an den kulturellen Rand gedrängt sind. Unsere Rechts- und Moralvorstellungen verzichten auf jeden Bezug auf das Transzendente, und wenn dabei doch noch von Gott die Rede ist, dann ist das Privatsache. Wir leben das, was Friedrich Engels als „praktischen Atheismus" bezeichnet hatte, und das Religiöse kommt in der Öffentlichkeit fast nur noch als Garnierung vor. Dass man ohne den Glauben an Gott und an die Unsterblichkeit der Seele ganz gut leben kann, war noch für Kant ein unfassbarer Gedanke, aber wir können es ganz gut. Unsere gelebte Moral besteht in einem klug kalkulierenden Eudämonismus, d.h. im Glück des „Nichts zu viel", was Lust und Unlust betrifft, denn zu viel Lustgewinn muss man in der Regel mit zu viel Unlust bezahlen. Suchen unsere Jungen wirklich nach dem Glück ? Sie wollen *Spaß*, und das emanzipatorische Menschheitspathos der 68er-Generation finden sie nur noch lächerlich. So haben bei uns die politischen Parolen der Aufklärung „Freiheit, Gleichheit, Brüderlichkeit (Solidarität)" längst ihren Glanz verloren - durch ihre Verwirklichung, wie die konservativen Hegelianer behaupten, und haben sie damit nur Unrecht ? Wir leben heute in individuellen Freiräumen, die noch vor wenigen Generationen ganz unvorstellbar waren; die Gleichheit, mit der immer primär Gleichheit vor dem Gesetz gemeint war, ist im modernen Rechtsstaat zumindest normativ verwirklicht, und die Solidarität ist so weitgehend zur Sache unserer sozialen Sicherungssysteme geworden, dass der Einzelne bei seinem Egoismus kein schlechtes Gewissen haben muss, denn er zahlt ja auch in die Versicherungen ein. So behält das historische Aufklärungskonzept im Sinne der kleinen Rahmenerzählung auch unabhängig von seiner kulturkonservativen Instrumentalisierung ein begrenztes Recht; die vollendete Profanität unserer gelebten Lebenswelt ist einfach eine Tatsache. Nach der so verstandenen Aufklärung müssen moderne Gesellschaften, sofern sie daran teilhatten, „ihre Normativität aus sich selbst schöpfen", und in Europa nutzten sie dabei ihre bürgerlich-revolutionären Quellen; es gibt aber keine Garantie dafür, dass dies überall „nach der Aufklärung" auch wirklich geschieht. Nirgendwo können wir vor dem Rückfall in neue Mythologien sicher sein.

‚Aufklärung' strukturell

Das Bild ändert sich freilich, wenn wir uns an Kant halten und die Aufklärung wesentlich auf das Ziel der *Mündigkeit* beziehen: Wer wollte behaupten, der Ausgang aus der Unmündigkeit sei ein für allemal abgeschlossen ? Dieser Vorgang lässt sich nicht einfach historisieren, denn es ist ja immer wieder mit neuen Unmündigkeiten zu rechnen. Hier wird deutlich, dass wir mit dem Epochenbegriff und dem geschichtsphilosophischen Modell der Aufklärung im Sinne der großen und kleinen Erzählung nicht auskommen. Das Aufklärungszeitalter hat nicht alle Unmündigkeiten beseitigt; auch „nach der Aufklärung" bestehen Unmündigkeiten fort, und in dem globalen Aufklärungsprojekt sind immer wieder neue Unmündigkeiten entstanden, womit auch in Zukunft zu rechnen ist; also brauchen wir ein *strukturelles* Aufklärungsverständnis, das es uns erlaubt, Aufklärungsbedarfe in den verschiedensten kulturellen Kontexten zu identifizieren und ihre Deckungschancen genauer einzuschätzen. Davon machen wir auch schon Gebrauch, wenn wir z. B. die sophistische Aufklärung im klassischen Griechenland von der bürgerlichen Aufklärung im neuzeitlichen Westeuropa unterscheiden, oder wenn wir der Ansicht sind, dem Islam als Weltreligion stünde die Aufklärung noch bevor. Die Frage nach der Aufklärung heute lässt sich auch deswegen nicht historisch beantworten, weil man eine Geschichte nur dann erzählen kann, wenn sie schon abgeschlossen ist; alles andere ist haltlose Prophetie.

Uns geht es aber nicht primär um die Vergangenheit, sondern um die Gegenwart und die Zukunft der Aufklärung; hier brauchen wir eine empirisch belehrte soziokulturelle Aufklärungs*theorie,* und die ist mit narrativen Mitteln nicht zu ersetzen. Darüber verfügt der Philosoph nicht, aber er kann doch mit Gründen, die das Begriffliche betreffen, dafür eintreten, Aufklärung als eine Aufgabe zu verstehen, die sich unter bestimmten Bedingungen immer erneut stellt - z.B. durch kulturelles Vergessen oder Verdrängen oder durch die Entstehung neuartiger Naivitäten oder „Unmündigkeiten".

Wenn wir uns also mit Kant, was die Aufklärung betrifft, an der Idee der Mündigkeit orientieren, dann haben wir uns von der Lichtmetaphorik ziemlich weit entfernt; es ist schwer zu sehen, was jenes Ziel damit zu tun haben soll, und so ist es nicht erstaunlich, dass Kant in seinem berühmten Aufsatz davon keinen Gebrauch macht. Sokrates, der Großvater der Aufklärung, und Descartes als ihr Vater kommen ohne das Hell-Dunkel aus, wenn sie ihr Vorhaben beschreiben. Im Dialog *Kriton* sagt Sokrates: „Denn nicht jetzt nur, sondern schon immer habe ich das an mir, dass ich nichts anderem von mir gehorche als dem Satze, der sich mir bei der Untersuchung als der beste zeigt." Und Descartes erzählt, er habe sich nach vielen Erfahrungen „so gut wie gezwungen" gefunden, seine „Leitung selbst zu übernehmen". Kant sagt genau in diesem Sinne: „Unmündigkeit ist das Unvermögen, sich seines Verstandes ohne Leitung eines anderen zu bedienen", und so können wir Mündigkeit genauer als *vernünftige Selbstständigkeit im Denken und Handeln* bestimmen. Die Frage ist nur: Wie *wird* man mündig? Was ist das für ein

Ausgang, von dem Kant spricht? Setzt der nicht schon Mündigkeit voraus? Als unmündiger, fremdbestimmter, extern erzwungener Ausgang könnte er niemals in der Mündigkeit ankommen. Wer also könnte mit der Aufklärung beginnen, der nicht schon zumindest in Ansätzen aufgeklärt wäre?

Man könnte hier von einem Paradox der Aufklärung sprechen. Als Unmündiger kann man nicht einfach beschließen, mündig zu sein. Vielleicht haben wir als Kinder ungeduldig darauf gewartet, erwachsen zu werden - und nichts anderes bedeutet ja Mündigsein - aber als wir es dann waren: War dies wirklich unser eigenes Werk gewesen? Vielen von uns ist es widerfahren als schmerzhafter Abschied von der Kindheit und voller neuer, anstrengender und ängstigender Zumutungen. Also sind wir aufgeklärt *worden*, aber obwohl dies in manchen Bereichen zutrifft, widerstreitet diese Auskunft dem Prinzip der Mündigkeit. Als die Theoretiker von 1968 das Wort ‚Emanzipation' auf ihre Fahnen schrieben, war ihnen sicher unbekannt, dass dies im römischen Recht die Entlassung des Jugendlichen aus der väterlichen Gewalt bedeutete, dass man sich somit gar nicht selbst emanzipieren konnte, weil man emanzipiert *wurde*. Man kann nicht einfach aufklären, sondern man muss *sich* aufklären; alles übrige wäre bloße Indoktrination, Agitation, Propaganda. Die revolutionären Eliten aller Zeiten, die sich von vornherein das richtige Bewusstsein zugesprochen hatten, haben genau dies geglaubt - dass man Aufklärung *erzeugen* könne, wobei sie schon wussten, was allein das Resultat sein darf. Das Resultat waren immer Erziehungsdiktaturen, in denen für Öffentlichkeit kein Raum ist. Auch wenn dabei wie bei den Marxisten die Worte ‚Aufklärung', ‚Freiheit' oder ‚Mündigkeit' ständig im Munde geführt wurden, ist es ein absurdes Unterfangen, dies alles mit Druck und Zwang erzeugen zu wollen; es ist so, wie wenn Eltern ihren Kindern befehlen: „Nun seid endlich mal selbstständig!", und dann unzufrieden sind mit dem, was dabei herauskommt.

Da die Aufklärung somit nicht mit der Absicht beginnen kann, aufgeklärt zu sein, und als Werk angeblich aufgeklärter Vormünder keine Chance hat, ist genauer zu bestimmen, wie das gleichwohl möglich sein soll, *sich* aufzuklären. Offenbar nur als Reaktion auf Anforderungen, die uns dazu bringen, uns unseres „Verstandes ohne Leitung eines anderen zu bedienen". Man kann auch anders darauf reagieren – z. B. mit der Flucht unter fremde Autorität oder in die Resignation; insofern handelt es sich beim eigenen Verstandesgebrauch ohne Widerspruch schon um eine mündige Reaktion. Was wir als Heranwachsende erfuhren, das haben ganze Kulturen erlebt - Aufklärung als Schicksal, und sie haben erfahren müssen, dass sie Preise fordert, die zu zahlen schmerzlich ist; um dies abzuwenden, versuchten es manche mit Repression, und so wurde Sokrates nicht nur zum Großvater, sondern zugleich zum ersten Märtyrer der Aufklärung. Und doch blieb dieses Mittel erfolglos, obwohl es durch die Jahrhunderte zahllose Opfer forderte. Der Grund dafür ist in der Tatsache zu suchen, dass es sich gegen die Falschen richtet, denn in Wahrheit beginnt der Ausgang aus der Unmündigkeit nicht mit den Mündigen, die Aufklärung nicht mit den Aufgeklärten, die man mundtot machen könnte, sondern mit dem *Zweifel*, der um sich greift, und der ist nur das Symptom der Verunsicherung und Erschütterung lebensweltlicher Selbstverständlichkeiten, die man nicht gewaltsam wieder beseitigen kann; vielmehr würden sie auf diese Weise nur verstärkt. Die ersten Aufklärer sind somit die Zweifler, die sich zum selbstständigen Verstandesgebrauch verleiten lassen; so sind sie die Seismografen der kulturellen Erdbeben und häufig die Boten, die man für ihre Botschaft bestraft, aber der Ätna bricht auch dann aus, wenn man alle Messstationen abreißt.

Das reflexive „Sich..." ist somit eine notwendige Bedingung von Aufklärung. Das bedeutet aber auch, dass Aufklärung nur dann stattfindet, wo Menschen sie zu ihrer eigenen Sache machen. Aufklärungs*prozesse* mag man in der Beobachterperspektive beschreiben, aber das setzt voraus, dass sie sich schon vollziehen. Nur als *Projekt* wird Aufklärung wirklich und wirksam. Kant hatte sie in reflektierender Absicht als etwas beschrieben, was die Natur mit den Menschen vorhat; Hegel bestimmte den „Fortschritt im Bewusstsein der Freiheit" als ein zielgerichtetes Werk der Vernunft in der Geschichte, aber hier wie in allen anderen Modellen, in denen nicht die Natur oder die Vernunft, sondern der Fortschritt, die Evolution, die Modernisierung oder der Weltmarkt Aufklärungsprozesse erzwingen, erscheinen nicht wirkliche Menschen, sondern theoretisch konstruierte Großmächte als Subjekte der Aufklärung als Projekt, und damit sind wir wieder beim Aufklärungsparadox angekommen: Wie kann ein nach Ursprüngen und Zielen fremdbestimmter Vorgang zu vernünftiger Selbstbestimmung führen? Möglich ist dies doch nur, wenn vernünftige Selbstständigkeit das Projekt von aktiven Teilnehmern an Aufklärungsprozessen sind, die sie als *ihr* Projekt ansehen und als deren Subjekte sie sich betrachten

Auf eine weitere strukturelle Aufklärungsbedingung verweist Kant mir dem Hinweis: „Es ist...für jeden einzelnen Menschen schwer, sich aus der ihm beinahe zur Natur gewordenen Unmündigkeit herauszuarbeiten...Daher gibt es nur wenige, denen es gelungen ist, durch eigene Bearbeitung ihres Geistes sich aus der Unmündigkeit herauszuwickeln und dennoch einen sicheren Gang zu tun. Dass aber ein Publikum sich selbst aufkläre, ist eher möglich; ja es ist, wenn man ihm nur Freiheit lässt, beinahe unausbleiblich." Tatsächlich ist Aufklärung fast unmöglich als Projekt eines Einzelnen; Descartes ist da eine Ausnahme, die aber auch nicht ganz ohne Publikum auskam. Für ‚Publikum' sagen wir heute *Öffentlichkeit*, und die damit gemeinte Freiheit des öffentlichen Vernunftgebrauchs ist die der Kommunikation in einer offenen Gesellschaft; sie ist genau das, was alle autoritären und totalitären Regime als Erstes behindern und zu zerstören versuchen. Für sie ist Öffentlichkeit viel zu gefährlich, denn schon Kant wusste, dass das entwickelte *„freie Denken"* unvermeidlich „allmählich...auf die Sinnesart des Volks" zurückwirkt, „wodurch dieses der *Freiheit zu handeln* nach und nach fähiger wird." An dieser Stelle und *nur* auf diesem Wege – und nicht auf dem einer Revolution – sieht Kant einen inneren Zusammenhang zwischen der Aufklärung und den Ideen von 1789: „Durch eine Revolution wird vielleicht wohl ein Abfall von persönlichem Despotism und gewinnsüchtiger oder herrschender Bedrückung, aber niemals wahre Reform der Denkungsart zu Stande kommen; sondern neue Vorurteile werden, ebensowohl als die alten, zum Leitbande des gedankenlosen großen Haufens dienen." Aufklärung als „Reform der Denkungsart" ist die Voraussetzung für Demokratie und Rechtsstaatlichkeit; Revolutionen können sie nicht erzeugen.

Gibt man aber Aufklärung wirklich frei als das eigene Projekt freier Menschen in einem öffentlichen Raum, dann wird dieses Projekt notwendig selbst mit zum Thema der Kommunikation gehören müssen; *Aufklärung über die Aufklärung* ist dann nicht länger ausgeschlossen, und genau das ist es, was die Erziehungsdiktatoren fürchten. In diesem Sinne hat schon Kant sein Zeitalter der Aufklärung als das „eigentliche Zeitalter der *Kritik*" bezeichnet, „der sich alles unterwerfen muss. *Religion*, durch ihre *Heiligkeit*, und *Gesetzgebung*, durch ihre *Majestät*, wollen sich gemeiniglich derselben entziehen. Aber alsdenn erregen sie gerechten Verdacht wider sich, und können auf unverstellte Achtung nicht Anspruch machen, die die Vernunft nur demjenigen bewilligt, was ihre freie und öffentliche Prüfung hat aushalten können." Wer Aufklärung freigibt, muss auch der Aufklärungs*kritik* eine Chance geben, und dies selbst dann, wenn sie auf den ersten Blick aus der falschen Ecke zu kommen scheint; das ist der Preis dafür, dass Aufklärung ein reflexives oder selbstreferenzielles Geschäft ist. Es ist eben nicht so leicht, zwischen der Gegenaufklärung und der Aufklärung über die Aufklärung zu unterscheiden; was Dogmatiker wie Georg Lukács als „Zerstörung der Vernunft" brandmarkten – die Romantik, den Historismus, die Tradition, Schopenhauer-Nietzsche-Freud, und selbst den politischen Konservatismus – haben wir inzwischen als Quelle berechtigter Einwände gegen die selber dogmatisch gewordenen Aufklärungsbewegung achten gelernt. Die Grenze zwischen der Gegenaufklärung und der Aufklärung über die Aufklärung verläuft dort, wo die Argumente verstummen und die Kritik der Gewalt weicht, und sei es der im Namen von Aufklärung und Freiheit.

Aufklärung heute ?

Auch heute gilt: Der Ausgang aus der Unmündigkeit darf in seiner Struktur der Idee der Mündigkeit nicht widerstreiten; nur als von begründeter Skepsis motivierte Arbeit des Auf-die-eigenen-Füße-Kommens in einem Raum kommunikativer Offenheit hat er eine reelle Chance. Aber was bedeutet Mündigkeit heute ? In einer Situation, in der im Westen die Ideen von 1789 zumindest im Prinzip verwirklicht sind, ohne dass man dies von der Mündigkeit sagen könnte, ist *sie* das Problem und nicht „Freiheit, Gleichheit, Solidarität", obwohl es da immer wieder viel zu tun gibt; diese Prinzipien sind in den modernen Demokratien längst Verfassungsrecht, und darum sollten wir uns an dieser Stelle vor Aufklärungsnostalgie hüten. Bei der Frage nach der Aufklärung heute geht es somit primär um die Chancen und Gefahren vernünftiger Selbstständigkeit unter Bedingungen der Gegenwart.

Kant sagt, die Natur habe uns „längst von fremder Leitung freigesprochen", und deshalb sei die Unmündigkeit „selbstverschuldet", denn sie beruhe nur auf „Faulheit und Feigheit". Schon Hamann protestierte in einem Brief dagegen und bestand darauf, dass die Schuldigen die selbst ernannten Vormünder sind; im Übrigen sagt er: „Mit was für Gewissen kann ein Raisonneur (und) Speculant hinter den(m) Ofen und in der Schlafmütze den Unmündigen ihre *Feigheit* vorwerfen, wenn ihr blinder Vormund ein wohldisciplinirtes zahlreiches Heer [von dem Kant selbst gesprochen hatte – H.S.] zum Bürgen seiner Infallibilität und Orthodoxie hat." Der bloße Appell an individuellen Mut in politischen Verhältnissen, in denen wie in Preußen die Freiheit nach Lessing ausschließlich darin bestand, dass man straffrei Dummheiten über die Religion sagen durfte, musste Hamann geradezu zynisch erscheinen, und wir können ihm dabei bei aller Kantverehrung nicht einfach Unrecht geben. Freilich verortete Kant die Möglichkeit „der Entschließung und des Mutes", sich seines Verstandes „ohne Leitung eines anderen zu bedienen" genau in dem Raum, den Friedrich II. bereits eröffnet hatte – nämlich in dem der Freiheit, „von seiner Vernunft in allen Stücken *öffentlichen Gebrauch* zu machen", während im Übrigen galt: *„Räsoniert, so viel ihr wollt und worüber ihr wollt; nur gehorcht !"*, aber genau dieser Freiraum wurde von seinem Nachfolger Friedrich Wilhelm II. wieder kassiert, was Kant Publikationsverbot einbrachte. Man kann Kant gegen Hamann nur durch den Hinweis verteidigen, dass er nicht behauptet hatte, die Frage der Redefreiheit selber sei damals nur eine Sache der „Entschließung und des Mutes" gewesen.

Und das gilt auch heute für den „Wahlspruch der Aufklärung": „*Sapere aude* ! [Wage zu wissen !] Habe Mut, dich deines *eigenen* Verstandes zu bedienen !" Zum Glück bedarf es unserer „Entschließung" und unseres „Mutes" nicht mehr, um die rechtlichen Voraussetzungen für den eigenen Verstandesgebrauch zu schaffen, aber was seine sozialen, politischen und ökonomischen Bedingungen betrifft, so genügen Entschließung und Mut auch heute nicht, um sie zu sichern. Nach dem Ende des schrecklichen 20. Jahrhunderts mit seinen blutigen totalitären Programmen scheint zwar zumindest im Westen die *Existenz* von Öffentlichkeit nicht mehr das Problem des Projekts der Aufklärung zu sein; im Zeitalter Kants musste es in der auch von ihm erhofften Form scheitern, weil der öffentliche Gebrauch der Vernunft damals nur ganz wenigen offenstand und nur einen Bruchteil der Bevölkerung erreichte. Heute aber ist es gerade umgekehrt: Die Massenmedien dringen bis in den letzten geografischen und mentalen Winkel vor, und mit *dieser* Art von Öffentlichkeit stellt sich die Frage der Aufklärung ganz anders: Was heißt in der Medien- und Informationsgesellschaft „Ausgang aus der Unmündigkeit" und Vernunftgebrauch „ohne fremde Leitung"? Das Problem der Aufklärung heute ist nicht Informationsmangel wie im 18. Jahrhundert, sondern das der *Desinformation* im Informationsüberfluss, der durchaus geeignet ist, Informationsunterdrückung zu cachieren. Um Beispiele sind wir da nicht verlegen. Das viel dramatischere Problem aber lautet: Was sind *Fakten* in der Mediengesellschaft? Gibt es sie überhaupt noch, oder ist nicht längst hinter der Informationsfassade die Wirklichkeit unerreichbar geworden oder sogar kollabiert, wie der vor kurzem verstorbene französische Philosoph Jean Baudrillard behauptete ? Den Terminus ‚Wissensgesellschaft' halte ich für reine Ideologie, denn wenn Wissen dasselbe ist wie wahre, gerechtfertigte Überzeugung, dann ist doch zu fragen, wie wir heute wissen können, was in der riesigen Informationsflut wahr ist und was nicht, und mit welchen Gründen wir dazwischen unterscheiden sollen. Genau *das* aber hatte die Aufklärungsbewegung seit Descartes einmal unter Mündigkeit verstanden: die Fähigkeit zum eigenen kritischen Urteil. Was soll in der Mediengesellschaft daraus werden, wenn die Tatsachen einmal ganz hinter den Informationen verschwunden sein werden?

So bleiben auch in unserer Gegenwart das Thema ‚Aufklärung' auf der Tagesordnung und Kants Rede vom „Ausgang aus der Unmündigkeit" aktuell, weil auch „nach der Aufklärung" immer wieder neue Unmündigkeiten entstanden sind und entstehen werden. Ob „selbstverschuldet" oder nicht - Attacken gegen „Faulheit und Feigheit" genügen jedenfalls nicht, um den Menschen dazu zu bringen, sich ihres Verstandes „ohne Leitung eines anderen zu bedienen." Wir brauchen genaue empirische Analysen der Ursachen der neuartigen Aufklärungsbedarfe und eine gründliche Erörterung der institutionellen Chancen, ihnen abzuhelfen. Dabei müssen wir uns freimachen von der großen Rahmenerzählung der Aufklärung als dem großen Menschheitsprojekt, das nur geeignet ist, neue Mythen und Unmündigkeiten zu erzeugen; die Formel „...nach der Aufklärung" ist einzuschränken auf die kulturellen Bereiche und Tatbestände, für die sie etwas historisch Nachprüfbares aussagt. Nicht als geschichtsphilosophisches, sondern nur als *praktisches* Prinzip bleibt Aufklärung aktuell, und in genau diesem Sinn sagt Kant: „Die Maxime, jederzeit selbst zu denken, ist die *Aufklärung*." Vielleicht wissen wir noch gar nicht, was das heute bedeutet.

Technikphilosophie

Zur Aufklärung der Begriffe „Virtualität" und „Realität" am Beispiel des Internets

Rainer Schubert

1. Einleitung

Die Fragen „was ist wirklich?", „war es wirklich so?" oder „was ist wirklich zu erwarten?" zählen zu den bedrängendsten, die der Mensch stellt. Es ist die Kategorie der Wirklichkeit, deren Klärung ihr größtes Recht einfordert. Wir wollen wissen, in welcher Welt wir leben und was sich hier und jetzt wirklich ereignet. Wenn wir, in Umkehrung eines berühmten Satzes der Philosophie des 19. Jahrhunderts, die Welt auch nicht ändern können, so möchten wir sie zumindest verstehen. Was also ist wirklich und was scheinbar: wer sonst sollte diesen Unterschied festlegen wenn nicht der Mensch, und wer sonst außer ihm könnte sich schuldig machen, wenn er die Frage danach nicht stellt und kein Interesse an ihrer Beantwortung zeigt. Besonders sind dann jene Artefakte zu untersuchen, die Wirklichkeit und Schein produzieren. Es sind diejenigen technischen Produkte, die oftmals undefiniert bleiben und zur Übermacht werden. Wir tun etwas mit ihnen und wissen trotzdem nicht, welche Handlungen wir vollziehen. Der Mensch ist Hersteller von Objekten, die ihn umgekehrt wiederum bestimmen, weil sie sich dem Begriff und seiner Definition entziehen. Sie lenken den Menschen dorthin, wohin sie wollen, nicht wohin er will. Der Mensch bleibt dann gegenüber dem Phänomen Technik unmündig und ist selbst schuld daran, wenn er nicht prüft, was er hier tut.

Damit ist das Stichwort gefallen. Die Formulierung Kants, was wir unter „Aufklärung" zu verstehen hätten, lautet: „Aufklärung ist der Ausgang des Menschen aus seiner selbstverschuldeten Unmündigkeit". Dieser große Satz ist gerade jetzt wieder aktuell, da die elektronische Herrschaft des Internets uns immer stärker mit der Verwischung der Begriffe „Virtualität" und „Realität" konfrontiert und uns zu Unmündigen gegenüber dieser Ambivalenz macht. Darum bietet sich gerade das Internet an, auf seinen Wirklichkeitscharakter hin überprüft zu werden.

Wie wirklich ist es und was ist nur scheinbar an ihm? Was ist das reelle, was ist das virtuelle Moment an diesem erdumspannenden Bildmedium, an dieser Weltlinse, welche das Seiende im Ganzen einfängt und uns im wörtlichen Sinn ein „Welt-Bild" vermittelt? Wie können wir diesem Medium gegenüber „mündig" werden? Und dies sei das zweite Stichwort gegenüber dem Ersten und es bedeutet dann das positive Gegenteil, indem es als Leitmotiv fungiert: von der selbsterworbenen Mündigkeit ist die Rede, vom selbständigen, frei vollzogenen Denken, ohne äußeren Zwang und ohne vom zu definierenden Objekt blind mitgerissen zu werden. Kant verdanken wir dabei das Verständnis, dass Kritik bedeutet, gedachte von erfahrbaren Objekten zu unterscheiden,

Noumena von Phaenomena, was wohl abgewandelt auf heutige Verhältnisse hin bedeuten mag: Virtuelles von Reellem zu trennen. Was ist Idee, was Phantasie, was wirkliche Erfahrung?

Dabei kommt der Terminus „Kritik" vom griechischen Wort „krino"- „ich unterscheide" und der dazugehörige Zustand ist die „Krise", die Labilität und Unsicherheit darüber, was wirklich und scheinbar, reell oder virtuell ist. Die Technikphilosophie hat hier enorm viel zu tun. Die eben gestellten Fragen fallen in ihr Gebiet. Von ihr darf erwartet werden, auch hierauf zu antworten. Das Objekt „Internet" stellt uns vor Probleme, die philosophisch anzugehen sind. Klassische Philosopheme müssen dabei transformiert und lebendig gemacht werden. Am aktuellen Objekt soll sich die Methode entwickeln, mit Hilfe derer sich das Objekt begreifen lässt. Die Methode enthält dann die Möglichkeit, das Objekt zu erfahren.

An einem bestimmten Aspekt dieses Objekts wird im folgenden zu zeigen versucht, dass der Terminus „Virtualität", welcher die Bildinhalte des Internets charakterisiert, äußerst irreführend sein kann, wenn er nicht der Kritik unterzogen wird, was bedeutet, das reale Moment an ihm stets neu zu überdenken. Das Virtuelle weicht ständig zurück, wenn das Reelle immer mehr zum „Realen" aufrückt. Indem wir uns bemühen anzugeben, was real ist, wird auf negative und indirekte Weise auch das Virtuelle klar, was es nämlich nicht ist, indem das Reelle formuliert wird und zum Vorschein gelangt. Das folgende Kapitel beschäftigt sich daher mit dem Reellen am Internet und versucht damit, das Virtuelle einzuschränken.

Der Terminus „reell" wird dabei als Gegenteil von „virtuell" verstanden und charakterisiert Bilder, der Terminus „real" hingegen meint den Umgang mit diesen Bildern in der äußeren Wirklichkeit, in jener Wirklichkeit, die außerhalb des Internets existiert. Bilder, die immer reeller werden, haben einen immer größer werdenden Aufenthaltsraum in der äußeren Wirklichkeit, da der Umgang mit ihnen immer realer wird, wie im weiteren zu zeigen ist.

2. Das Reelle am Internet

„Virtuell" ist ein Begriff, der unter anderem in der Optik verwendet wird. So spricht man von einem virtuellen zum Unterschied von einem reellen Bild, wenn ersteres dem Betrachter zwar erscheint, das jedoch nicht auf einem Schirm abgebildet werden kann. Der Beobachter verlängert die Lichtstrahlen bis zu einem vermeintlichen Objekt, welches aber selbst keinen Bildträger im Sinn eines Bildschirms hat. Bilder, die wir durch eine Lupe sehen oder die uns der Spiegel zeigt, zählen dann zu den virtuellen Bildern. Sie sind kein Produkt der Einbildungskraft und schon gar keine Halluzinationen, sondern für jeden Menschen zwingend nachvollziehbare Eindrücke von Phänomenen, die trotzdem keine materielle Unterlage haben, nicht auf einem Schirm landen oder Fuß fassen können, zum Unterschied von Bildern auf einer Unterlage, auf einem Film, auf einer elektronischen Schicht: was immer diese Bilder darstellen mögen, und sei es noch so irreal, sie sind dann sogenannte reelle Bilder. Virtuelle

Bilder hingegen weichen vom tatsächlichen Bild ab. Sie sind größer oder kleiner oder erscheinen woanders. Was kann in diesem Sinn am Internet als virtuell bezeichnet werden?

Am fehlenden Bildschirm kann es nicht liegen, denn auf diesem erscheinen ja gerade die Bilder. Offensichtlich wäre dann unter „Schirm" all dasjenige zu verstehen, was außerhalb des Internets wirklich existiert. Wir sprechen von virtuellen Welten, Konferenzen, Handlungen, ja sogar von virtuellen Nationen. Gemeint ist, dass die genannten Objekte und Zusammenhänge nur im Internet existieren, dass wir sie durch die Weltlinse zwar sehen, sie aber keinen Landeplatz in der Wirklichkeit außerhalb des Internets haben. Virtuelle Nationen sind dann Simulationen von Staaten ohne reales Staatsgebiet, nur in den Köpfen der weltweit möglichen Mitspieler, den virtuellen Staatsbürgern, existent. Nur im Internet existierend, d. h. ohne Verwirklichung im Bereich außerhalb: *genau dieser Begriff ändert sich jedoch beinahe täglich und die Grenze zwischen Internet und der Wirklichkeit außerhalb verschiebt sich immer weiter nach draußen,* sodaß vormals Virtuelles nunmehr Reelles wird, da die Handlungseinheit zwischen den Benützern immer realere Folgen zeitigt. Von einer virtuellen Konferenz zu sprechen wäre ganz falsch, wenn das Treffen der Teilnehmer am Bildschirm die einzige Realität ist, welche die Konferenz hat. Es gibt darüber hinaus keine stärkere, d.h. „außenweltlichere" Wirklichkeit, in der sie stattfinden sollte und der gegenüber die Konferenz nur virtuell erschiene. Zum Unterschied von einer virtuellen Nation, die es "in Wirklichkeit" nicht gibt, gibt es die Konferenz "in Wirklichkeit" und nur in ihr. Ihre Wirklichkeit mit Teilnehmern am Schreibtisch an verschiedenen Orten des Erdballs und deren Kommunikation am Bildschirm macht deren einzige Wirklichkeit aus. Sie ist in höchstem Maße reell und nicht virtuell. Es wird beispielsweise am Programm gearbeitet, mittels dessen Teilnehmer aus irgendwelchen Erdteilen irgendwo einkaufen können, indem sie am Bildschirm durch die Kaufhäuser in weit entfernten Städten fahren und sich dort Waren aussuchen können, die ihnen dann nach Hause geliefert werden. Der Welthandel wird auf diese Weise ortsunabhängig. Das Wort „Welt" gerät zur realitätsgeladenen, alltäglichen Vorsilbe. Weltkonferenzen, Weltgespräche, Weltversammlungen, Weltproteste bis hin zu einer möglichen Weltexekutive: was sollte daran virtuell sein? Wäre es nicht bildungspolitisch äußerst wichtig, die Wirklichkeit mit dem Terminus „wirklich" und nicht mit dem Begriff „virtuell" zu benennen, wenn die Grenze immer weiter in Richtung Realität verschoben wird?

Die Revolution, die hier täglich stattfindet, kann auf einer mittlerweile niedrigeren technischen Stufe verständlich gemacht werden. Keinem Menschen würde es einfallen, eine Autofahrt gegenüber einem Fußmarsch als virtuell, die Zurücklegung des Weges zu Fuß aber als real zu bezeichnen. Die Bewegung des Fußgängers ist nicht realer als diejenige des Autos. Zwar ist richtig, dass der Autofahrer zum Unterschied vom Fußgänger sich nicht mehr selbst bewegt, sondern von einem Mittel bewegt wird, sodaß die Realität seiner Selbstbewegung aufgehoben wird. Die Bewegung aber bleibt und die Einheit der Handlung ist eine höchst reale. Der Autofahrer sagt ja auch: „Ich fahre mit meinem Auto von zu

Hause ins Büro", und meint damit dieselbe eine Wirklichkeit, in der sich auch der Fußgänger bewegt, wenn dieser etwa ins Büro zu Fuß geht. Für die nächsthöhere Stufe im Internet kann das eben gegebene Beispiel hilfreich sein. Wird für den Autofahrer zum Unterschied vom Fußgänger das „Selbst" in der Bewegung überwunden, so wird für den Internetbenützer im Unterschied zum Autofahrer sogar die physische Bewegung von A nach B aufgehoben, sodaß gleichzeitig erscheint, was vormals nur über den Transportweg in zeitlicher Differenz realisiert werden konnte. Es kommt zur Simultaneität der Teilnehmer am ganzen Erdball. Diese Gleichzeitigkeit weiterhin als virtuell zu bezeichnen, käme einer Verwechslung der scheinbaren mit der realen Welt gleich, die, nunmehr vom Druck der Transportbewegung befreit, gleichsam „immateriell" geworden ist. In dieser Immaterialität liegt zweifellos auch die Ursache dafür, diese Omnipräsenz vorschnell als virtuell aufzufassen.

Nichts aber ist realer als das Internet. Es ist genauso real wie jedes Transportmittel, nur auf einer höheren Stufe. Es ist zwar entmaterialisierter als die unmittelbar physische Welt, verkörpert aber den realen, elektronisch vermittelten Zwischenraum zwischen allen Menschen auf der Erde. Es gibt nicht den physischen Globus und daneben das Internet, sondern es gibt als Einheit beider das globale Internet. Das Internet ist die Weltlinse zur Erfahrung des Globus. Dass der Einzelne es verwenden kann oder nicht, steht ihm genauso frei, wie das Auto zu benutzen oder nicht: die technische Realität ist aber stärker. Der einzelne mag sehen, wie weit er ohne Technik kommt. Er ist zwar ein Getriebener durch

Technik, hat aber auch die Freiheit, sich zur selbsterworbenen Mündigkeit vorzuarbeiten, beispielsweise das Internet zu begreifen.

Welche Bewegungsrealität gemeint ist, wenn wir im Internet „surfen“ und welches kinästhetische Sensorium im Menschen hier angesprochen wird, ist Gegenstand der nachfolgenden Diskussion. Zur wirklichen „Außenwelt“ des Internets gehören im eminenten Sinn auch die Benützer selber, die vor dem Bildschirm sitzen und mittels „Welt-Linse“ sich ein „Welt-Bild“ geben. Was hier realiter im Subjekt „Mensch“ abläuft, ist zu untersuchen, um abermals der sogenannten Virtualität ein reales Moment abzuringen. Wir betrachten dann die realen, psychischen Schichten im Benützer, der, als Betrachter des „Welt-Bildes“ bestimmte kinästhetische Eindrücke hat und danach auch handelt. Die Tätigkeit des „Surfens“ im Internet wird auf seinen psychologischen Wirklichkeitscharakter hin untersucht, wobei abermals auf eine Perspektive der Aufklärungszeit zurückgegriffen werden kann.

3. Zur kinästhetischen Bedeutung des Internets

Ein in der Technikdebatte wenig beachtetes Phänomen, im weiteren jedoch von zentraler Wichtigkeit, betrifft das Sehen und dessen Zusatzeindrücke, die nicht aus dem Bereich des Optischen stammen und nicht das Licht zu ihrer einzigen Ursache haben. Dass Sehwahrnehmungen von anderen Eindrücken begleitet werden, dies zu bemerken setzt

Konzentration und Trennschärfe voraus, wobei beides in einer überoptisierten Welt wie der unsrigen gefährdet ist, sodaß sich Blindheit im Sehen breitmacht. Der Gesichtssinn ist ein Fernsinn und Sehen bedeutet immer Entfernungssehen. Was sich am Bild allerdings zeigt, hat vom optischen Standpunkt aus gar keine Entfernung, sondern ist nur Bild, das Eindruck macht, ob es sich um die Platte des Schreibtisches oder die aufgehende Sonne am Horizont handelt. Es ist hier der Ort, auf die klassische Abhandlung G. Berkeleys aus dem frühen 18. Jahrhundert, dem Jahrhundert der Aufklärung, zu verweisen 1), in der er zeigt, dass das Sehen von Tastwahrnehmungen begleitet wird, die den Gesichtswahrnehmungen erst ihre Räumlichkeit geben, sodaß das Tiefen- und Entfernungssehen, aber auch das Sehen von Körpern und deren Bewegung auf Tasterfahrungen beruhen, die, zum gesehenen Objekt hin verlängert, diesem erst seinen außenweltlichen Ort anweisen, was das optische Bild für sich allein nicht zustandebrächte. Sehen eines Objektes heißt dann, die schon früher gemachten Tasterfahrungen dorthin zu verlagern, wo sie mit dem gesehenen Objekt koinzidieren und auf es treffen: dort befindet sich das Objekt. Wenn jemand davon spricht, dass „dieses oder jenes Ding sich in einer Entfernung befinde", so meint er nichts anderes als: "wenn ich mittels der durch den Tastsinn wahrnehmbaren Vorwärtsbewegung meines Körpers eine gewisse Entfernung zurücklege, so wird es mir am Ende dieser Bewegung möglich sein, die Tastideen zu perzipieren, die gewöhnlich mit den vorliegenden Gesichtsideen verknüpft sind". 2) Entfernungssehen bzw. Sehen überhaupt wird also durch den Tastsinn vermittelt.

Transformiert auf die Verhältnisse des Internets kann dieser Gedanke nicht ohne Bedeutung sein. Weil das Internet von erdrückender Optizität ist, wird dessen taktueller Unterbau in der Bildwahrnehmung übersehen. Taktuelle Eindrücke haben hier nichts mit der Tastatur des Computers zu tun, sondern sind die im Berkeleyschen Sinn zum Sehen gehörigen Tasterfahrungen für das Tiefensehen von Objekten. Auch wenn das Internet uns nur ein Welt-Bild vermittelt, so wird das Bild, genauso wie die äußere Wirklichkeit, ebenfalls gesehen und die Seheindrücke werden auch in diesem Fall von Tasteindrücken begleitet. Und was die Wirklichkeit dieser Tasteindrücke betrifft, so ist mit Nachdruck darauf hinzuweisen, dass sie die Bildwahrnehmung tatsächlich begleiten und wirklich erlebt werden. Sie sind daher höchst reell und keinesfalls virtuell. Sie sind nicht weniger wirklich als es der Fall wäre, wenn wir Objekte in der äußeren Welt sähen. Die außenweltliche Erfahrung lässt sich ja ohne weiteres auf das Welt-Bild des Internets übertragen. Das Weltbild bleibt zwar hinter der komplexeren, äußeren Welt zurück, meint diese aber und intendiert sie, sodaß der taktuelle Bildinhalt mit all seinen Widerstandseindrücken und Kinästhesien selbst auf die eine äußere Wirklichkeit als universaler Bildschirm gerichtet ist. Dieser phänomenologisch wichtige Zusatz zur optischen Internet-Wahrnehmung ist kein Schein, sonder ein Sein, sodaß der Berkeleysche Satz neuerlich an Bedeutung gewinnt: esse est percipi. Wir sehen zwar Bewegungen nur am Bildschirm, deren Wahrnehmung wird aber genauso von realen Kinästhesien begleitet, als ob sich das Objekt in der äußeren Wirklichkeit bewegen würde. Die

Kinästhesien meinen dieselbe eine Wirklichkeit wie auch das Bild, dem sie entstammen, die eine Wirklichkeit meint. Das Internet gehört als Weltlinse selbst zur Wirklichkeit und ist alles andere als virtuell. Die diesbezüglichen Kinästhesien sind demnach ein weiterer Beweis für die Realität des Internets und zeigen abermals, dass der Terminus „virtuell" weiter zurückgedrängt bzw. kritisch zugunsten einer neuen Wirklichkeit eingeschränkt werden muß. Es ist also nicht nur, wie vorhin gezeigt, das Medium Internet, das eine reale Handlungseinheit zwischen den Menschen stiftet, sondern es sind auch die Bildinhalte hinsichtlich ihrer taktuellen Komponenten, die als real zu bezeichnen sind, sodaß Subjekt, Medium und Objekt, nämlich Benutzer, Internet und äußere Welt immer mehr zur einzigen Realität verschmelzen.

Gegenüber Berkeley ist allerdings ein weiterer wichtiger Schritt notwendig. Seine Phänomenologie des Sehens beruht auf einer direkten Wahrnehmung von Objekten ohne technische Vermittlung. Wir sehen direkt Objekte und deren Bilder werden von vorweggenommenen Tasterfahrungen begleitet. Die diesbezüglichen Kinästhesien entspringen, so lässt sich wiederholen, „der durch den Tastsinn wahrnehmbaren Vorwärtsbewegung meines Körpers", durch welche ich „eine gewisse Entfernung zurücklege." Dieses Entfernungssehen besteht, neben den optischen Eindrücken, in Antizipationen der Tastwahrnehmung, wenn sich mein Körper zum Objekt hinbewegt und schließlich an es anstößt. Die Bewegungen des Körpers werden jedoch durch die technische Welt tiefgreifend verändert. Die „Vorwärtsbewegung meines Körpers" wird durch die Technik entscheidend modifiziert, ja nicht nur das, sie wird in gewisser Hinsicht überwunden und aufgehoben. Die Technik modifiziert in zentraler Weise das Bewegungsverhalten des Menschen.

Betrachten wir das Phänomen „Technik" unter seinem für den Gebraucher markantesten Aspekt, nämlich dem der Entlastung, so wird verständlich, dass der technische Fortschritt immer auch ein Schritt weg von der unmittelbaren Selbstbewegung des menschlichen Leibes ist, wie auch vorhin die Stufenfolge Fußgänger-Auto-Internet als sukzessive Aufhebung der menschlichen Selbstbewegung skizziert wurde: im Übergang vom Fußgänger zum Auto wird das „Selbst" in der Bewegung, vom Auto zum Internet auch die Transportbewegung überhaupt aufgehoben, sodaß der Kommunikationsteilnehmer „sitzen bleibt" und trotzdem im „Welt-Bild" herum"surft". Seine Ruhe vor dem Bildschirm ist die auf Null zusammengeschrumpfte, gleichsam ins Internet hinein verdunstete physische Transportbewegung, die beim Fußmarsch oder bei Verkehrsmitteln jeder Art noch materiell vorliegt. Beim Fußmarsch bewegt sich der Mensch noch selbst, bis er in seiner physischen Vorwärtsbewegung auf Objekte, d.h. die Widerstände der Welt trifft. Alle technische Veränderung in dieser Welt erfolgt zwar zunächst durch Selbstbewegung: der Mensch bewegt Werkzeuge, indem er sich selbst bewegt. Diese Selbstbewegung wird aber ihrerseits wieder technisch überwunden. Sich selbst bewegend hantiert der Mensch mit Werkzeugen, die zunehmend maschinell werden. Der Mensch wird dadurch entlastet und gleichsam ruhiggestellt. Diese Ruhe steht aber unter Spannung, weil sie sich der Aufhebung der physischen Bewegung verdankt und gleichsam immateriell wird, aber trotzdem nicht nichts ist.

Hält man am Realitätscharakter der im Bild wahrnehmbaren Kinästhesien fest und trägt man andererseits dem Entlastungsgedanken Rechnung, so muß sich die Qualität der Kinästhesien ändern. Sie entspringen einer durch Technik *aufgehobenen* Bewegung, wobei der berühmte 3-fache Sinn des Verbs „aufheben" auch hier greifbar wird: die Bewegungen und ihre Kinästhesien werden nicht nur „negiert", d.h. überwunden, sondern auch „hinaufgehoben", nämlich entstofflicht, schließlich aber doch „bewahrt", weil sie real erlebbar und nicht nichts sind. Dieser Entmaterialisierungsprozeß kann passend mit dem Terminus einer technischen Sublimation bedacht werden, wenn unter anderem „Sublimation" bedeutet: übergehen vom materiellen in einen feinstofflichen Zustand. Die diesbezüglichen Kinästhesien sind dann *sublime*.

Kinästhesien durch die technische Vermittlung, wie sie das Internet darstellt. Die „Vorwärtsbewegung meines Körpers" wird aufgehoben, aber nicht annulliert, sondern sublimiert. Es ist daher auch ein Unterschied, ob ich mir einen Flugzeugabsturz vorstelle oder ein Heranzoomen der Erde im Programm Google.Earth: im Falle des Flugzeugabsturzes antizipiere ich eine physische Bewegung, im Falle von Google.Earth stelle ich mir, weil die physische Bewegung aufgehoben wurde, am Bildschirm aber trotzdem stattfindet, sublime Kinästhesien vor, die real erlebbar sind und keine Halluzinationen darstellen. Sie machen einen hohen Prozentsatz des Internet-Erlebens aus. Sie sind „Kinästhesien-im-Bild", daher gegenüber den realen oder auch vorgestellt-realen Kinästhesien um eine Stufe entrückter, nicht aber virtuell. Sie tragen viel zum Realitätscharakter des Internets bei. Gegenüber Berkeley wird also das Internet-Sehen von sublimen Kinästhesien begleitet. Sie sind so fein, dass sie zuerst „über"-sehen, d.h. von den permanenten optischen Eindrücken überlagert werden.

Die zentrale Bewegungsmetapher für das Internet, nämlich in diesem zu „surfen", enthält daher ebenfalls sublime Kinästhesien, welche Ausdruck des real Erlebten bei der aufgehobenen physischen Selbstbewegung durch das Internet darstellen. Anhand dieser Bewegungsmetapher wird klar, dass es sich beim Internet um ein unbegrenztes Reservoir verflüchtigter Selbstbewegung handelt, um ein transnationales Kommunikationsnetz, an dem die über den ganzen Globus verstreuten Menschen simultan teilnehmen können, weil die Transportbewegung wegfällt.

Die Realität dieses sublimen Raumes, wie ihn das Internet darstellt, herauszuarbeiten, ist Sache der Technikphilosophie. Dabei handelt es sich um grundsätzliche Begriffsklärungen, die nicht nur Sache der Ingenieurwissenschaften sind, sondern gesellschaftlichen Gesamtcharakter haben. Wenn die sublimen Kinästhesien real erlebbar sind, dann muß der Begriff „virtuell" radikal in Frage gestellt werden.

Der verwirrende Begriff des Virtuellen ist daher zu kritisieren, indem, wie eben ausgeführt, das Reelle immer deutlicher gefasst und dingfest gemacht wird. Mit Kant gesprochen muß der Erfahrungsraum erweitert und das Virtuelle als Noumenon ausgewiesen werden. Von virtueller Realität zu sprechen wäre dann genauso falsch wie von noumenaler Phänomenalität im Sinne Kants. Der Begriff

„virtuelle Realität“ enthält einen riesigen Widerspruch, der gelöst werden muß. Freilich handelt es sich hier um einen langwierigen gesellschaftlichen Lernprozeß, das Virtuelle vom Reellen immer deutlicher unterscheiden zu können. Nach all den vorgebrachten Argumenten hat dann „virtuell“ nur eine negative Bedeutung und dies auch immer nur vorläufig: was noch nicht von der äußeren Wirklichkeit eingeholt wurde. Die stetige Abnahme des Virtuellen im technischen Fortschreiten zeigt, dass die Grenze des Wirklichen variabel ist und das Virtuelle zurückgedrängt wird. Gibt es dann auch grundsätzlich Virtuelles im Internet wie in der Optik Lupen- und Spiegelbild? Wenn am Bildmedium „Internet“ sowohl das Bild als auch das Medium Realitätscharakter haben, dann verflüchtigt sich in der Tat das Virtuelle, wie bei physischen Instrumenten, die dem realen Gebrauch dienen. Wenn alles real geworden ist, stellt das Virtuelle nur noch die Grenze dar, die wir ziehen müssen, um vom Realen sprechen zu können. Es geht dann um die Grenze des Internets, die verschwindend dünn ist wie die Oberfläche einer Kugel.

Amerkungen:

1) G. Berkeley, Versuch einer neuen Theorie der Gesichtswahrnehmung, übers. R. Schmidt, Leipzig 1912

2) a.a.O. S. 25

Freiheit, Reform, europäische Integration (Über die kritische Theorie)

Andrei Marga

Kant beteiligte sich bekanntlich mit dem Artikel „Beantwortung der Frage: Was ist Aufklärung?“ (1783) an der von dem bekannten Artikel gegen die Ziviltrauung des Berliner Pfarrers Johann F. Zöllner ausgelösten Debatte. Kants Artikel bleibt repräsentativ nicht bloß für die Auffassung des Autors der berühmten Kritiken von der modernen Gesellschaft, sondern für die gesamte Aufklärung. Hier findet sich ein tiefgehendes und aufschlussreiches Verstehen der Aufklärung, zu dem sich zu Recht spätere Strömungen der Moderne bekannten. „Aufklärung ist der Ausgang des Menschen aus seiner selbstverschuldeten Unmündigkeit. Unmündigkeit ist das Unvermögen, sich seines Verstandes ohne Leitung eines anderen zu bedienen. Selbstverschuldet ist diese Unmündigkeit, wenn die Ursache derselben nicht am Mangel des Verstandes, sondern der Entschließung und des Mutes liegt, sich seiner ohne Leitung eines andern zu bedienen. Sapere aude! Habe Mut, dich deines eigenen Verstandes zu bedienen! ist also der Wahlspruch der

Aufklärung"[1]. Der Ausgang aus der „Unmündigkeit" - argumentierte Kant - stehe jedem Menschen frei, obzwar sich wenige dieser Möglichkeit bedienten, indem sie das eigene Denken einschalten. Wenn aber die Menschen frei sind, gelingt es dem „Publikum" selbst, den Ausgang aus der „Unmündigkeit" zu finden, weil es immer Menschen geben wird, die sich selbst und andere zu erleuchten wissen. Sicherlich kann dieser Prozess dauern und das Publikum kommt nur langsam zur Erleuchtung. Eine „Revolution" könnte sicherlich den Untergang des Despotismus von Personen beschleunigen, aber durch sie könne „niemals eine wahre Reform der Denkungsart zustande kommen; sondern neue Vorurteile werden, ebenso wohl als die alten, zum Leitbande des gedankenlosen großen Haufens dienen"[2]. Ausreichend für den Ausgang der Menschen aus der Unmündigkeit ist die Freiheit, die so viel bedeutet wie „von seiner Vernunft in allen Stücken öffentlichen Gebrauch zu machen"[3]. Kant unterscheidet ausdrücklich zwischen dem „privaten Gebrauch der Vernunft" und dem „öffentlichen Gebrauch der Vernunft". Er bemüht das Beispiel des Unterschieds zwischen dem Offizier, dem Finanzberater und dem Pfarrer, die, jeder für sich, den Regeln einer zweckrationalen Organisationsform untergeordnet sind und einem „privaten Gebrauch" folgen, und dem Gelehrten, der

---

[1] Kant, **Beantwortung der Frage: Was ist Aufklärung?,** in Eberhard Bahr (Hrsg.), **Was ist Aufklärung? Thesen und Definitionen,** Philipp Reclam jun. Stuttgart, 1996, S. 9

[2] Ibidem, S. 10-11.

[3] Ibidem, S. 11.

sich an das unendliche „Publikum" wendet und sich einer „uneingeschränkten Freiheit, sich seiner eigenen Vernunft zu bedienen und in seiner eigenen Person zu sprechen"[4] erfreut. Zum Schluss fragte sich Kant: „Leben wir jetzt in einem aufgeklärten Zeitalter?" und antwortete: „Nein, aber wohl in einem Zeitalter der Aufklärung"[5].

Wir erwähnten das berühmte Kantsche Konzept von der Aufklärung, weil in den ersten Jahrzehnten der Nachkriegszeit im Westen und im Osten Europas, nach der dramatischen Erfahrung der Diktaturen und der totalitären Staaten, die zur Folge den furchtbarsten Krieg und die Zerstörung von Millionen Menschenleben hatten, dieses Konzept wieder gefunden worden war als Fixpunkt für die Reflexion. Adorno hatte Recht als er bemerkte: „die Förderung zur Mündigkeit scheint in einer Demokratie selbstverständlich... Demokratie beruht auf der Willensbildung eines jeden Einzelnen, wie sie sich in der Institution der repräsentativen Wahl zusammenfasst. Soll dabei nicht Unvernunft resultieren, so sind die Fähigkeit und der Mut jedes Einzelnen, sich seines Verstandes zu bedienen, vorausgesetzt"[6] Die europäischen Gesellschaften mussten erneut die Bedeutung von Mündigkeit, Freiheit und öffentlichem Gebrauch der Vernunft vergegenwärtigen. Kants Auffassung von der Aufklärung und die Profilierung der kommunikativen Vernunft wurden wieder zu Anhaltspunkten für die Gestaltung der Gesellschaft.

---

[4] Ibidem, S. 13.

[5] Ibidem, S. 15.

[6] Theodor W. Adorno, **Erziehung zur Mündigkeit,** Suhrkamp, Frankfurt am Main, 1971, S. 133

Im Westen wurden die Rahmenbedingungen wieder hergestellt für eine Gesellschaft, die auf der Anerkennung der individuellen Freiheiten und Rechte, auf eine pluralistische Demokratie aufbaut und im Osten war aufgrund des Zweiten Weltkriegs und dessen geopolitischen Folgen der „östliche Sozialismus" erfolgreich, der sich als Nachfolger einer materialistischen Geschichtsphilosophie, die sich auf den „wirtschaftlichen Determinismus" beruft und dogmatische Wissenschaftsansprüche erhob, sah. Den dem „östlichen Sozialismus" innewohnenden Phänomenen: niedrige Produktivität trotz produktiver Besessenheit; niedriges technologisches Niveau trotz technizistischer Exaltation, Produktmangel trotz der Ideologie der „Befriedigung der Bedürfnisse", Bürokratismus trotz revolutionärer Ansprüche, Diktatur trotz Anspruch auf Legitimierung durch das Volk, alltäglich empfundene Entfremdung trotz emanzipatorischer Ansprüche konnte keine erfolgreiche Alternative entgegengestellt werden, ohne die Philosophie, die sie legitimierte, in Frage zu stellen und zu dekonstruieren. Während im Westen die Aufklärung zur normativen Basis offener Gesellschaften wurde, mußte im Osten erst die Ideologie des „östlichen Sozialismus" zerstört werden, um zu einer unverzerrten Gestaltung der Gesellschaft zurückzufinden.

Die spätere Geschichte ist bekannt. Nach Versuchen, den „östlichen Sozialismus" zu mildern oder zu ersetzen – so durch die Ereignisse in Berlin (1953), Budapest (1956),Prag (1968), Gdansk (1980) etc. – oder sich der Einflusssphäre des „sowjetischen Marxismus" zu entziehen – siehe die Initiativen in Zagreb (1960), Bukarest (1968) –, implodierte das System infolge einer neuen geostrategischen Lage. Nach 1989 folgten nachholende Reformen[7], wobei später die Staaten in Mittel- und Osteuropa den Weg weiterer Reformen[8] und des Beitritts zur Europäischen Union[9] gingen. Heute bemüht sich z. B. Rumänien, im Kontext hoher Hemmnisse durch die verspäteten Reformen und die Mängel der politischen Klasse, das von der Integration in die EU erforderliche Niveau zu erreichen.

Im Rahmen dieser historischen Prozesse - Ablegen des „östlichen Sozialismus", Transitionsreformen auf dem Weg zu einer offenen Gesellschaft, Europäische Integration - waren jedes Mal institutionelle Änderungen nötig sowie die Verbreitung der notwendigen Kenntnisse und die Ausarbeitung theoretischer Sätze oder sogar von Theorien. Überall in den modernen Gesellschaften setzten bewusste

---

[7] Jürgen Habermas 1990, p. 180: „Trotz der Vielfalt der Erscheinungsformen lässt sich die Revolution in diesen Ländern an Ereignissen ablesen: die Revolution erzeugt ihre Daten. Sie gibt sich als eine gewissermaßen rückspulende Revolution zu erkennen, die den Weg frei macht, um versäumte Entwicklungen nachzuholen."

[8] Andrei Marga, **Die kulturelle Wende. Philosophische Konsequenzen der Transformation,** Cluj University Press 2004, S. 249-253: „Die Nachholreformen bringen keine vollständigen Ergebnisse mit sich, falls sie nicht durch Sychronisierungsreformen fortgesetzt werden... Mit Sicherheit ist man jedoch in das Globalisierungszeitalter gekommen... Unter diesen Umständen gehen die Behörden der Länder in Mittel- und Osteuropa klug vor, indem sie Maßnahmen zur aktiven Konfrontation der Globalisierungsbedingungen fördern ... Die moderne Gesellschaft verzeichnet eine neue Differenzierung, und diejenigen, die sich im Wettkampf unserer Zeit besser platzieren sollen, werden die über größere Kulturressourcen Verfügenden sein."

[9] Marga 1995/1, S. 5. Hier entwickelte ich die These von dem „Paradigmenwechsel" vom „nationalen" zum „europäischen Paradigma".

Veränderungen von Sozialsystemen mindestens drei Arten von Leistungen voraus: Aktionen, Aufklärung über die jeweiligen Situationen, Theorien in dieser oder jener Form und in komplizierten Korrelationen. Aus historischer Sicht - und nicht nur - ist es heute wichtig, nicht nur die erfolgten Aktionen und die Überzeugungsprozesse in Bezug auf die Situationen zu beobachten, sondern auch die bei der Initiierung und Orientierung der Transformationen angewandten Theorien oder Theoriefragmente.

Welches waren also die Theorien, die beim Ablegen des „östlichen Sozialismus“, beim Durchsetzen der Transitionsreformen und bei der Europäischen Integration eine kritische Funktion hatten? In welcher Form hat die „kritische Theorie“ die Rolle eines konzeptuellen Rahmens für den Umgang mit der Gesellschaft und eines Katalysators der Änderung gespielt? Ich werde in diesem Text den Aspekt der in alle drei sukzessiven Prozesse implizierten Theorie beleuchten, indem ich mich auf die mir zugängliche Erfahrung in Siebenbürgen stütze, wobei mir bewusst ist, dass ein umfassendes Bild nur dann entstehen kann, wenn es aus einer Vielfalt von Erfahrungen sehr vieler Menschen zusammengesetzt wird.

Zunächst stelle ich in Kürze die Optik des kritischen Umgangs mit dem „östlichen Sozialismus“ wieder her (I), dann charakterisiere ich die theoretische Komponente der Transition vom „östlichen Sozialismus“ zur offenen Gesellschaft (II), dann die Philosophie der Europäischen Integration (III) und am Ende ziehe ich einige Schlüsse in Bezug auf die philosophischen Optionen der „Kritischen Theorie“ (IV).

I

Bis zu einem Punkt war der kritische Umgang mit dem „östlichen Sozialismus" in dem Gesellschaftsprojekt, das er zu rechtfertigen versuchte, inbegriffen. Dieses Projekt beinhaltete Ziele (die aus moralischer Sicht an sich schwer anzufechten waren, aber sicherlich niemals erreicht wurden) - wie die soziale Gleichheit, das Schaffen von „materiellen" Bedingungen für die persönliche Entfaltung, die Modernisierung der „Produktionskräfte" - in deren Namen man die gegebenen Umstände im Hinblick auf deren Überwindung kritisieren konnte. Diese Kritik wurde zeitweilig sogar von dem System selbst kultiviert: die Realitäten wurden vor allem aus der Sicht der „sozialen Gleichheit" und der „Entwicklung der Produktionskräfte" betrachtet. So kam es, dass einige Intellektuelle glaubten, dass eine solche Kritik, ja Selbstkritik des Systems ausreichen würde, um das System zu verändern.[10]

Diese Hoffnung auf eine Veränderung des Systems aus sich heraus wurde aber zu keinem Zeitpunkt bestätigt. Im Gegenteil, man konnte beobachten, dass der wirtschaftliche Determinismus einige Entwicklungen erklären kann, aber da er das Bewusstsein und den Willen der Menschen unterschätzt, fehlen ihm die Mittel, das System zu verändern. Andererseits bewies der „östliche Sozialismus" bei jeder Gelegenheit, dass er nur jene Kritik akzeptiert, die nicht die Grundlagen des sozialen Systems antastet (das Staatseigentum, das Monopol der

---

[10] Dies war bereits in den zwanziger und dreißiger Jahren geschehen; siehe Negt 1997.

politischen Macht etc.). Und diese Kritik, die nicht an den Grundlagen des Systems rüttelt, nahm rückwirkend die einigermaßen „philosophische" Form des „sowjetischen Marxismus" (oder des „östlichen Marxismus") an, eine Kodierung von Thesen und Konzepten von Marx und Engels, gefiltert durch die politische Ideologie von Lenin und dessen Nachfolgern.[11] Recht viele Menschen waren Gefangene dieser Vision, aber die Generation der aufstrebenden Philosophen, die in den 1970er Jahren auf die Bühne trat, begegnete dem „östlichen Marxismus" in der offiziellen Politik, wobei dieser nicht mehr deren philosophischen Rahmen bildete[12].

In den 1960er Jahren traten die Wirtschaftsphilosophischen Manuskripte von 1844 auf die philosophische Bühne sowie die Grundlagen der Kritik der politischen Wirtschaft von Marx, Schriften, die von der östlichen Kodierung des Marxismus vergessen oder unterschätzt worden waren. Die grundsätzliche kritische Einstellung dieser Schriften hatten in großem Maße die Initiativen des „westlichen Marxismus" verwertet, angefangen mit dem jungen Georg Lukács, Antonio Gramsci, Karl Korsch und mit deren Nachfolgern im Rahmen des „Euromarxismus". Die Theorie der „Entfremdung", die Theorie der „Verdinglichung", die Theorie der „Praxis", die den Diskurs dieser Schriften beherrschen, wurden zum Verdichtungszentrum der Vision des unkodierten Marxismus

[11] Siehe Marcuse 1963, S. 6, der auch den Begriff „sowjetischer Marxismus" geprägt hat: „La formation de la theorie marxiste sovietique prend appui sur l'interpretation leniniste du marxisme, sans aucun retour à la theorie marxiste originelle".

[12] Siehe Marga 2005/2.

und galten als Basis der Kritik. Die Niederschlagung einschließlich durch die Intervention der Truppen des Warschauer Paktes 1968 des tschechoslowakischen Versuchs, in den Sechzigern den „Sozialismus mit menschlichem Gesicht" aufzubauen, auf jeden Fall einen anderen Sozialismus als den seit langem kompromittierten „östlichen Sozialismus", setzte jedoch den Hoffnungen, das System mit Mitteln der Philosophie, aus der dieses hervorgegangen war, zu reformieren brutal ein Ende.

Mit der Theorie der „Entfremdung" oder mit der Theorie der „Verdinglichung" - die nichts anderes war als eine Variante, die strenger anhand der Begriffe der klassischen Politökonomie erarbeitet war - kam es in der modernen Philosophie zu einem kohärent konzeptualisierten Umgang mit der bereits vom klassischen Humanismus thematisierten Beziehung zwischen den Menschen und den Produkten ihrer Handlungen.

Dieses Konzeptualisieren, das die Jugendschriften Hegels und vor allem die **Phänomenologie des Geistes**, hervorgebracht haben, erlaubte das Vertiefen der Erklärungen von äußerst bedeutenden historischen Ereignissen (wie die Genese des Christentums), aber es bot, und das ist noch wichtiger, die Möglichkeit einer kritischen Auseinandersetzung, welche die Grundlagen der Gesellschaften zu durchdringen schien. Die sozialen Interaktionen werden im Zuge dieser Auseinandersetzung als Objektivierungen menschlicher Aktionen gesehen, da sie diese erneut unter die Kontrolle sozialisierter Menschen stellen. Auf diese Weise wurden die wirtschaftlichen, institutionellen und kulturellen Realitäten nicht mehr anthologischen Interpretationen unterzogen und erhielten eine gewisse Autonomie. Viele Intellektuelle - von der Zagreber Gruppe „Praxis" bis zu den späten Spielarten des „westlichen Marxismus"[13] - glaubten in der Nachfolge von Georg Lukacs und Herbert Marcuse, dass die Theorie der „Verdinglichung" oder die Theorie der „Entfremdung" eine ausreichende Basis für die Kritik darstellten. Sicherlich haben nicht nur die Niederschlagung des tschechoslowakischen Versuches sondern auch die immer stärkere Bürokratisierung des „östlichen Sozialismus", der sowieso von der Bürokratie gelähmt war, die Hinwendung zum Nationalismus im Osten im Kontext der westlichen Bemühungen um die weltweite Anerkennung der Doktrin von den Menschen- und Bürgerrechten Ende der 1970er Jahre Nachdenklichkeit hervorgerufen. Man erfasste, dass weder die Theorie der „Verdinglichung" noch die Theorie der „Entfremdung" ausreichend tiefgründig die sozialen Gegebenheiten berücksichtigen können, wenn sie nicht eine Theorie der grundsätzlichen Freiheiten und Rechte des Individuums entwickeln. Der europäische Sozialismus wurde folglich gezwungen, eine positive Beziehung zu dem klassischen Liberalismus zu finden. Die Philosophie der „Praxis" von Antonio Gramsci war aufgrund ihrer verschärften Perzeption historischer Fakten offener gegenüber der Akzeptanz des

[13] Der „westliche Marximus" war nicht mehr der „ethische Marxismus", der aus einer Kombination zwischen dem Wirtschaftsdeterminismus von Marx und der aprioristischen Ethik von Kant (siehe Sandkühler 197) hervorgegangen war, sondern eine kritische Behandlung der sozialen Realität mit Hilfe der „Entfremdungstheorie" (oder der Theorie der „Verdinglichung"). Zur Diversifikation innerhalb des Marxismus siehe Marga 2002, S.12-163.

grundlegenden Charakters der individuellen Freiheiten und Rechte, hatte diese aber noch nicht ausreichend explizit und systematisch thematisiert.

„Die kritische Theorie" ist der Begriff, unter dem das Konzept der „Frankfurter Schule"[14] in die Geschichte der Auseinandersetzung mit der modernen Gesellschaft eingegangen ist. In den 1920er Jahren von einer Gruppe junger Ökonomen, Juristen, Psychologen und Philosophen initiiert, hat diese Theorie eine eigene Geschichte durchgemacht. Als eine „Kritik der Politökonomie" entstanden[15], die von den homonymen Schriften von Marx und des jungen Lukacs inspiriert war, machte Ende der 1930er Jahre die „kritische Theorie" sie zu einer von Husserl und Heidegger inspirierten „Kritik der instrumentalen Vernunft"[16], die dann nach dem Zweiten Weltkrieg die Form einer „negativen Dialektik"[17] annahm, die zutiefst skeptisch war (Kierkegaard und Schopenhauer beherrschten jetzt den Horizont). In jeder Ausrichtung aber bot die „kritische Theorie" kritische und systematische Konzeptualisierungen der sozialen Gegebenheiten. Keine andere Erörterung artikulierte eine vergleichbare kritische Auseinandersetzung mit der späten Entwicklung der Moderne[18].

---

14 Siehe die neuere Analyse bei Wiggershaus 1988.

15 Diese Ausrichtung drückt zusammengefasst vor allem Horkheimer 1968 aus; siehe auch Marga 1980.

16 Diese Ausrichtung drückt Horkheimer 1967 aus und Horkheimer, Adorno 1969.

17 Den klassischen philosophischen Ausdruck findet man bei Adorno 1966; siehe auch Schweppenhauser 2000.

18 Die historisch-philosophische Positionierung der „kritischen Theorie" finden wir bei Honneth 1985.

Welche dieser Ausrichtungen aber spielt eine Rolle in der kritischen Behandlung des „östlichen Sozialismus"? Tatsächlich inspirierten die späten Varianten - die „Kritik der instrumentalen Vernunft" oder die „negative Dialektik" - kritische Analysen des „östlichen Sozialismus", konnten aber aufgrund ihrer utopisch-negativen Orientierung keine auf Lösungen hin ausgerichtete Kritik unterstützen. „Die Kritik der Politikökonomie" in der Nachfolge der „Verdinglichungstheorie" von Georg Lukacs und der von Hegel, Marx, Kierkegaard unterstützten „Entfremdungstheorie" führte zur Distanzierung vom „östlichen Sozialismus", indem sie zu der Befragung der Funktionsweise der Wirtschaft Fragen zum menschlichen Schicksal hinzugesellte, vermochte jedoch keine ausreichend von den konsekrierten politischen Lösungen unterschiedliche Lösung anzubieten. Habermas baute die „kritische Theorie" wieder auf in Form einer „Theorie der kommunikativen Aktion"[19] und übernahm das Problem der Demokratisierung als Begriff in die kritische Behandlung der modernen Gesellschaft. Auf diese Weise wies er der kritischen Behandlung des „östlichen Sozialismus" eine positive, genaue Richtung. Bemerkenswert ist die Tatsache, dass die Rezeption der Schriften von Habermas praktische Akzente aufwies[20], im Zusammenspiel mit den Bemühungen der westlichen Welt, die moderne Doktrin von den grundsätzlichen Rechten des Individuums und des Bürgers zu verbreiten und Druck auszuüben auf den „östlichen Sozialismus" im Sinne der Respektierung des **Abkommens von Helsinki** (1975).

---

[19] Von Habermas in den siebzigen Jahren angekündigt, wurde diese Theorie in Habermas 1982 systematisch formuliert; siehe auch Marga 1985 und Marga, **Filosofia lui Habermas**, Polirom, Iasi, 2005.

[20] Siehe Symanzik, Birkfellner, Sproede 200 , S. 389.

II

Die Transition von dem „östlichen Sozialismus" zu einer offenen Gesellschaft setzte sicherlich als zündenden Moment die Absage an alles Vorhandene voraus. Die fieberhaften Ansprüche in der Nachkriegszeit auf Veränderungen im „östlichen Sozialismus" und auf dessen Ersetzen - als Folge der auch militärisch unterstützten Intervention der britisch-amerikanischen Alliierten, des Drucks seitens der NATO, einer Welle von Unzufriedenheiten, dem Generationswechsel an den Führungsspitzen, der technologischen und militärischen Überlegenheit des Westens etc. - wurden nicht in genuiner Form bestätigt. Die stets enttäuschten Erwartungen und die entmutigende geopolitische Strukturierung der Welt im Atomzeitalter hinterließen den Einruck von einer undefinierbaren Dauer des „östlichen Sozialismus". Es wurde angenommen, dass dessen Veränderung von den im Kreml gefällten Entscheidungen abhänge. Die von Gorbatschow Mitte der 1980er Jahre angeregte „Glasnost" und die „Perestroika" sowie die kritischen Einschätzungen des Kremlchefs bezüglich der Lage in Ostberlin und in Bukarest gaben zu verstehen, dass die Führer in den Hauptstädten des „östlichen Sozialismus" nicht mit der unbedingten Unterstützung Moskaus rechnen können und ließen die Hoffnung wieder erwachen. Auf dem so entstandenen Hintergrund haben die Bürger sich auf Plätzen versammelt und begonnen, erneut ihre Rolle zu spielen. Der Untergang des „östlichen Sozialismus" in Mittel- und Osteuropa verlief nicht nach einer im vorhinein bestimmten theoretischen Formel sondern geschah in einem neuen geopolitischen Kontext, der entscheidend von den Abkommen zwischen Reagan und Gorbatschow und Bush und Gorbatschow Ende der 1980er Jahre bestimmt war, als eine Aktion mit mehreren Akteuren, die beflügelt waren von dem grundlegenden Charakter der individuellen Freiheiten und Rechte in der Gesellschaft. Die unüberschreibbare Freiheit der Person, der politische Pluralismus, die Marktwirtschaft, der Rechtsstaat waren die Werte, die den Ausgang aus dem „östlichen Sozialismus" bestimmten. Global gesehen war der Neoliberalismus die führende Vision dieser Veränderung von historischen Proportionen.

Unter dem Aspekt der Theorie, die ihn inspiriert hat, war die Transition von dem „östlichen Sozialismus" zur offenen Gesellschaft bestimmt von Varianten[21], angefangen mit der „Schocktherapie", die auf die schnellen tranformatorischen Effekte radikaler Maßnahmen setzte (die Abschaffung der staatlichen Wirtschaft und die Zerstörung der Institutionen der monolitischen Macht), über die „Strategie der moderierten Schocks", welche die radikalen Maßnahmen mit sozialen Kompensationen ergänzte, um die Unterstützung des Volkes bei Veränderungen zu erhalten, bis hin zur Optik der „Umstrukturierung", die langsame Veränderungen vorsah und die anderen Veränderungen der Entwicklung der Gesellschaft überließ. Die „Schocktherapie" war ein Ausdruck der Ungeduld vieler Menschen in den Transitionsgesellschaften, so schnell wie möglich die Spuren des „östlichen Sozialismus"

---

[21] Siehe Andrei Marga in Matynia 1996, ff. 92-100.

verschwinden zu sehen und sich der Vorteile einer offenen Gesellschaft zu erfreuen. Die Optik dieser „Therapie" speiste am meisten mit Argumenten die Kritik der Realitäten in der Epoche der Transition. Ihr wichtigstes Ergebnis war die Konzentrierung der Kritik auf die Politik und die kritische Einschätzung ihrer Politik, die ausschließlich auf das eine Ziel ausgerichtet war - die offene Gesellschaft[22].

Gleichzeitig mit der Ausbreitung des Einflusses des Neoliberalismus, und der vollständigen oder moderierten Umsetzung der „Schocktherapie", ereignete sich eine bedeutende Änderung in dem kulturellen Selbstbewusstsein der in die Transition eingetretenen Gesellschaften: die Aufwertung der Politik als unausweichliche menschliche Tätigkeit, die in der modernen Gesellschaft unverzichtbar und entscheidend ist. Nachdem sie im antimodernistischen philosophischen Diskurs der Rechten in den 1930er Jahren als „oberflächlich" und als entfremdungsfördernd diskreditiert worden war und nachdem sie in der wirtschaftlichen Bewegung im philosophischen Diskurs der Linken in der Nachkriegszeit aufgelöst worden war, fand die Politik - im aristotelischen Sinn neu geschaffen von Hannah Arendt, nachdem sie bedeutende Verfechter wie Jefferson, John Adams, John Dewey und viele andere hatte - erneut ihren Platz in den philosophischen Bildern von der Gesellschaft. Der Ausgang aus dem „östlichen Sozialismus" und die Transition bewiesen, dass die Demokratie die Politik voraussetzt und die Politik in der offenen Gesellschaft eine unverzichtbare ordnende Tätigkeit darstellt.

---

[22] Andrei Marga 1991, ff. 162-178, Marga 1995/2, ff. 201-280.

Die Wiederfindung der Politik geschah zu Beginn der Transition über drei Aspekte. Der erste war der einer retrospektiven Untersuchung des Marxismus, der Hegelschen Linken, der Hegelianer und des Werkes von Hegel, aus dem sich die philosophische Legitimierung des „östlichen Sozialismus" speiste, verbunden mit der Frage nach der Art und Weise, wie diese die Politik konzeptualisiert haben[23]. Der zweite betraf die Untersuchung der Art und Weise wie Politik in den Jahrzehnten vor 1989 konzeptualisiert worden war[24]. Der dritte war die Einschätzung der Behandlung von Politik in den Transformationsgesellschaften.[25] Aus diesen drei Richtungen ergaben sich Argumente für die Konzentrierung der kritischen Behandlung auf die Politik, für die Wiedereinsetzung der Politik in die öffentliche Kultur und für die Normalisierung des politischen Lebens in der Epoche der Transformation.

Die Normalisierung des politischen Lebens in der Transformation und also der kritische Umgang mit den kürzlich eingesetzten Politiken, wurden also vom Beginn der Transformation an sich notwendig. Zunächst muß die Politik

---

[23] Andre Marga, The **Modern World and the Individual. From the Metamorphoses of the Eastern Marxism to the Errors of Marx**, in Marga 1995/2 (S. 85-137). Eine verkürzte Form der Analyse in Andrei Marga, **The Modern World and the Individual. From the Metamorphoses of the Eastern European Marxism to Marx's errors** in Bernard Magnus, Stephen Cullenberg (eds.), **Winter Marxism? Global Crises in International Perspective,** Routlege, New York and London.

[24] Andrei Marga 1993, S. 1 -32

[25] Andrei Marga, **Grenzen und Dilemmata der Transformation**, in Nassehi 1997, S. 9- 26.

verteidigt werden vor der Versuchung, sie erneut aufzulösen, sei es durch passives Warten auf die gewünschten Entwicklungen, sei es durch Bewegungen anderer Bereiche (vor allem der Wirtschaft), sei es durch Entwicklungen des kulturellen Selbstbewusstseins. Dann muß unterschieden werden zwischen der Politik der effektiven Reform und der Politik der Verlängerung zu jedem Preis einer Vergangenheit, von der die Transformationsgesellschaften befreit werden sollten. Schließlich sind auch Unterschiede zwischen den Reformpolitiken zu beachten: einerseits die einfache Fortsetzung einer selbst mit Problemen befrachteten Vergangenheit, die mit den Entwicklungen der modernen Gesellschaft nicht fertig wird (siehe die heute in Rumänien vorhandene Politik, die sichtbar inspiriert ist vom Liberalismus des 19. Jahrhunderts) und der Politik der historischen Schöpfung – also jene Politik, die unter den neuen Bedingungen der Ablösung von der Vergangenheit und der verspäteten Moderne die Aufklärung fördern. Von allen drei Standpunkten gesehen ist die kritische Behandlung der Politik eine gewichtige kulturelle und philosophische Richtung geblieben, auf dem Hintergrund einer Transformation, die manchmal nicht über die Ebene der Makrostrukturen hinausgekommen ist, die aber neue Aktionen auf der Ebene der Differenzierung der Tätigkeiten benötigt.

III

Die kritische Betrachtung der Transformationsgesellschaften wurde gefördert durch den Erweiterungsbeschluss der Europäischen Union um die Länder Mittel- und Osteuropas, der europäischen Einigung in großem Maßstab. Die politischen, institutionellen und wirtschaftlichen Beitrittskriterien stellten Orientierungshilfen dar für die Kritik an der Lage aus der Perspektive von deren Überwindung und wurden als solche angewandt. Um die in den Beitrittsverhandlungen von Brüssel festgelegten Bedingungen zu erfüllen, musste jedes Land Änderungen in der Organisierung vornehmen und seine Leistungen verbessern.

Doch weder diese Kriterien noch der äußere und der innere Druck, der ihre Förderung vorantrieb, machten die kritische Behandlung der Lage überflüssig. In keinem Land wurden die Reformen bloß auf Druck von außen umgesetzt. Und das, weil nicht nur die konsequente Förderung der politischen, institutionellen und wirtschaftlichen EU-Beitrittskriterien im Spiel war und ist, sondern auch die bewusste Reflektierung dieser Kriterien. Mit anderen Worten manifestiert sich tatsächlich außerhalb des Verstehens der Kriterien und des ehrlichen Engagements, diesen durch den Wiederaufbau von Politik, Institutionen und Wirtschaft gerecht zu werden, stets die politisch bedingte Tendenz zu glauben, dass die europäische Integration vollzogen ist durch die einfache Befolgung dieser unausweichlich minimalen, historisch bedingten und in einem gewissen Sinn statischen Kriterien. Deshalb bleibt die Klärung der europäischen

Zugehörigkeit ein aktuelles gewissermaßen situationsbedingtes Thema der kritischen Theorie von der europäischen Integration.

Die europäische Zugehörigkeit musste geklärt werden durch die kritische Überwindung der falschen Positivitäten, die sich rasch in der Gesellschaft breit machen aufgrund einer in sich selbst reflexiven Optik. Diese bedeutet zunächst die prinzipielle Unterscheidung zwischen der geographischen Zugehörigkeit - oder der Positionierung zwischen dem Atlantischen Ozean und dem Uralgebirge -, der historischen Zugehörigkeit - oder der Beteiligung an den Prozessen, die die institutionellen und kulturellen Formen des Kontinents hervorgebracht haben, von dem Aufbau der Städte über den Kontakt zur jüdisch-christlichen Tradition, der modernen Revolutionen in Wissen, Wirtschaft und Recht, zu der Verteidigung der Fundamente einer freien Gesellschaft - und der kulturellen Zugehörigkeit - oder der Kultivierung einer Haltung in der Erkenntnis und in dem praktischen Leben bestimmt durch das Vertrauen in die faktenbedingte Analyse, des Fallibilismus und die Kultivierung des kritischen Geistes[26].

Die Klärung der europäischen Zugehörigkeit bedeutete weiter die Anerkennung des Umstandes, dass aus der Perspektive des nach dem Zweiten Weltkrieg begonnenen Prozesses der europäischen Einigung, die geographische und die historische Zugehörigkeit nicht über die europäische Zugehörigkeit entscheiden, die jetzt zur Debatte steht. Geographie und Geschichte sind unabdingbare Bedingungen,

---

26 Andrei Marga 1995/1, S. 24-25, **Filosofia unificării europene**, Apostrof, Cluj-Napoca.

doch da die europäische Einigung ein in erster Linie institutioneller und kultureller Prozeß ist, wird die europäische Zugehörigkeit aufgrund der Auswertung der Institutionen und der Kultur bewertet. Anders formuliert, generiert die geographische und geschichtliche Zugehörigkeit zu Europa nicht automatisch ein kulturelles Europäertum, so wie ein kulturelles Europäertum auch in Ländern zu finden ist, die strikt geographisch und kulturell nicht zu Europa gehören[27].

Die europäische Zugehörigkeit ist allem voran durch die Kultur bedingt, aber das Kulturverständnis musste von anderen falschen Positivitäten der osteuropäischen Tradition befreit werden, die in den Jahren des „östlichen Sozialismus" unterstrichen wurden und de facto das Kulturverständnis auf Literatur, Kunst, verinnerlichte Reflexion reduzierte und die institutionellen, verhaltensmäßigen und motivationalen Folgen der Kultur außen vor ließen. Das Konzept von der Kultur als Ensemble philosophischer Ideen, künstlerischer Symbole, wissenschaftlicher Theorien, ideologischer Programme musste wiederhergestellt werden und diese mussten in soziale Formen des menschlichen Lebens eingebunden werden. Die Beobachtung musste akzeptiert werden, dass im Prozeß der aktuellen europäischen Einigung ein Konzept der individuellen Kultur eingebunden ist, aber auch und vor allem ein Konzept einer Kultur, die gemeinsam geteilt wird von den strukturierten Individualitäten. Desgleichen profilierte sich das, was wir europäische Kultur

[27] Ibidem, S. 25

nennen, gegenüber anderen Kulturen, sozusagen in Wechselwirkung mit diesen, eben durch die Tatsache, dass es die spirituelle Kultur in Motivationen, Verhaltensarten und Institutionen umgestaltete[28].

Schließlich musste die europäische Zugehörigkeit zunächst geklärt werden durch die kritische Überwindung nicht nur des Reizes, alles auf die spirituelle Kultur zu reduzieren, sondern auch des Reizes, allein auf die wirtschaftliche Entwicklung zu setzen. Beide Überwindungen konnten nur mit Hilfe eines begreifbaren und generativen Konzepts der Spezifik der europäischen Kultur gemeinsam durchgeführt werden: ein Konzept, das ohne Abstriche Bescheid gibt von dem Erbe und den Leistungen Europas und sich zugleich nicht nur auf die Leistungen konzentriert sondern auch auf die Bedingungen, die diese ermöglicht haben. Dieses Konzept musste entwickelt werden, um den falschen Positivitäten etwas entgegenzusetzen, die das öffentliche Gewissen zu okkupieren drohten.

Die Theorie der Systeme hat sich dabei als fähigste Optik erwiesen. Ihr gelingt die Überwindung der essayistischen Fülle zum europäischen Spezifikum - die von kontextuellem Erleben bestimmt ist und Teilaspekte der europäischen Kultur beschreibt, ohne sie ausreichend zu bestimmen - und sie kann die Aktivitäten erfolgreich orientieren. Ausgehend von dem Verständnis der Gesellschaft als einem System, in dem sich in Leistung und Testkriterien der Aktivitäten unterschiedliche Subsysteme behaupten. Ich meine folgende Subsysteme: die Produktionstechnik - welche den menschlichen Arbeitsaufwand

---

[28] Ibidem, S. 25.

verstärkt widerspiegelt; die Ökonomie - welche die Güter produziert, die den Bedarf der Bevölkerung decken; die Verwaltung - welche die effiziente Organisation der Aktivitäten in einer Gemeinschaft sichert; die Politik - die den Grundoptionen Legitimität verleiht; die spirituelle Kultur - welche die dem Betrieb der Institutionen unabdingbaren Motivationen generiert. Gerade auf dem Boden dieser Subsysteme habe ich die genaue Bestimmung der europäischen Kultur gefordert sowie klare Konnotationen, welche die Aktivitäten orientieren können[29].

Die europäische Kultur hat erstmalig eine Wissenschaft als Faktenwissen hervorgebracht, die der Darstellung der effizienten, gesetzmäßigen, mathematisch formulierbaren Ursachen zugewandt ist und im Dienste der Lösung technischer Probleme und der Kontrolle und Metamorphose der Dinge steht. Man gehört der europäischen Kultur an, indem man sich stetig anpasst und sich im optimalen Fall an der Schaffung von Produktionstechnik und im allgemeinen von neuen Standards der technischen Produktionskompetenz auf Grund der Wissenschaft beteiligt.

Die europäische Kultur drängte das ökonomische Verhalten an den Rand, bei dem die Arbeit mehr wert ist als deren Ergebnisse und setzte ein ganz anderes Verhalten in Bewegung und etablierte dieses. Es handelt sich um das von wirtschaftlicher Rationalität bestimmte Verhalten, also das so gebildete Verhalten, das eine Rechnung erlaubt, wobei das Ergebnis einen Mehrwert der Ergebnisse darstellt in Bezug auf die Investition.

---

[29] Ibidem, S. 34-44.

In der europäischen Kultur etablierte sich – als ein wahres Prinzip – das Prinzip der Leistung, das sie aus der Verwechslung mit anderen Kulturen heraushob und ihr einen eigenen Weg verliehen hat. Man kann dieser Kultur nicht zugehörig sein, wenn man das Leistungsprinzip ignoriert oder unterschätzt. Man gehört nicht der europäischen Kultur an, wenn die Verwaltung der eigenen Gesellschaft die Prüfung dieser von Effizienz kontrollierten Rationalität nicht besteht.

Man gehört andererseits der europäischen Kultur an, wenn die Kultur des Rechts das Individuum als Subjekt und Ziel des Rechts, der Souveränität und der Allgemeingültigkeit des Gesetzes fördert. Was die europäische Kultur zumindest seit der Renaissance bestimmte, ist das Stellen der Bereiche und Werte auf die Basis der individuellen Freiheit und der Konzeption dieser Freiheit als Autonomie. Deshalb wurde gesagt, dass die „Autonomie das europäische Konzept der Freiheit ist" und die Freiheitsrechte oder die Bürgerrechte gebunden sind an ein Menschenbild als Bürger, das diesem die Grundgüter sichert: Leben, Freiheit, Eigentum. Man gehört der europäischen Kultur an, wenn man durch die rechtlichen Regelungen diese grundsätzlichen Güter sichert.

Die europäische Kultur ist verbunden mit dem Aufbau der menschlichen Person als Privatbereich, der sich auf das Eigentum stützt und von den Gesetzen garantiert ist, die grundsätzliche, unabdingbare Rechte des Individuums enthalten. Die europäische Kultur wurde andererseits bestimmt von dem modernen Konzept der Umleitung des politischen Willens und der Staatspolitik aus der öffentlichen Diskussion in die Probleme von gemeinsamem Interesse. Sie schuf Institutionen, welche die Debatte organisieren und unterhalten und machte aus der Argumentation im Bereich des öffentlichen Lebens den Rahmen, in dem die Interessen gefördert werden. Man kann dieser Kultur nicht angehören, ohne zuzulassen, dass in der Kontroverse der Meinungen zu den divergenten Interessen die Argumentation vorherrscht und, genauer gesagt, die besseren Argumente angestrebt werden.

Die europäische Kultur ist nicht nur spirituelle Kultur - also verinnerlicht und in Einsamkeit und Zurückgezogenheit erlebt, weit weg von der Welt der Produktion, der Geschäfte, der sozialen und politischen Auseinandersetzungen und manchmal trotz diesen - sondern auch eine Kultur der Forschung, der systematischen Erkenntnis und der Metamorphose der gegebenen Realität in Erfahrung gemäß der menschlichen Ziele. Im Konzept der europäischen Kultur ist die Realität nicht als Fremdkörper eingebunden, von dem wir uns schleunigst entfernen müssen, sondern vielmehr als zu bearbeitendes Material und auf jeden Fall als der Grund auf dem wir unsere Ziele umsetzen können. Die europäische Kultur entwickelte sich durch die Anerkennung der erlebbaren Realität als einzigartige Welt unseres Lebens und durch die Einschätzung des menschlichen Lebens als einzigartig unter den gegebenen Umständen. Diese Kultur kann nur restlos verstanden werden als ein Potential von effektiven menschlichen Erlebensformen des Lebens. Man gehört dieser Kultur an, indem man stetig beteiligt ist an der ständigen Kommunikation der intellektuellen Reflexivität und der Probleme des menschlichen Erlebens des Lebens.

Die europäische Kultur entwickelte die Implikationen einiger großer Optionen, die in einigen Basiskonzepten enthalten sind: das Konzept der Wahrheit als Grundwert, verstanden als in der Praxis überprüfbare Entsprechung zwischen den Aussagen und den Tatsachen; das Konzept des Wissens, das der Lösung der Lebensprobleme der Menschen dient, die mit dem Kriterium der Nützlichkeit konfrontiert werden; das Konzept der Rationalität, das sich im Kalkül niederschlägt und anhand von Ergebnissen geprüft wird; das Konzept des Rechts als Ensemble von Regeln, das allgemein und formell ist; das Konzept der Autonomie des Individuums als Form von dessen Freiheitsmanifestation; das Konzept des öffentlichen Bereichs als Umfeld der Bestimmung des politischen Willens; das Konzept der menschlichen Person als Individualität, die berufen ist der einfachen Existenz einen höheren Sinn zu verleihen[30].

Ein Problem, das sich mit besonderen Akzenten stellte, vor allem in dem Kontext der Liberalisierungen von 1989 in Mittel- und Osteuropa, war das Management der Verschiedenheit unter den Umständen der lingualen und kulturellen Neuidentifizierung der ethnischen Gemeinschaften. Dies Problem erfasste Charles Taylor sehr gut unter dem Begriff der Beziehung zwischen *politics of equal dignity* und *politics of difference*. Unter dem Zeichen der Universalität geboren - also jenseits der Besonderheiten und die individuellen Rechte und Freiheiten anerkennend - sah

[30] Andrei Marga, **Spannungsfelder europäischen Identitätsbildung in Osteuropa und methodische Aufgaben: eine rumänische Perspektive**, in Erdödy 2003, S. 159-179.

sich der moderne Staat durch die Annahme der Doktrin von den Rechten und Freiheiten des Menschen und des Bürgers konfrontiert mit einer Welle ethnischer Neuidentifikationen, welche die universalistische Natur der Konstruktion auf den Prüfstand stellt. Die universalen Rechte und Freiheiten dienen der Legitimation der kulturellen Besonderheit. Die *politics of equal dignity* wird in der Praxis von der *politics of difference* hervorgerufen. In diesem Kontext konnten weder die „Renaissance des Nationalstaates", noch der „neue Pluralismus" oder der „Föderalismus" und der „Prozedurale Liberalismus" bestehen. Als angebrachter, weil reflexiver, erwies sich der „subjektive Liberalismus", der in einigen Prinzipien zusammengefasst werden kann: der moderne Staat umfasst nicht nur das positive Gesetz, das die Allgemeingültigkeit der Freiheiten und Rechte sichert sondern auch die Möglichkeit, die Rechte und Freiheiten dergestalt auszuüben, dass Unterschiede möglich sind; die Allgemeingültigkeit des Gesetzes bleibt das unabdingbare Fundament für die Korrelation der *politics of difference* mit der *politics of equal dignity*, doch die juristische Herangehensweise muss begleitet werden von dem Verantwortungsbewusstsein; die kollektiven Rechte müssen anerkannt werden, doch diese Anerkennung darf die individualistische Struktur der Gesetzgebung nicht stören; die *politics of difference* ist nur auf der Grundlage einer *politics of equal dignity* realistisch, die das Kulturprojekt, dem sie angehört, anerkennt[31].

---

[31] Siehe Marga, **„Experiencing Multicultural Organisation: The Case of Babes-Bolyai University"** in "Higher Education in Europa" Vol. XXXIII, No.1, 1998, S. 77-82.

Ein anderes Problem mit besonderen Akzenten in Mittel- und Osteuropa ist jenes der Vermittlung der ethnischen Identifikation. In unterschiedlichen Kontexten haben die Intellektuellen versucht, ethnische Zugehörigkeitskriterien zu entwickeln aus unterschiedlicher Motivation: die nationale Erweckung unter den von der Aufklärung geschaffenen Bedingungen, die Verteidigung der nationalen Gemeinschaft in Zeiten als die herrschenden Kräfte sich weigerten, diese anzuerkennen, der Aufschwung der nationalen Kultur nach der Organisation des Nationalstaats, der Widerstand gegenüber dem Druck des sowjetischen Staates in der Nachkriegszeit. Die Thesen der Intellektuellen können außerhalb des historischen Kontextes nicht verstanden werden. Doch sie wurden aus dem Kontext herausgerissen und unverändert in Umlauf gebracht, so dass ihre Aussage in neuen Kontexten verzerrt wahrgenommen wird. Sehr bald wurde aber der Umstand verstanden, dass die ethnische Identifikation zu Legitimationszwecken politisch instrumenttalisiert wird. Jenseits dieses Aspektes musste das für unsere Begriffe ungewöhnlich starke Bewusstsein der ethnischen Zugehörigkeit anerkannt werden. Es musste klar gesagt werden: Europa hat keine konfliktfreie Zukunft, wenn es nicht den Weg der Versöhnung, der Integration und der Einigung geht. Desgleichen gibt es keine solide Basis für dieses Europa, solange die Kraft der Traditionen nicht nüchtern erkannt und durch entsprechende Strategien umgemodelt werden. Wir benötigten aber in Mittel- und Osteuropa Strategien, welche die Hinwendung von den traditionellen ethnischen Identifikationen (anhand der Lage, durch Persönlichkeiten der

Vergangenheit, durch die Sprache, durch historische Ereignisse, Religion, Philosophie usw.) zu den modernen, europäischen Identifikationen ermutigen sollten: anhand beispielhafter Leistungen in Wissen, Ökonomie, Demokratie, Kultur. Der ethnische Nationalismus musste durch den „zivilen Nationalismus" überwunden werden, der traditionelle Patriotismus musste ersetzt werden durch den Horizont des „Verfassungspatriotismus"[32].

Schon Husserl hatte in seiner berühmten Abhandlung **Die Krisis...** (1936) erkannt, dass man sich in einer „Krisis der europäischen Humanität" befinde, die eine dreifache Krise ist - der Wissenschaft, der Philosophie und der Kultur, der aber die Krise der Wissenschaft zugrunde liegt. Zwischenzeitlich gibt es neue Argumente für diese Einschätzung. Viele Menschen erkannten, dass wir uns im Angesicht eines Zerfalls des alten Fortschrittsoptimismus unserer Gesellschaft befinden, die von Wissenschaft und Technik bestimmt ist, und desgleichen im Angesicht einer kalten, ja sogar skeptischen oder pessimistischen Einschätzung der Grenzen wissenschaftlich-technischer Transformationsfähigkeit. Die Angst vor den Folgen von Wissenschaft und Technik geht um und führt oft zum Pessimismus[33].

Ein Gefühl der Krise besteht nicht nur in der Wissenschaft, sondern auch in der Philosophie. Die Philosophie ihrerseits

---

[32] Marga 1992, Studie die in Marga 2005/1, ff. 195-213 wieder aufgenommen wird.

[33] Günther Mack, **Die Suche nach einem zukünftigen Wissenschaftsparadigma**, in Küng, Kuschel 2001, S. 310. Siehe auch Andrei Marga, **Religia în era globalizării**, EFES, Cluj,. 2003, ff. 271-279.

feiert einen nie da gewesenen Publikumserfolg, doch die philosophischen Werke gelten heute nicht mehr viel. Die Ursache liegt - so argumentieren einige neuere Autoren - in der Abwesenheit, gerade auf dem Hintergrund einer Vielzahl von philosophischen Talenten und Kompetenzen, einer Bemühung um eine Synthese. Aber philosophieren setzt unter allen Bedingungen und gegen jede Schwierigkeit, die aufgerufen werden kann, die Synthese voraus. Tatsächlich geht man der Synthese aus dem Weg und zieht „Spezialisierungen" vor, die dazu führen „dass man immer mehr über immer weniger und schließlich alles über nichts weiß"[34].

Heute wird mit Recht beanstandet, dass die Philosophie „stetig immer weniger macht für die Überwindung des sektorialen Denkens". Schwerwiegender ist die Tatsache, dass die Philosophen selbst, statt sich der „Reduktionismen" zu widersetzen, die die Philosophie untergraben, diese systematisch pflegen. Auf jeden Fall kann gesagt werden, dass die Philosophie selbst mitverantwortlich ist für diese Untergrabung und diesen Zerfall der Vernunft, die wir heute in der späten Moderne empfinden, und folglich mitverantwortlich für das einzige Mittel, mit dem wir die „Gegenwartskrise" überwinden können: die Verbindung der Vernunft mit dem Glauben an moralische Werte und Pflichten. Einige rekonstruierten mit gutem Grund den Zerfall der Vernunft in der Philosophie seit 1830 bis heute; ein Zerfall, der seinen Anfang nahm in der „Auflösung des Christentums als traditionelles Legitimationssystem in Europa"; sie greifen die Vernunft auf dem von Peirce und Royce durch die Idee

[34] Hosle 1997, S. 1.

„der unendlichen Gemeinschaft der Interpretation" vorgegebenen Weg wieder auf, gleichzeitig mit der transzendentalen Pragmatik von Karl Otto Apel, von der die umfassendste Philosophie unserer Zeit, die universelle Pragmatik des Jürgen Habermas[35] ausgegangen ist.

Charles Taylor hat in einer Reihe von Vorträgen in Edinburgh und Wien, die er in dem Band **Die Formen des Religiösen in der Gegenwart** (2002) zusammenfasste, die Art und Weise untersucht, wie Religiosität in einer Epoche der Säkularisierung gelebt wird. Er hat drei neue Phänomene identifiziert, die für die heutige Lage entscheidend sind. Das erste ist jenes der Änderung der kollektiven Vermittlung der Beziehung der Personen zu dem Sakralen, die dazu führt, dass „unsere Beziehung zu dem Spirituellen immer mehr unabhängig wird von unserer Beziehung zu der politischen Gesellschaft" und immer stärker an die Kirche gebunden ist. Das zweite besteht in dem Rückgriff auf die Religion durch Gruppen und ganze Völker, als Mittel zum Bewahren der Identität. Das dritte neue Phänomen liegt in der von den Menschen empfundenen Notwendigkeit, ihren religiösen Impuls gerade in Situationen auszuleben, in denen große Kräfte der Geschichte versuchen, sie zu überwältigen. Diese drei Phänomene sind ein Indiz für eine tiefere Veränderung, die in der späten Modernität stattgefunden hat, da die ererbte Verbindung zwischen weltlichem Leiden, sozialem und politischem Kampf, religiösem Glauben, religiöser Loyalität, nationaler Loyalität, auseinander zu fallen droht, simultan mit der Behauptung eines neuen Individualismus, des

[35] Ibidem, S. 27 und folgende

„expressiven Individualismus". Die von Durkheim festgelegte Assoziation zwischen Sakralem, Kirche und Staat löst sich auf und das Sakrale wird immer öfter als diesseits der politischen Referenzrahmen der Modernität empfunden.

Andererseits ist eine ***worldwide resurgence of religion*** festzustellen unter den Umständen der Globalisierung, verbunden mit einem Übergang in der Gegenwartskultur vom Anthropozentrischen zum Theozentrischen. Vorläufig findet eine verstärkte Entfremdung der Personen in Bezug auf die Verwaltungsapparate der Staaten statt, die zur verstärkten Reintegration des Lebenssinns, der Bedeutung des Todes und der Lebensqualität in die kulturellen Untersuchungen führt. Das Interesse für den derzeitigen Lauf der Gesellschaft ist relativ geworden und das Interesse für das Ziel des menschlichen Lebens ist gewachsen[36]. Anders gesehen, bestätigte sich die Hypothese, dass der demokratische Staat bloß aufgrund säkularer Prozeduren den Bedarf der Bürger an Motivation nicht decken, also auch nicht die für die Funktion unabdingbaren kulturellen Ressourcen schaffen kann, sondern die Demokratie benötigt moralische Überzeugungen und klare Werte, die nur noch aus der Religion stammen können[37]. Die Auseinandersetzung zwischen Habermas und Ratzinger bestimmte dieses Moment eines historischen Meilensteins in dem Demokratieverständnis[38].

---

36 Richard Robertson, Jo Ann Chirico, **Humanity, Globalization and Worldwide Religious Resurgence**, in Lechner, 2000. Siehe auch Marga 2001, ff. 291-307.

37 Die von Böckenförde 1991, S. 92 und folgende formulierte Hypothese erwies sich als begründet.

38 Siehe Habermas, Ratzinger 2005. Siehe auch Andrei Marga, **Premisele unei dezbateri epocale: Habermas - Ratzinger**, in Habermas, Ratzinger 2005, ff. 9-7.

Stehen die Dinge so - und alle Indizien sprechen für die Feststellung, dass wir Zeugen einer Rehabilitation des religiösen Glaubens als solcher sind, befreit aus dem Gewebe, in dem er zusammen mit den Netzen der Organisation der modernen Welt gefangen war - dann kann man behaupten: der religiöse Glauben gewinnt ein neues Gewicht und die Religion greift nach einer neuen Verantwortung. Die größten Theologen der Globalisierungsära sind sich dieser Tatsache bewusst und bemühen sich darum, sich ihr zu stellen.

Wer die Religion heute - in dem Zeitalter der nie da gewesenen Expansion der Wissenschaft, der unvergleichlichen Vermehrung der philosophischen Perspektiven, der kühnsten intellektuellen Initiativen, der Globalisierung der Wissenschaften, des Handels, der Kommunikation - zum Hauptanker des kritischen Denkens macht, setzt sich dem Vorwurf aus, er würde eine nicht bloß sehr alte Form spirituellen Lebens gezwungenermaßen in die Gegenwart versetzen, sondern auch eine, die von der Patina der Zeit unweigerlich gezeichnet ist. Viele eilige, nicht vorbereitete, nicht informierte, auf jeden Fall weniger reflexive Menschen werfen der Religion Ungleichzeitigkeit vor. Es geht aber nicht darum, diesem Vorwurf zu widersprechen, sondern ihn ernst zu nehmen. Johann Baptist Metz, der in den jüngsten Jahrzehnten die Ungleichzeitigkeit der Religion zum Thema einer tiefgehenden Reflexion gemacht hat, zeigte beginnend mit der **Produktiven Ungleichzeitigkeit** (1979), dass es eine „produktive Ungleichzeitigkeit" gibt und dass diese in der modernen Welt notwendig ist. Die Religion muss jetzt in Verbindung gebracht werden mit einer „neuen Kultur der

Solidarität", die die zivilen und Menschenrechte ausweitet und unterstreicht, die sich in der Vision des Christentums selbst entwickeln. Auf jeden Fall entsteht die Zukunft nicht nur aus den in den meisten Fällen oberflächlichen Gleichzeitigkeiten der Modernität, sondern auch aus ihren produktiven Ungleichzeitigkeiten, also aus der Religion[39]. Mit gutem Recht hat Jürgen Habermas mit seinem jüngsten Buch **Zwischen Naturalismus und Religion. Philosophische Aufsätze** (2005) gezeigt, dass die entsprechend verstandene religiöse Toleranz nicht nur bedeutet, dass es dem anderen erlaubt ist, sich unterschiedlich auszudrücken, sondern auch dass er in seiner Verschiedenheit anerkannt wird, da die Religion „Schrittmacher kultureller Rechte" ist. „Auch wenn sich Jellineks These der Entstehung der Menschenrechte aus der Religionsfreiheit historisch nicht halten lässt, besteht doch ein konzeptueller Zusammenhang zwischen einer solchen universalistischen Begründung des Grundrechts der Religionsfreiheit auf der einen und den normativen Grundlagen eines Verfassungsstaates, also Demokratie und Menschenrechte, auf der anderen Seite"[40]. Tiefgehend verstanden, spielt die Religion in der späten Modernität die dreifache Rolle der Unterstützung der Moral, der Verteidigung der klaren Werte und des Maßstabs der Freiheit - eine Rolle, die sie bisher in der modernen Geschichte nicht gespielt hat.

---

[39] Johann Baptist Metz, **Produktive Ungleichzeitigkeit**, in Habermas 1979, S. 30.
[40] Habermas 2005, S. 260.

IV

Der Zerfall eines Systems kann auf dem Wege der Reflexion geschehen, also beginnend mit begrifflichen Klärungen, aber auch auf dem Weg einer Implosion. Der Zerfall des „östlichen Sozialismus" geschah in Mittel- und Osteuropa durch eine Implosion. Man kann lange darüber diskutieren, ob die Implosion selbst aufgrund einer erarbeiteten Lösung, der die Analyse der Verletzbarkeit des Systems vorausging, oder spontan stattgefunden hat. In jedem der Fälle stellt die Implosion theoretische Sätze oder auch Theorien auf den Prüfstand, und ist für die Theorie relevant. Wenn aber ein neues System aufgebaut wird, werden die theoretischen Verantwortungszuweisungen unweigerlich mit einbezogen. Gegen den Aktionismus, der zu der elementaristischen Prämisse zurückführt, der gemäß wir auf die Theorie verzichten könnten, und auf Distanz zu einer Aufklärung, die alles auf die Verbreitung von Wissen reduziert, kann man sagen, dass die Erarbeitung der Theorie ein unabdingbares Moment darstellt, dessen Bedeutung mit der Komplexität der Systeme zunimmt. Im Falle der hochkomplexen Systeme - und die spätmodernen Gesellschaften sind solche Systeme - ist eine effiziente Änderungsaktion nur aufgrund einer entsprechenden Theorie möglich[41].

Die reflektierten Veränderungen setzen eine rigoros erarbeitete „kritische Theorie" voraus. Das Projekt einer solchen Theorie, das zu Beginn der dreißiger Jahre in Frankfurt am Main lanciert worden ist, bleibt gültig und

---

41 Ich brachte Argumente über die Bedeutung der systematischen theoretischen Behandlung in Marga 1992, S. 23- 5, und in Marga, 2003/1, S. 25 -277.

notwendig, selbst wenn die effektive Form der „kritischen Theorie" Änderungen erleiden muss. Tatsächlich konnte mit den theoretischen Mitteln des 19. Jahrhunderts keine Kritik mehr ausgeübt werden, auch nicht mit den Mitteln aus der Mitte des 20. Jahrhunderts. Die „kritische Theorie" bleibt der kritischen Absicht nur dann treu, wenn sie als reflexives Mittel ihre theoretischen Verallgemeinerungen selbst ändert.

Die „kritische Theorie" muss jedoch eine Theorie im harten Sinn des Begriffs bleiben. Andererseits muss sie ihre analytische Fähigkeit bei der Behandlung von bestimmten Problemen des Menschenlebens in der Spätmoderne bestätigen, wie da wäre die Reform der Bereiche, der institutionellen Organisationsformen usw.[42]. Andererseits muss sie ausreichend als umfassende Theorie erarbeitet werden, die fähig ist, maximale Aktionen zu erklären und diese zu orientieren[43]. Hat sie diese beiden Fähigkeiten gesichert, die Behandlung einiger Bereiche und einiger umfassender Prozesse zu unterstützen - muss die kritische Theorie die Fähigkeit besitzen, mit entsprechenden Begriffen konkurrierende Konzepte zu analysieren, diese in den Kontext ihrer eigenen Probleme zu stellen und diese anhand von guten Lösungen zu überwinden. Unter diesen Fähigkeiten besitzen wir auch Instanzen, denen gegenüber die kritische Theorie ständig evaluiert werden muss.

---

[42] Ich verwendete diese Optik in der Bildung. Siehe Marga 2005/3; Marga 2005/1; Marga 2001; Marga 2002.

[43] Ich habe versucht, allgemeine Theorien zu formulieren: eine Theorie der Rationalisierung in Marga 1981; eine Theorie der Transformation in Marga 2001.

Libertate, reformă, integrare europeană (Despre teoria critică)

Andrei Marga

În dezbaterea declanşată de cunoscutul articol contra căsătoriei civile al preotului berlinez Johann F. Zöllner, Kant a intrat, cum se ştie, cu articolul **Beantwortung der Frage: Was ist Aufklärung?** (1783). Acest articol rămâne reprezentativ nu doar pentru concepţia autorului vestitelor **Critici** asupra societăţii moderne, ci şi pentru întregul curent al iluminismului. Aici s-a ajuns la o înţelegere profundă şi concludentă a **Aufklärung,** din care s-au revendicat pe drept curente ulterioare ale modernismului. "Aufklärung ist der Ausgang des Menschen aus seiner selbstverschuldeten Unmündigkeit. Unmündigkeit ist das Unvermögen, sich seines Verstandes ohne Leitung eines anderen zu bedienen. Selbstverschuldet ist diese Unmündigkeit wenn die Ursache derselben nicht am Mangel des Verstandes, sondern der Entschließung und des Mutes liegt, sich seiner ohne Leitung eines andern zu bedienen. Sapere aude! Habe Mut, dich deines eigenen Verstandes zu bedienen! ist also der Wahlspruch der

Aufklärung"[1]. Ieşirea din "Unmündigkeit" - a argumentat Kant - o poate face fiecare om, deşi în fapt o fac puţini, prin activarea propriei gândiri. Atunci însă când oamenii sunt lăsaţi liberi, "publicul" însuşi ajunge să iasă din "Unmündigkeit", căci totdeauna se vor găsi oameni care să se lumineze pe sine şi să-i lumineze pe alţii. Desigur că un astfel de proces poate dura, iar publicul ajunge la luminare destul de lent. O "revoluţie" ar putea, desigur, grăbi căderea despotismului persoanelor, dar prin revoluţii "niemals wahre Reform der Denkungsart zustande kommen; sondern neue Vorurteile werden, ebensowohl als die alten, zum Leitbande des gedankenlosen großen Hauferes dienen"[2]. Ceea ce este însă suficient pentru ieşirea din Unmündigkeit a oamenilor este "libertatea (Freiheit)", care înseamnă "von seiner Vernunft in allen Stücken offentlichen Gebrauch zu machen"[3]. Kant distinge explicit, în raport cu "privaten Gebrauch der Vernunft", o "offentlichen Gebrauch der Vernunft". El foloseşte exemplul diferenţei dintre ofiţer, consilierul financiar şi preot, care, fiecare, se supune regulilor unei organizări cu scop (zweckrationale) şi urmează o "folosire privată", pe de o parte, şi învăţatul, care se adresează "publicului" nelimitat şi beneficiază de o "uneigeschränkten Freiheit sich seiner eigenen Vernunft zu bedienen und in seiner eigenen Person zu sprechen[4], pe de altă parte. În încheiere Kant se întreba: "leben

---

[1] Kant, **Beantwortung der Frage: Was ist Aufklärung?,** în Eberhard Bahr (Hrsg.), **Was ist Aufklärung? Thesen und Definitionen,** Philipp Reclam jun. Stuttgart, 1996, p. 9

[2] Ibidem, p. 10-11

[3] Ibidem, p. 11

[4] Ibidem, p. 13

wir jetzt in einen aufgeklärten Zeitalter?" şi răspundea: "nein, aber wohl in einen Zeitalter der Aufklärung"[5].

Am evocat celebrul concept al Aufklärung al lui Kant pentru că în primele decenii postbelice, în vestul şi în estul Europei, după experienţa dramatică a dictaturilor şi a statelor totalitare, soldată cu cel mai nimicitor război şi cu distrugerea a zeci de milioane de vieţi, acest concept a fost regăsit ca punct de sprijin pentru reflecţie. Adorno avea dreptate să remarce că "die Förderung zur Mündigkeit scheint in einer Demokratie selbstverständlich... Demokratie beruht auf der Willensbildung eines jeden Einzelnen, wie sie sich in der Institution der representativen Wahl zusammenfasst. Soll dabei nicht Unvernunft resultieren, so sind die Fähigkeit und der Mut jedes Einzelnen, sich seines Verstand zu bedienen, vorausgesetzt"[6]. Societăţile europene au trebuit să conştientizeze din nou importanţa 'Mündigkeit', 'Freiheit' şi a 'öffentlichen Gebrauch der Vernunft'. Conceptul lui Kant al iluminismului şi profilarea raţiunii comunicative, prin delimitarea unei 'öffentlichen Gebrauch der Vernunft', au redevenit repere ale conceperii societăţii. În Vest s-au refăcut cadrele societăţii bazată pe recunoaşterea libertăţilor şi drepturilor individuale şi pe democraţie pluralistă, iar în Est a câştigat teren, în urma celui de al doilea război mondial şi a consecinţelor geopolitice ale acestuia, curentul "socialismului răsăritean", care s-a revendicat dintr-o filosofie materialistă a istoriei ce a invocat "determinismul economic" şi a ridicat

---

[5] Ibidem, p. 15

[6] Theodor W. Adorno, **Erziehung zur Mündigkeit,** Suhrkamp, Frankfurt am Main, 1971, p. 133

pretenții dogmatice de știință. Fenomenelor inerente "social-lismului răsăritean": slaba productivitate - în pofida obsesiei productiviste; nivel tehnologic scăzut - în pofida exaltării tehniciste; penurie de produse - în pofida ideologiei "satisfacerii trebuințelor"; birocratism - în pofida pretențiilor revoluționare; dictatură - în pofida pretențiilor de legitimare populară; înstrăinare resimțită cotidian - în pofida pretențiilor emancipatoare, nu li se putea opune cu succes o alternativă mai bună fără a pune sub semnul întrebării și a deconstrui însăși acea filosofie ce-l legitima. În vreme ce în Vest 'Aufklärung'-ul a devenit baza normativă a unor societăți deschise, în Est a rămas încă de destrămat ideologia "socialismului răsăritean" pentru a se reveni la o concepere nedistorsionată a societății.

Istoria ulterioară este cunoscută. După tentative de a ameliora sau înlocui "socialismul răsăritean" - prin mișcările consemnate de istorie de la Berlin (1953), Budapesta (1956), Praga (1968), Gdansk (1980) etc., - sau de ieșire din sfera de influență a "marxismului sovietic" - prin inițiative la Zagreb (1960), București (1964) etc., - sistemul a cunoscut, într-o nouă situație geostrategică, implozia. După 1989 au urmat reformele recuperatoare[7], pentru ca apoi țările din Europa Centrală și

---

[7] Jürgen Habermas, **Die nachholende Revolution,** Suhrkamp, Frankfurt am Main, 1990: "Trotz der Vielfalt der Erscheinungsformen lässt sich die Revolution in diesen Ländern an Ereignissen ablesen: die Revolution erzeugt ihre Daten. Sie gibt sich als eine gewissermassen rückspulende Revolution zu erkennen, die den Weg frei macht, um versäumte Entwicklungen nachzuholen" p. 180.

Răsăriteană să intre în cursul altor reforme[8] şi al aderării la Uniunea Europeană[9]. Astăzi România, de pildă, se străduie, cu mari piedici datorate întârzierii reformelor şi carenţelor clasei politice, să atingă nivelul de competitivitate pretins de integrarea în Uniunea Europeană.

În aceste procese istorice majore - ieşirea din "socialismul răsăritean", reformele tranziţiei spre societatea deschisă, integrarea europeană - au fost necesare, de fiecare dată, acţiuni de schimbare instituţională, răspândirea prealabilă a cunoştinţelor necesare şi elaborarea de propoziţii teoretice sau chiar teorii. Oriunde în societăţile moderne transformări conştiente de sisteme sociale au presupus cel puţin trei feluri de prestaţii: acţiuni, luminarea asupra situaţiilor, teorii într-o formă sau alta şi în corelaţii complicate. Din punct de vedere istoric - şi poate nu numai istoric - este important astăzi să observăm nu numai care au fost acţiunile şi procesele de lămurire asupra situaţiilor, ci şi care au fost teoriile sau fragmentele de teorii implicate în iniţierea şi orientarea transformărilor.

---

[8] Andrei Marga, **Die kulturelle Wende. Philosophische Konsequenzen der Transformation,** Cluj University Press, 2004: "Die Nachholreformen bringen keine vollständige Ergebnisse mit sich, falls sie nicht durch Synderonisiernungsreform fortgesetzt werden...Mit Sicherheit ist man jedoch in das Globalisienungszeitalter gekommen...Unter diesen Umständen gehen die Behörden der Ländern Mittel- und Osteuropas klug vor indem sie Massnahmen zur aktiven Konfrontation der Globalisierungsbedingungen fördern... Die moderne Gesellschaft verzeichnet eine neue Differenzienung und diejenigen, die sich im Wettkampf unserer Zeit besser platzieren sollen, werden über gröβere Kulturressourcen Verfügende sein", pp. 249-253.

[9] Andrei Marga, **Filosofia unificării europene,** Apostrof, Cluj, 1995. Aici am desfăşurat teza "schimbării de paradigmă" de la "paradigma naţională" la "paradigma europeană", p. 5

Care au fost, aşadar, teoriile care au îndeplinit funcţia critică în ieşirea din "socialismul răsăritean", reformele tranziţiei şi integrarea europeană? În ce formă "teoria critică" a exercitat rolul de cadru conceptual al abordării societăţii şi de catalizator al schimbării? Voi evoca în acest text aspectul teoriei implicate în cele trei procese succesive, plecând în mare măsură de la experienţa accesibilă mie, în Transilvania, dar fiind conştient că un tablou cuprinzător poate fi compus numai luând în seamă multitudinea experienţelor foarte multor oameni. După ce voi reconstitui succint opticile abordării critice a "socialismului răsăritean"(I), caracterizez componenta teoretică a tranziţiei de la "socialismul răsăritean" la societatea deschisă(II) şi, apoi, filosofia integrării europene (III) pentru ca, în încheiere, să trag câteva concluzii privind opţiunile filosofice ale "teoriei critice"(IV).

I

Până la un punct abordarea critică a "socialismului răsăritean" era conţinută în însăşi proiectul de societate care căuta să-l legitimeze. Acest proiect conţinea obiective (în sine, dificil de respins din punct de vedere moral, ce nu au fost realizate vreodată, desigur) - precum egalitatea socială, crearea de condiţii "materiale" pentru afirmarea personală, modernizarea "forţelor de producţie" - în numele cărora se putea exercita critica stărilor de lucruri date în vederea depăşirii lor. Această critică, pe de altă parte, a şi fost cultivată o vreme de către sistemul însuşi: realităţile au fost privite mai cu seamă din punctul de vedere al "egalităţii sociale" şi al "dezvoltării forțelor de producție". Unii intelectuali au ajuns, de altfel, să creadă că o astfel de critică, de autocritică a sistemului, ar fi suficientă pentru a-l schimba[10].

Această speranță a schimbării sistemului de la sine nu s-a confirmat însă nici un moment. Dimpotrivă, s-a putut observa că determinismul economic poate explica anumite evoluții, dar subestimând conştiința şi voința oamenilor, nu conține mijloace pentru schimbarea sistemului. Pe de altă parte, "socialismul răsăritean" a dovedit, cu fiecare ocazie, că acceptă doar acea critică ce nu pune în cauză bazele sistemului social (proprietatea etatizată, monopolul puterii politice etc.). Iar această critică ce nu atinge bazele sistemului a luat, retroactiv, forma oarecum "filosofică" a "marxismului sovietic" (sau a "marxismului răsăritean"), care a fost o codificare a unor teze şi concepte ale lui Marx şi Engels filtrate prin ideologia politică a lui Lenin şi a succesiunii acestuia[11]. Destul de mulți oameni au fost prizonierii acestei viziuni, dar generația de aspiranți la filosofie care urca pe scenă în anii şaptezeci a întâlnit "marxismul răsăritean" în politici oficiale, fără ca acesta să mai fie cadrul filosofic de bază al formării ei[12].

---

[10] Aceasta s-a petrecut deja în anii douăzeci - treizeci. Vezi Oskar Negt, **Marxismus als Legitimationswissenschaft. Zur Genese der stalinistischen Philosophie,** în Nikolai Bucharin, Abram Deborin, **Kontroversen über dialektischen und historischen Materialismus,** Suhrkamp, Frankfurt am Main, 1974

[11] Vezi Herbert Marcuse, **Le marxisme sovietique. Essai d'analyse critique** Gallimond, Paris, 1963, care a şi introdus termenul de "marxism sovietic": "La formation de la theorie marxiste sovietique prend appui sur l'interpretation leniniste du marxisme, sans aucun retour à la theorie marxiste originelle", p. 46

[12] Vezi Andrei Marga, **Nevoia reconstrucției filosofice,** în "Apostrof", Cluj, 11, 2005

În anii şaizeci pe scena filosofică au intrat **Manuscrisele economico-filosofice** din 1844 şi **Fundamentele criticii economiei politice** ale lui Marx, scrieri omise sau subestimate în codificarea răsăriteană a marxismului. Optica fundamental critică a acestor scrieri o fructificaseră în mare măsură iniţiativele "marxismului occidental", începând cu tânărul Georg Lukács, Antonio Gramsci, Karl Korsch şi cu cei care i-au urmat în cadrul "euromarxismului". Teoria "înstrăinării", teoria "reificării", filosofia "praxisului", ce organizau discursul acestor scrieri, au devenit centrul de coagulare al viziunii marxismului necodificat şi au fost luate ca bază a criticii. Reprimarea încercării cehoslovace din anii şaizeci de a realiza "socialismul cu faţă umană", oricum un alt socialism decât "socialismul răsăritean", demult compromis, inclusiv prin intervenţia din 1968 a trupelor Tratatului de la Varşovia, a pus însă capăt brutal speranţelor de a reforma sistemul cu mijloace ale filosofiei din care se revendica.

Odată cu teoria "înstrăinării" sau cu - ceea ce nu era de fapt decât o versiune elaborată mai strict în termenii economiei politice clasice - teoria "reificării" s-a câştigat în filosofia modernă o abordare coerent conceptualizată a relaţiei, tematizată deja de umanismul clasic, dintre oameni şi produsele acţiunilor lor. Această conceptualizare, pe care scrierile din tinereţe ale lui Hegel şi, mai ales, **Fenomenologia spiritului**, au profilat-o, a permis adâncirea unor explicaţii de fenomene istorice de importanţă majoră (precum geneza creştinismului), dar, ceea ce era încă şi mai important, a oferit o abordare critică ce părea să pătrundă la fundamentele societăţii. Interacţiunile sociale sunt considerate în această abordare drept obiectivări ale acţiunilor oamenilor, din punctul de vedere al readucerii lor sub controlul oamenilor socializați. Realitățile economice, instituționale și culturale au fost scoase astfel din interpretări ontologice și fluidizate. Mulți intelectuali - de la grupul "Praxis" din Zagreb la variantele târzii ale "marxismului occidental"[13] - au crezut, pe urmele lui Georg Lukács sau ale lui Herbert Marcuse, că teoria "reificării" sau teoria "înstrăinării" sunt baza suficientă pentru critică. Desigur că nu numai reprimarea încercării cehoslovace, ci și birocratizarea pe scară sporită a "socialismului răsăritean", oricum paralizat de birocrație, orientarea spre naționalism în Est, în contextul demersurilor occidentale de universalizare a doctrinei drepturilor omului și cetățeanului, au pus însă, la sfârșitul anilor șaptezeci, pe gânduri. Începea să devină perceptibil că teoria "reificării" și "teoria" înstrăinării nu preiau destul de profund în termeni realitatea socială dacă nu dezvoltă o teorie a libertăților și a drepturilor fundamentale ale individului. Socialismul european era astfel obligat să găsească o relație pozitivă cu liberalismul clasic. Filosofia "praxisului" a lui Antonio Gramsci era mai deschisă, în virtutea înclinației ei mai accentuate de a lua în seamă faptele istorice, spre asumarea caracterului fundamental al libertăților și drepturilor individuale, dar nu ajunsese la o tematizare suficient de explicită și sistematică a acestora.

---

[13] "Marxismul occidental" nu mai era "marxismul etic" rezultat dintr-o combinare a determinismului economic al lui Marx cu etica aprioristă a lui Kant (vezi pentru informare Hans Jorg Sandkühler, Rafael de la Vega (Hrsg.), **Marxismus und Ethik,** Suhrkamp, Frankfurt am Main, 1974), ci o abordare critică a realității sociale date cu ajutorul teoriei "înstrăinării" (sau "reificării"). Asupra diversificării dinăuntrul marxismului vezi Andrei Marga, **Versiunile marxismului,** în Andrei Marga, **Introducere în filosofia contemporană,** Iași, 2002, pp. 142-163

"Teoria critică" este termenul sub care este reţinută în istoria abordărilor societăţii moderne concepţia "Şcolii de la Frankfurt"[14]. Iniţiată în anii douăzeci, de un grup de tineri economişti, sociologi, jurişti, psihologi şi filosofi, această teorie a parcurs ea însăşi o istorie. Apărută în forma unei "critici a economiei politice"[15], inspirată de scrieri omonime ale lui Marx şi de tânărul Lukács, la sfârşitul anilor treizeci "teoria critică" şi-a schimbat forma, devenind o "critică a raţiunii instrumentale"[16], inspirată de Husserl şi Heidegger, pentru ca după al doilea război mondial să adopte forma unei "dialectici negative"[17], profund sceptice (Kirkegaard şi Schopenhauer oferind acum orizontul). În fiecare ipostază însă "teoria critică" a asigurat conceptualizări critice şi sistematice ale realităţii sociale date. Nicio altă abordare nu a articulat o abordare critică de anvergură comparabilă a evoluţiei târzii a modernităţii[18].

Care însă dintre aceste ipostaze a jucat un rol în abordarea critică a "socialismului răsăritean"? În fapt, variantele târzii - "critica raţiunii instrumentale" sau "dialectica negativă" - au

[14] Vezi analiza mai nouă din Rolf Wiggershaus, **Die Frankfurter Schule. Geschichte, Theoretische Entwicklung, Politische Bedeutung,** Deutscher Taschenbuch Verlag, Opladen, 1988

[15] Această ipostază o exprimă sintetic mai ales Max Horkheimer, **Traditionelle und kritische Theorie,** Fischer, Frankfurt am Main, (1968). Vezi şi Andrei Marga, **Herbert Marcuse. Studiu critic,** Dacia, Cluj, 1980

[16] Această ipostază o exprimă Max Horkheimer, **Zur kritik der instrumentellen Vernunft,** Fischer, Frankfurt am Main, 1967; Max Horkheimer, Theodor Adorno, **Dialectik der Aufklärung,** Fischer, Frankfurt am Main, 1969

[17] Expresia filosofică clasică este în Theodor W Adorno, **Negative Dialektik,** Suhrkamp, Frankfurt am Main, 1966. Vezi şi Gerhard Schweppenhauser, **Theodor W. Adorno. Einfürung,** Junius, Hamburg, 2000

[18] Poziţionarea istorico-filosofică a "teoriei critice" este evaluată exact în Axel Honneth, **Kritik der Macht. Reflexionsstufen einer Kritischen Gesellschaftstheorie,** Suhrkamp, Frankfurt am Main, 1985

inspirat analize critice ale "socialismului răsăritean", dar nu au putut susține, în virtutea orientării lor utopic - negative, o critică ce înaintează destul spre soluții. "Critica economiei politice", înțeleasă în succesiunea teoriei "reificării" a lui Georg Lukács şi a teoriei "înstrăinării" sprijinită de Hegel, Marx, Kierkegaard, a alimentat distanțarea de "socialismul răsăritean", adăugând la chestionarea funcționării economiei interogații asupra destinului uman, fără să poată oferi o soluție politică suficient de diferită de cele consacrate. Habermas a reconstruit "teoria critică" în forma unei "teorii a acțiunii comunicative"[19] şi a preluat în termenii abordării critice a societății moderne problema democratizării. În acest fel abordarea critică a "socialismului răsăritean" a căpătat un orizont pozitiv, precis. Este de remarcat faptul că audiența scrierilor lui Habermas a căpătat accente practice[20], conjugându-se însă cu preocupările lumii occidentale de a extinde aplicarea doctrinei moderne a drepturilor fundamentale ale individului şi cetățeanului şi de a face presiuni asupra "socialismului răsăritean" pentru respectarea **Acordurilor de la Helsinki** (1975).

---

19 Anunțată deja în Jürgen Habermas **Theorie und Praxis,** Suhrkamp, Frankfurt am Main, 1974, această teorie a căpătat formulare sistematică în Jürgen Habermas **Theorie des kommunikativen Handelns,** Suhrkamp, Frankfurt am Main, 1982. Vezi şi Andrei Marga, **Acțiune şi rațiune în concepția lui Jürgen Habermas,** Dacia, Cluj, 1985, şi Andrei Marga, **Filosofia lui Habermas,** Polirom, Iaşi, în curs de apariție.

20 Vezi Bernard Symanzik, Gerhard Birkfellner, Alfred Sproede (Hrsg.), **Sprache Literatur , Politik. Ost und Südosteuropa im Wandel. Mit einem Anhang: Osteuropäische Essays zu Jürgen Habermas,** Verlag Dr. Kovats, Hamburg, 2004, p. 389

II

Tranziția de la "socialismul răsăritean" la societatea deschisă a presupus, desigur, ca moment inițial, desprinderea de ceea ce este. Aspirațiile febrile din perioada postbelică la schimbări în "socialismul răsăritean" şi la înlocuirea acestuia - ca urmare a intervenției chiar şi militare a aliaților anglo-americani, a presiunilor NATO, a unui val de nemulțumiri, a schimbării generațiilor de lideri, a superiorității tehnologice şi militare a Occidentului etc. - nu au fost confirmate în forma genuină. Aşteptările mereu decepționate şi structurarea descurajantă geopolitică a lumii în epoca nucleară au alimentat impresia durabilității indefinite a "socialismului răsăritean". Se percepea că schimbarea acestuia depinde de deciziile de la Kremlin. Lansarea de către Gorbaciov, la mijlocul anilor optzeci, a "glaznost" şi "perestroika" şi evaluările critice ale liderului de la Kremlin privind situația de la Berlinul de răsărit sau Bucureşti au lăsat însă să se înțeleagă că liderii din capitalele "socialismului răsăritean" nu mai pot conta pe sprijinul necondiționat al Moscovei şi au reaprins speranța. Pe fundalul creat astfel, cetățenii reuniți în piețe au început să-şi joace din nou rolul. Prăbuşirea "socialismului răsăritean" în Europa Centrală şi Răsăriteană nu a avut o formulă teoretică dinainte pregătită, ci s-a produs într-un nou context geopolitic, marcat hotărâtor de înțelegerile Reagan - Gorbaciov şi Bush - Gorbaciov de la sfârşitul anilor optzeci, printr-o acțiune cu mulți actori, conduşi de convingerea caracterului fundamental al libertăților şi drepturilor individuale în societate. Libertatea imprescriptibilă a persoanei, pluralismul politic, economia de piață, statul de drept au fost valorile ce au condus ieşirea din "socialismul răsăritean". Neoliberalismul a fost, global vorbind, viziunea conducătoare a acestei schimbări de proporţii istorice.

Sub aspectul teoriei care a inspirat-o, tranziţia de la "socialismul răsăritean" la societatea deschisă a fost alimentată de versiuni[21] care au mers de la "terapia de şoc", ce a mizat pe efectele transformatoare rapide ale măsurilor radicale (demantelarea economiei etatiste şi deconstrucţia instituţiilor puterii monolitice), trecând prin "strategia moderării şocurilor", ce a complementat măsuri radicale cu compensări sociale menite să menţină suportul popular pentru schimbări, la optica "restructurării", ce a însemnat schimbări lente cu lăsarea altor schimbări în seama evoluţiei societăţii. "Terapia de şoc" a dat expresie nerăbdării multor oameni din societăţile tranziţiei de a vedea dispărute cât mai devreme urmele "socialismului răsăritean" şi de a trăi avantajele societăţii deschise. Optica acestei "terapii" a alimentat cel mai mult, cu argumente, critica realităţilor în perioada tranziţiei. Rezultatul ei major a fost concentrarea criticii asupra politicii şi considerarea critică a politicii lor duse în fapt din perspectiva scopului final - atingerea societăţii deschise[22].

Odată însă cu extinderea influenţei neoliberalismului şi cu îmbrăţişarea, completă sau moderată, a "terapiei de şoc", o schimbare majoră s-a petrecut în însăşi conştiinţa de sine culturală a societăţilor intrate în tranziţie: revalorizarea

---

21 Vezi Andrei Marga, **Limits and Dilemmas of the Transition** (1995), în Elizabieta.Matynia (ed.), **Grappling with Democracy. Deliberations on Post-Communist Societies 1990-1995,** Slon, Praha, 1996, pp. 92-100

22 Andrei Marga **Explorări în actualitate,** Apostrof, Cluj, 1994, pp 162-178, Andrei Marga, **Philosophy in the Eastern Transition**, Apostrof, Cluj, 1995, pp. 201-280

politicii ca activitate umană inevitabilă, indispensabilă şi hotărâtoare în societatea modernă. După ce a fost discreditată în discursul filosofic antimodernist al dreptei anilor treizeci, ca "superficială" şi generatoare de alienări, şi după ce a fost dizolvată în mişcarea economiei în discursul filosofic al stângii postbelice, politica - în înțelesul aristotelic, relansat de Hannah Arendt, după ce avusese apărători semnificativi precum Jefferson, John Adams, John Dewey şi mulți alții - a fost recuperată în tablourile filosofice ale societății. Ieşirea din "socialismul răsăritean" şi tranziția au atestat că democrația presupune politica, iar politica este activitatea ordonatoare indispensabilă a unei societăți deschise.

Recuperarea politicii s-a făcut la începutul tranziției sub trei aspecte. Primul a fost acela al unei investigații retrospective a marxismului, stângii hegeliene, hegelianismului şi a operei lui Hegel, din care s-a alimentat legitimarea filosofică a "socialismului răsăritean", condusă de întrebarea cu privire la felul în care au conceptualizat politica[23]. Al doilea a fost acela al examinării felului în care politica a fost conceptualizată în deceniile ce au precedat 1989[24]. Al treilea a fost evaluarea abordării politicii

[23] Andrei Marga **The Modern World and the Individual. From the Metamorphoses of the Eastern Marxism to the Errors of Marx,** în Andrei Marga, **Philosophy in the Eastern Transition,** (pp. 85-137). O versiune scurtată a analizei în Andrei Marga, **The Modern World and the Individual. From the Metamorphoses of the Eastern European marxism to Marx's errors,** în Bernd Magnus, Stephen Cullenberg (eds.), **Whither Marxism? Global Crises in International Perspective,** Routledge, New York and London, 1995, pp. 79-107

[24] Andrei Marga, **Cultural and Polical Trends in Romania before and after 1989,** în "East European Politics and Societies", Yale, Volume 7, No. 1, Winter 1993, pp. 14-32

în societăţile aflate în tranziţie[25]. Din aceste trei direcţii au fost obţinute argumente pentru concentrarea abordării critice asupra politicii, pentru reinstalarea politicii în cultura publică şi pentru normalizarea vieţii politice a epocii tranziţiei.

Normalizarea vieţii politice a tranziţiei şi, deci, abordarea critică a politicilor recent instalate au devenit ele însele necesare de la începutul tranziţiei. De calitatea politicilor depindeau evident profunzimea şi ritmul tranziţiei însăşi. Mai întâi, politica trebuia apărată împotriva tentaţiilor de a o dizolva din nou fie în aşteptarea pasivă a evoluţiilor dorite, fie în mişcarea altor domenii (mai ales a economiei), fie în dezvoltări ale conştiinţei de sine culturale. Apoi, printre politici trebuia distins între politicile reformării efective şi politicile prelungirii cu orice preţ a unui trecut de care societăţile intrate în tranziţie trebuiau eliberate. În sfârşit, printre politicile reformării trebuiau făcute distincţii: între simpla reluare a unui trecut el însuşi încărcat de probleme şi inevitabil depăşit de evoluţiile societăţii moderne (cum sunt politicile de astăzi din România, inspirate vizibil de liberalismul secolului al XIX-lea) şi politicile creaţiei istorice – adică politicile ce promovează Aufklärung în noile condiţii ale ieşirii din trecut şi ale modernităţii târzii. Din toate cele trei puncte de vedere abordarea critică a politicii a rămas o direcţie culturală şi filosofică cu mare pondere, pe fondul unei tranziţii ce s-a oprit uneori la nivelul macrostructurilor, dar care are nevoie de noi acţiuni la nivelul diferenţierii activităţilor.

---

25 Andrei Marga, **Grenzen und Dilemmata der Transformation**, în Armin Nassehi (Hrsg.), **Nation, Ethnie, Minderheit. Beiträge zur Aktualität ethnischer Konflikte,** Böhlau, Köln, Weimar, Wien, 1997, (pp. 409-426)

III

Abordarea critică a societăților tranziției a fost favorizată de decizia Uniunii Europene de extindere spre Europa Centrală şi Răsăriteană şi de unificare europeană pe scară mai mare, incluzând țările din regiune. Criteriile de aderare - politice, instituționale şi economice - au fost repere ale criticii situațiilor din perspectiva depăşirii acestora şi au fost folosite ca atare. Pentru a satisface condițiile stabilite în capitolele de negociere a aderării de la Bruxelles fiecare țară a trebuit să-şi schimbe organizări şi să-şi amelioreze performanțele.

Dar nici chiar existența acestor criterii şi presiunile, interne şi externe, la promovarea lor, nu au făcut superfluă abordarea critică a situațiilor. Nici într-o țară reformele nu se lasă reduse la presiunile externe. Aceasta deoarece în joc nu au fost şi nu sunt doar promovarea consecventă a criteriilor politice, instituționale şi economice ale aderării la Uniunea Europeană, ci şi o luare de conoştință reflexivă a acestora. Altfel spus, în afara unei înțelegeri a criteriilor şi a angajamentului onest de a le aplica printr-o reconstrucție a politicii, a instituțiilor şi a economiei, se manifestă în fapt, mereu, tendința motivată politic de a considera că integrarea europeană este atinsă prin simpla satisfacere a acelor criterii, inevitabil minimale, istoriceşte condiționate şi, într-un sens, statice. A lămuri ce înseamnă apartenența europeană a rămas, în consecință, o temă actuală, oarecum impusă de situație, a teoriei critice a integrării europene.

Apartenența europeană trebuia lămurită depăşind critic falsele pozitivități, ce se instalează repede în societate, într-o optică ea însăşi reflexivă. Aceasta însemna mai întâi delimitarea principială între: apartenența geografică la Europa - sau situarea între Atlantic şi Urali; apartenența istorică - sau participarea la procesele care au dat formele instituționale şi culturale ale continentului, de la crearea polisurilor, trecând prin contactul cu tradiția iudeo-creştină, revoluțiile moderne în cunoaştere, economie şi drept, la apărarea fundamentelor societății libere; apartenența instituțională - sau întruchiparea organizărilor şi legislației caracteristice societății deschise; şi apartenența culturală - sau cultivarea unei atitudini în cunoaştere şi în viața practică specificată de încredere în analiza factuală, fallibilism şi cultivarea spiritului critic[26].

Lămurirea apartenenței europene însemna apoi asumarea împrejurării că, din perspectiva procesului de unificare europeană început după al doilea război mondial, apartenența geografică şi apartenența istorică nu decid apartenența europeană care este acum în discuție. Geografia şi istoria sunt condiții indispensabile, dar unificarea europeană fiind un proces în primă linie instituțional şi cultural, apartenența europeană se judecă evaluând înainte de toate instituțiile şi cultura. Altfel spus, situarea în geografia şi istoria europeană nu generează automat o europenitate culturală, după cum o europenitate culturală poate fi găsită şi în țări care nu aparțin geografic şi istoric, în sens strict, Europei[27].

Evident, apartenența europeană este dată, mai presus de orice, de cultură, dar înțelegerea culturii trebuia eliberată de

---

[26] Andrei Marga, **Filosofia unificării europene,** Apostrof, luj, 1995, pp. 24-25
[27] Ibidem, p. 25

alte pozitivităţi false ale tradiţiei Europei Răsăritene, accentuate în anii "socialismului răsăritean", care au redus în fapt înţelegerea culturii la literatură, artă, reflecţie interiorizată, lăsând în afara considerării consecinţele instituţionale, comportamentale şi motivaţionale ale culturii. Trebuia restabilită conceperea culturii drept ansamblu de idei filosofice, simboluri artistice, teorii ştiinţifice, programe ideologice, împreună cu încorporarea lor în forme ale trăirii sociale a vieţii umane. Era de făcut acceptată observaţia că în procesul actualei unificări europene este angajat un concept al culturii individuale, dar şi un concept al culturii împărtăşite în comun de mulţimile structurate ale individualităţilor, şi în primul rând acest concept, şi că ceea ce numim cultură europeană s-a profilat faţă de alte culturi, în raport cu care s-a format, tocmai prin faptul că a convertit cultura spirituală în motivaţii, comportamente şi instituţii[28].

În sfârşit, apartenenţa europeană mai trebuia lămurită depăşind critic nu numai tentaţia reducerii la cultura spirituală, ci şi pe cea a reducerii la o dezvoltare economică. Ambele depăşiri puteau fi realizate simultan numai cu ajutorul unui concept comprehensiv şi generativ al specificului cultural european: un concept ce dă seama fără prescurtări de moştenirile şi prestaţiile Europei şi, în acelaşi timp, se concentrează nu atât asupra prestaţiilor, cât asupra condiţiilor care le-au făcut posibile. Acest concept a trebuit să fie elaborat spre a se putea face faţă pozitivităţilor false ce ameninţau să ocupe conştiinţa publică.

---

[28] Ibidem, p. 25

Optica cea mai capabilă să depăşească abundenţa eseistică asupra specificului european - impregnată de trăiri contextuale şi capabilă să surprindă aspecte parţiale ale culturii europene, fără a le putea determina suficient - şi să orienteze cu succes acţiunile s-a dovedit a fi cea a teoriei sistemelor. Plecând de la conceperea societăţii ca sistem în care se diferenţiază subsisteme finalitare diferite sub aspectul performanţei specifice şi al criteriilor de testare a propoziţiilor şi acţiunilor. Am în vedere subsistemele: tehnica de producţie - ce potenţează rezultatele cheltuirii de energie umană; economia - ce produce bunurile care acoperă nevoile populaţiei; administraţia - ce asigură organizări eficace ale activităţilor într-o comunitate; politica - ce procură legitimitatea opţiunilor fundamentale; cultura spirituală - ce generează motivaţiile indispensabile funcţionării instituţiilor. Chiar pe terenul acestor subsisteme am propus specificarea culturii europene şi obţinerea de conotaţii ferme, ce pot orienta acţiunile[29].

Cultura europeană a produs pentru prima oară o ştiinţă ca şi cunoaştere factuală, orientată spre reprezentarea cauzelor eficiente, cu caracter de lege, exprimabile matematic, şi pusă în serviciul rezolvării de probleme tehnice, al controlării şi metamorfozării lucrurilor. Aparţii în fapt culturii europene realizând continua pliere şi, în cazul optim, participarea la crearea tehnicii de producţie şi, în general, a noi niveluri ale competenţei tehnice de producţie pe baza ştiinţei.

Cultura europeană a lăsat în margine comportamentul economic în care contează munca mai mult decât rezultalele

[29] Ibidem, pp. 34-44

acesteia, punând în mişcare şi consacrând un cu totul alt comportament. Este vorba de comportamentul caracterizat de raţionalitate economică, adică comportamentul format astfel încât să permită un calcul, iar rezultatul să fie un plus al rezultatelor în raport cu ceea ce este investit.

În cultura europeană s-a instalat - ca un adevărat principiu - principiul randamentului, care a smuls-o pe aceasta din confundarea cu alte culturi şi a plasat-o pe un drum propriu. Nu poţi aparţine acestei culturi dacă principiul randamentului este ignorat sau subestimat. Nu aparţii culturii europene dacă administraţia propriei societăţi nu trece examenul acestei raţionalităţi controlată de eficienţă.

Aparţii, pe de altă parte, culturii europene atunci când cultura dreptului promovează individul ca subiect şi scop al dreptului, suveranitatea şi generalitatea legii. Ceea ce a specificat, cel puţin de la Renaştere încoace, cultura europeană a fost aşezarea sferelor şi valorilor pe temelia libertăţii individuale şi conceperea acestei libertăţi ca autonomie. S-a spus, de aceea, că "autonomia este conceptul european al libertăţii" şi că drepturile la libertate sau drepturile cetăţeneşti se leagă cu o imagine asupra omului în calitate de cetăţean ce-şi asigură bunuri fundamentale, precum viaţă, libertate, proprietate. Aparţii culturii europene asigurând, prin reglementările de drept, aceste bunuri fundamentale.

Cultura europeană este legată de construcţia persoanei umane ca sferă privată sprijinită pe proprietate şi garantată de legile ce conţin drepturi fundamentale şi inalienabile ale individului. Cultura europeană s-a specificat, pe de altă parte, prin conceptul modern al derivării voinţei politice şi al politicii de stat din dezbaterea publică asupra problemelor de interes comun. Ea a produs instituții ce organizează și întrețin dezbaterea și a făcut din argumentarea în sfera vieții publice cadrul în care se promovează interesele. Nu poți aparține acestei culturi fără a lăsa ca în controversa opiniilor legate de interese divergente să prevaleze argumentarea și, în mod precis, argumentele mai bune.

Cultura europeană este nu numai cultură spirituală, - adică interiorizată și trăită în solitudine și recluziune, departe de lumea frământată a producției, afacerilor, dispute sociale și politice și, uneori, în pofida acesteia - ci și o cultură a cercetării, a cunoașterii sistematice și metamorfozării realității date în experiență conform scopurilor umane. În conceptualizările culturii europene, realitatea este "captată" nu ca un corp străin, de care trebuie neapărat să ne distanțăm cu repeziciune, ci mai curând ca material de prelucrat și, oricum, ca teren al înfăptuirii scopurilor noastre. Cultura spirituală europeană s-a desfășurat în jurul recunoașterii realității date în experiență ca lume unică a vieții noastre și a considerării vieții umane ca unică în condițiile date. Această cultură nu poate fi înțeleasă fără resturi decât ca un potențial de forme efective ale trăirii umane a vieții. Aparții acestei culturi realizând comunicarea continuă a reflexivității intelectuale și a problemelor trăirii umane a vieții.

Cultura europeană a desfășurat implicațiile unor mari opțiuni cuprinse în câteva concepte-pivot: conceptul adevărului ca valoare fundamentală, înțeles drept corespondență, verificabilă în experiență, dintre propoziții și stările de fapt; conceptul cunoașterii orientate spre rezolvarea de probleme de viață ale oamenilor, ce se confruntă cu criteriul utilităţii; conceptul raţionalităţii ce constă în calcul şi se verifică prin rezultate; conceptul dreptului, ca un ansamblu de reguli ce au caracteristicile generalităţii şi formalităţii; conceptul autonomiei individului, ca formă a manifestării libertăţii lui; conceptul sferei publice, ca mediu al stabilirii voinţei politice; conceptul persoanei umane, ca individualitate chemată să-şi construiască un sens superior simplei vieţuiri[30].

O problemă care se punea cu accente particulare, mai ales în contextul creat prin liberalizările din 1989 în Europa Centrală şi Răsăriteană, era managementul diversităţii în condiţiile reidentificării linguale şi culturale a comunităţilor etnice. Această problemă a fost bine captată de Charles Taylor în termenii relaţiei dintre *politics of equal dignity* şi *politics of difference*. Născut sub semnul universalităţii - adică trecând dincolo de particularisme şi recunoscând drepturile şi libertăţile individuale - statul modern s-a văzut, odată cu reasumarea doctrinei drepturilor şi libertăţilor omului şi cetăţeanului, confruntat cu valul reidentificărilor etnice, ce pun la încercare natura universalistă a construcţiei. Drepturile şi libertăţile universale sunt folosite pentru legitimarea specificării culturale. *Politics of equal dignity* este provocată în practică de *politics of difference*. În această situaţie nici "renaşterea statului naţional", nici "noul pluralism", nici

[30] Andrei Marga, **Spannungsfelder europäischer Identitätsbildung in Osteuropa und methodische Aufgaben: eine rumänische Perspektive**, în Gábor Erdödy (Hrsg.), **Transformationserfahrungen. Zur Entwicklung der politischen Kultur in den EU - Kandidatenländern**, Nómós, Baden-Baden, 2003, pp. 159-179

"federalismul", nici "liberalismul procedural" nu mai puteau face față situației. Mai adecvat, fiind mai reflexiv, s-a dovedit a fi "liberalismul substantiv", ce se lasă sintetizat în câteva principii: statul modern încorporează nu numai legea pozitivă ce asigură generalitatea libertăților şi drepturilor, ci şi posibilitatea de a asuma drepturile şi libertățile astfel încât diferențele să fie posibile; generalitatea legii rămâne fundamentul indispensabil pentru corelarea *politics of difference* cu *politics of equal dignity*, dar abordarea juridică trebuie însoțită de conştiința asumpțiilor ei; drepturile colective trebuie recunoscute, dar recunoaşterea nu trebuie să afecteze structura individualistă a legislației; *politics of difference* este realistă numai pe fundamentul unei *politics of equal dignity* ce-şi conştientizează proiectul cultural din care face parte[31].

O altă problemă care se punea cu accente particulare în Europa Centrală şi Răsăriteană era cea a mijlocirii identificării etnice. În contexte diferite, intelectualii au căutat să stabilească criterii ale apartenenței etnice având motive diferite: deşteptarea națională în condițiile create de iluminism, apărarea comunității naționale în perioade în care forțele dominante refuzau să o recunoască, afirmarea culturii naționale după organizarea statului național, rezistența postbelică la presiunea statului sovietic. Tezele lor nu pot fi înțelese în afara contextului istoric. Dar aceste teze au fost repuse în circulație smulse din contexte şi fără prelucrări, încât, în noi contexte, sensul lor a suferit schimbări. S-a

---

31 Vezi Andrei Marga, **Experiencing Multicultural Organisation: The Case of Babes-Bolyai University,** în "Higher Education in Europa", Volume XXIII, No. 1, 1998, pp. 77-82

perceput însă destul de repede împrejurarea că identificarea etnică este instrumentată politic în scopuri legitimatoare. Dincolo de acest aspect, trebuia remarcată forța mai mare decât suntem de obicei înclinați să recunoaștem a conștiinței apartenenței etnice. Se cuvenea să se spună clar: nu este viitor ferit de convulsiuni și conflicte în Europa în afara unei Europe reconciliate, integrate și unificate, dar nu poate fi o bază solidă pentru această Europă înainte de a considera lucid forța tradițiilor și de a începe remodelarea lor prin strategii adecvate. Aveam însă nevoie în Europa Centrală și Răsăriteană de strategii care să încurajeze trecerea de la identificări etnice tradiționale (situaționale, prin figuri ale trecutului, prin limbă, prin evenimente istorice, prin religie, prin filosofie etc.) la identificări etnice moderne, europene, prin prestații exemplare în cunoaștere, economie, democrație, cultură. Naționalismul etnic se cerea depășit spre un "naționalism civic", patriotismul tradițional trebuia înlocuit cu orizontul "patriotismului constituțional"[32].

Deja Husserl, în faimoasa sa abordare din **Die Krisis...** (1936), considera că s-a intrat într-o "criză a umanității europene", care este o triplă criză - a științei, a filosofiei și a culturii, dar care are criza științei ca origine. Între timp, această evaluare pare să fi acumulat noi argumente de partea ei. Mulți oameni au observat că suntem în fața unui declin al vechiului optimism al progresului civilizației noastre, marcată de știință și

---

32 Andrei Marga, **Rumänische ethnische Identifizierung**, în, "Zeitschrift für Siebenbürgische Landeskunde", Oldenburg, 1994, studiu reluat în Andrei Marga, **Bildung und Modernisierung**, Cluj University Press, 2005, pp. 195-213

tehnică, în fața unei evaluări reci, chiar sceptice sau pesimiste a granițelor transformabilității științifico-tehnice. Angoasa în fața urmărilor științifico-tehnice s-a lărgit, până la pesimism[33].

Un sentiment de criză stăruie nu numai în știință, ci și în filosofie. La rândul ei, filosofia se bucură de un succes public mai mare ca oricând, dar operele filosofiei contează astăzi mai puțin. Cauza rezidă - argumentează unii autori mai noi - în absența, chiar pe fondul prezenței foarte multor talente și competențe filosofice, a unui efort de sinteză. Or, a filosofa presupune, în orice condiții și oricare vor fi dificultățile ce se pot invoca, a face sinteza. În fapt, se evită efortul de sinteză preferîndu-se "specializări" ce fac să se știe "mereu mai mult asupra a tot mai puțin și, în cele din urmă, totul despre nimic"[34].

Astăzi se acuză, pe drept, faptul că filosofia face "mereu mai puțin pentru depășirea gândirii sectoriale". Încă și mai grav este faptul că filosofii înșiși, în loc să se opună "reducționismelor" care subminează filosofia, le cultivă sistematic. Se poate spune, în orice caz, că filosofia însăși este coresponsabilă pentru acea subminare și destrămare a rațiunii pe care o resimțim astăzi, în modernitatea târzie, și deci coresponsabilă pentru singurul mijloc cu care am putea depăși "criza contemporană": o legare din nou a "rațiunii [Vernunft] cu credința în valori și datorii morale. Unii reconstituie pe bună dreptate destrămarea rațiunii [Vernunft] în filosofia de la

---

33 Günther Mack, **Die Suche nach einem zukünftigen Wissenschafts - Paradigma,** în Hans Küng und Karl Jose Kuschel (Hrsg.), **Wissenschafts und Weltethos,** Piper, München, Zürich, 2001, p 310. Vezi și Andrei Marga, **Religia în era globalizării,** EFES, Cluj,. 2003, pp. 271-279

34 Vittorio Hosle, **Die Krise der Gegenwart und die Verantwortung der Philosophie,** C. H. Beck, München, 1997, p. 14

1830 încoace, începută o dată cu "disoluția creştinismului ca sistem de legitimare tradițional în Europa", şi recuperarea rațiunii [Vernunft] pe cursul inițiat de Peirce şi Royce cu ideea "comunității nelimitate a interpretării", o dată cu pragmatica transcedentală a lui Karl Otto Apel, din care cea mai cuprinzătoare filosofie a timpului nostru, pragmatica universală a lui Jürgen Habermas[35], şi-a luat punctul de plecare.

Charles Taylor s-a ocupat într-un şir de conferințe, susținute la Edinburgh şi Viena şi publicate sub titlul **Die Formen des Religiösen in der Gegenwart** (2002), de felul în care se trăieşte religiozitatea într-o epocă a secularizării. El a identificat trei fenomene noi şi hotărâtoare pentru situația de astăzi. Primul este acela al schimbării medierii colective a legăturii persoanelor cu sacralul, care face ca "relația noastră cu spiritualul să fie mereu mai decuplată de relația noastră cu societatea politică" şi mai cuplată cu Biserica. Al doilea constă în recursul la religie de către grupuri şi popoare întregi, ca mijloc de a-şi păstra identitatea. Al treilea fenomen nou rezidă în nevoia resimțită de oameni de a-şi desfăşura impulsul religios chiar în situații în care forțe de mari proporții ale istoriei caută să-l covârşească. Aceste trei fenomene sunt indiciul unei schimbări mai profunde ce s-a petrecut în modernitatea târzie, când împletirea moştenită a suferinței lumeşti, a luptei sociale şi politice, a credinței religioase, a loialității religioase, a loialității naționale tinde să se desfacă, simultan cu afirmarea unui nou individualism, a "individualismului expresiv". Asocierea stabilită de Durkkeim între

[35] Ibidem, p. 27 şi următoarele

sacral, Biserică şi stat a intrat în disoluție, sacralul fiind perceput tot mai mult dincoace de cadrele de referință politice ale modernității.

Pe de altă parte, se constată o ***worldwide resurgence of religion*** în condițiile globalizării, asociată cu o tranziție ce se petrece în cultura contemporană de la antropocentrism la teocentrism. Se petrece deocamdată o alienare crescândă a persoanelor în raport cu aparatele administrative ale statelor, care duce la reintegrarea tot mai accentuată a sensului vieții, a morții, a calității vieții în abordările culturale. S-a relativizat interesul pentru cursul curent al societății şi s-a întărit interesul pentru scopul vieții umane[36]. Sub alt aspect privind lucrurile, s-a confirmat ipoteza că statul democratic nu-şi poate asigura necesarul de motivație a cetățenilor, aşadar resursele culturale indispensabile funcționării, doar în baza procedurilor secularizate şi că democrația are nevoie de convingeri morale şi valori ferme, ce nu mai pot proveni de altundeva decât din religie[37]. Dezbaterea Habermas - Ratzinger a marcat acest moment de cotitură istorică în înțelegerea democrației[38].

---

[36] Vezi Richard Robertson, Jo Ann Chirico, **Humanity, Globalization and Worldwide Religious Resurgence,** în Frank J. Lechner, John Boli (eds.) **The Globalization Reader,** Blackwell Publishers, Malden, Mass, 2000. Vezi şi Andrei Marga, **Die Kulturelle Wende. Philosophische Konsequenzen der Transformation,** Cluj University Press, 2004, pp. 291-307

[37] Ipoteza formulată de Ernst W. Böckenförde, **Recht, Staat Freiheit,** Suhrkamp, Frankfurt am Main, 1991, p. 92 şi următoarele s-a dovedit întemeiată

[38] Vezi Jürgen Habermas, Joseph Ratzinger, **Dialektik der Säkulariesierung. Über Vernunft und Religion,** Herder, Freiburg, Basel, Wien, 2005. Vezi şi Andrei Marga, **Premisele unei dezbateri epocale: Habermas - Ratzinger,** în Jürgen Habermas, Joseph Ratzinger, **Dialectica secularizării. Despre rațiune şi religie,** Apostrof, Cluj, 2005, pp. 9-74

Dacă aşa stau lucrurile - şi sunt cele mai multe indicii în favoarea constatării că asistăm la o recuperare a credinței religioase ca atare, detaşată de țesătura în care a fost prinsă, împreună cu rețelele organizării lumii moderne - atunci se poate afirma: credința religioasă câştigă o nouă pondere, iar religia îşi apropie o nouă răspundere. Teologii de cea mai mare anvergură ai erei globalizării sunt conştienți de acest fapt şi caută să şi-l asume.

A face din religie astăzi - în epoca expansiunii fără precedent a ştiinței, a înmulțirii fără egal a perspectivelor filosofice, a celor mai îndrăznețe inițiative intelectuale, a globalizării ştiințelor, a schimburilor, a comunicațiilor - reazemul principal al gândirii critice poate părea un gest de aducere forțată în prezent a unei forme a vieții spirituale nu numai foarte vechi, ci şi având inevitabil patina timpului. Acuzarea asincroniei religiei este la îndemâna multor oameni grăbiți, nepreveniți, neinformați, oricum prea puțin reflexivi. Nu este vorba însă de a respinge această acuzație, ci de a o lua în serios. Cel care a făcut în deceniile recente din asincronia religiei tema unei reflecții profunde, Johann Baptist Metz, a arătat, începând cu **Produktive Ungleichzeitihkeit** (1979), că există o "asincronie productivă", iar de o astfel de asincronie este nevoie în lumea modernă. Religia este de pus acum în legătură cu o "nouă cultură a solidarității", care extinde şi accentuează drepturile civile şi umane ce se dezvoltă din însăşi viziunea creştinismului. În orice caz, viitorul se naşte nu doar din sincroniile, de multe ori superficiale, ale modernității, ci şi din asincroniile ei productive, cum este cea a religiei[39]. Pe bună dreptate Jürgen Habermas, cu recentul volum **Zwischen Naturalismus und Religion. Philosophische Aufsätze** (2005), a arătat că toleranța religioasă, înțeleasă adecvat, înseamnă nu doar permisiune ca celălalt să se manifeste diferit, ci disponibilitate de a-l recunoaşte în chiar diferența sa, încât religia este "Schrittmacher Kultureller Rechte". "Auch wenn sich Jellineks These der Enstehung der Menschenrechte aus der Religionsfreiheit historisch nicht halten lässt, besteht doch ein konzeptueller Zusammenhaug zwischen einer solchen universalistischen Begründung des Grundrechts der Religionsfreiheit auf der einen und den normativen Grundlagen eines Verfassungsstaates, also Demokratie und Menschenrechte, auf der anderen Seite"[40]. Religia, profund înțeleasă, joacă în modernitatea târzie rolul triplu al susținerii moralei, al apărării de valori ferme şi al unui etalon al libertății - rol pe care nu l-a mai avut în istoria modernă.

---

[39] Johann Baptist Metz, **Produktive Ungleichzeitigkeit,** în Jürgen Habermas (Hrsg.), **Stichworte zur <<Geistigen Situation der Zeit>>,** Suhrkamp, Frankfurt am Main, 1979, p. 30

[40] Jürgen Habermas, **Zwischen Naturalismus und Religion. Philosophische Aufsätze,** Suhrkamp, Frankfurt am Main, 2005, p. 260

IV

Destrămarea unui sistem poate proceda pe cale reflectată, adică începând cu clarificări conceptuale, dar şi pe calea unei simple implozii. Destrămarea "socialismului răsăritean" s-a produs în Europa Centrală şi Răsăriteană pe calea unei implozii. Se poate discuta îndelung dacă implozia însăşi a urmat o soluţie elaborată, obţinută prin analiza vulnerabilităţii sistemului, sau a fost spontană. În oricare dintre variante, şi implozia pune la încercare propoziţii teoretice sau chiar teorii, încât are relevanţă pentru teorie. Atunci însă când se edifică un nou sistem asumpţiile teoretice sunt angajate inevitabil. Împotriva acţionismului, ce revine la premiza elementaristă după care ne-am putea dispensa de teorie, şi la distanţă de un iluminism ce reduce totul la răspândirea de cunoştinţe, se poate spune că elaborarea teoriei este un moment indispensabil, a cărei importanţă creşte odată cu sporirea complexităţii sistemelor. În cazul sistemelor de complexitate ridicată - iar societăţile moderne târzii sunt astfel de sisteme - nu este posibilă acţiune eficace de schimbare fără adecvata elaborare a teoriei[41].

Schimbările reflectate presupun o "teorie critică" elaborată riguros. Proiectul unei astfel de teorii, lansat la începutul anilor treizeci, la Frankfurt am Main, rămâne valid şi necesar, chiar dacă însăşi forma efectivă pe care o adoptă "teoria

---

41 Am argumentat importanţa abordării teoretice sistematice în Andrei Marga, **Metodologie şi argumentare filosofică**, Dacia, Cluj, 1992, pp. 23-45, şi în Andrei Marga, **Filosofia unificării europene**, EFES, Cluj, 2003, pp. 254-277

critică" suferă transformări. În fapt nu se mai putea exercita critica cu mijloacele teoretice ale secolului al XIX-lea, şi nici măcar cu cele de la mijlocul secolului al XX-lea. "Teoria critică" rămâne fidelă intenţiei critice numai dacă, fiind reflexivă, îşi schimbă ea însăşi generalizările teoretice.

"Teoria critică" trebuie însă să rămână teorie, în sensul tare al termenului. Pe de altă parte, ea trebuie să-şi confirme capacitatea analitică în abordarea de probleme determinate ale vieţii oamenilor în modernitatea târzie, precum reformarea de domenii, organizări instituţionale etc.[42]. Pe de altă parte, ea trebuie să fie elaborată suficient ca teorie cuprinzătoare capabilă să explice şi să orienteze acţiuni majore[43]. Având asigurate aceste două capacităţi de a susţine abordarea unor domenii şi de a susţine abordarea unor procese cuprinzătoare - teoria critică trebuie să aibă capacitatea de a analiza în termeni adecvaţi concepţii concurente, de a le situa în contextul problemelor proprii acestora şi de a le depăşi cu soluţii mai bune. În aceste capacităţi avem şi instanţe în raport cu care teoria critică trebuie să fie evaluată de fiecare dată.

---

[42] Am aplicat această optică în educaţie. Vezi Andrei Marga, **University Reform Today,** Cluj University Press, 2005; Andrei Marga, **Bildung und Modernisierung,** Cluj University Press, 2005; Andrei Marga, **Anii reformei 1997-2000,** EFES, 2001; Andrei Marga, **După unsprezece ani. Eleven Years Later,** EFES, Cluj, 2004

[43] Am căutat să elaborez teorii generale: o teorie a raţionalizării, în Andrei Marga, **Raţionalitate, comunicare, argumentare,** Dacia, Cluj, 1981; o teorie a tranziţiei, în **Die kulturelle Wende. Philosophische Konseqenzen der Transformation,** Cluj University Press, 2001.

Bibliographie / Bibliografie:

1. Adorno, Theodor W.: Negative Dialektik, Suhrkamp, Frankfurt am Main, 1966.
2. Adorno, Theodor W.: Erziehung zur Mündigkeit, Suhrkamp, Frankfurt am Main, 1971.
3. Bahr, Eberhard (Hg.), Was ist Aufklärung? Thesen und Definitionen, Philipp Reclam jun. Stuttgart 1996.
4. Böckenförde, Ernst W.: Recht, Staat Freiheit, Suhrkamp, Frankfurt/M. 1991.
5. Bucharin, Nikolai, Deborin, Abram: Kontroversen über dialektischen und historischen Materialismus, Suhrkamp, Frankfurt am Main, 1997.
6. Erdödy, Gábor (Hg.): Transformationserfahrungen. Zur Entwicklung der politischen Kultur in den EU - Kandidatenländern, Nómós, Baden-Baden 2003
7. Habermas, Jürgen: Die nachholende Revolution, Suhrkamp, Frankfurt am Main, 1990.
8. Habermas, Jürgen (Hg.): Stichworte zur geistigen Situation der Zeit, Suhrkamp, Frankfurt/M. 1979.
9. Habermas Jürgen: Theorie des kommunikativen Handelns, Suhrkamp, Frankfurt am Main, 1982.
10. Habermas, Jürgen: Theorie und Praxis, Suhrkamp, Frankfurt am Main, 197
11. Habermas, Jürgen: Zwischen Naturalismus und Religion. Philosophische Aufsätze, Suhrkamp, Frankfurt am Main, 2005.
12. Habermas, Jürgen, Ratzinger, Joseph: Dialectica secularizării. Despre raţiune şi religie, Apostrof, Cluj, 2005.
13. Habermas, Jürgen, Ratzinger, Joseph: Dialektik der Säkularisierung. Über Vernunft und Religion, Herder, Freiburg, Basel, Wien, 2005.

14. Honneth, Axel: Kritik der Macht. Reflexionsstufen einer Kritischen Gesellschaftstheorie, Suhrkamp, Frankfurt am Main, 1985.
15. Horkheimer, Max, Adorno, Theodor: Dialektik der Aufklärung, Fischer, Frankfurt am Main, 1969.
16. Horkheimer, Max: Traditionelle und kritische Theorie, Fischer, Frankfurt am Main, 1968.
17. Horkheimer, Max: Zur Kritik der instrumentellen Vernunft, Fischer, Frankfurt am Main, 1967.
18. Hösle, Vittorio: Die Krise der Gegenwart und die Verantwortung der Philosophie, C. H. Beck, München 1997.
19. Kant, Immanuel: Beantwortung der Frage: Was ist Aufklärung?, in Eberhard Bahr (Hg.), Was ist Aufklärung? Thesen und Definitionen, Philipp Reclam jun. Stuttgart 1996.
20. Küng, Hans, Kuschel, Karl Josef (Hg.): Wissenschafts- und Weltethos, Piper, München, Zürich 2001.
21. Lechner, Frank J., Boli, John (eds.): The Globalization Reader, Blackwell Publishers, Malden, Mass. 2000.
22. Magnus, Bernd, Cullenberg, Stephen (eds.): Whither Marxism? Global Crises in International Perspective, Routledge, New York and London 1995.
23. Marcuse, Herbert: Le marxisme sovietique. Essai d'analyse critique Gallimard, Paris 1963.
24. Marga, Andrei: Acţiune şi raţiune în concepţia lui Jürgen Habermas, Dacia, Cluj 1985.
25. Marga, Andrei: Anii reformei 1997-2000, EFES, Cluj 2001.
26. Marga, Andrei: Bildung und Modernisierung, University Press Cluj 2005/1.
27. Marga, Andrei: Cultural and Political Trends in Romania before and after 1989, in „East European Politics and Societies", Yale, Volume 7, No. 1, Winter 1993.

28. Marga, Andrei: Die kulturelle Wende. Philosophische Konsequenzen der Transformation, University Press Cluj 2001.

29. Marga, Andrei: După unsprezece ani. Eleven Years Later, EFES, Cluj 2002.

30. Marga, Andrei: Experiencing Multicultural Organisation: The Case of Babes-Bolyai University, in „Higher Education in Europa", Volume XXIII, No. 1, 1998.

31. Marga, Andrei: Explorări în actualitate, "Apostrof", Cluj 1991.

32. Marga Andrei: Filosofia lui Habermas, Polirom, Iaşi, 2005.

33. Marga, Andrei: Filosofia unificării europene, "Apostrof", Cluj 1995.

34. Marga, Andrei: Filosofia unificării europene, EFES, Cluj 2003.

35. Marga, Andrei: Herbert Marcuse. Studiu critic, Dacia, Cluj 1980.

36. Marga, Andrei: Introducere în filosofia contemporană, Iaşi 2002.

37. Marga, Andrei: Metodologie şi argumentare filosofică, Dacia, Cluj 1992.

38. Marga, Andrei: Nevoia reconstrucţiei filosofice, "Apostrof", Cluj 2005/2.

39. Marga, Andrei: Philosophy in the Eastern Transition, "Apostrof", Cluj 1995.

40. Marga, Andrei: Religia în era globalizării, EFES, Cluj 2003/2.

41. Marga, Andrei: Raţionalitate, comunicare, argumentare, Dacia, Cluj, 1981.

42. Marga, Andrei: Rumänische ethnische Identifizierung, in „Zeitschrift für Siebenbürgische Landeskunde", Oldenburg 1992.

43. Marga, Andrei: University Reform Today, University Press Cluj 2005.

44. Matynia, Elizabieta (ed.): Grappling with Democracy. Deliberations on Post-Communist Societies 1990-1995, Slon, Praha 1996.

45. Nassehi, Armin (Hg.): Nation, Ethnie, Minderheit. Beiträge zur Aktualität ethnischer Konflikte, Böhlau, Köln, Weimar, Wien 1997.

46. Negt, Oskar: Marxismus als Legitimationswissenschaft. Zur Genese der stalinistischen Philosophie, in Nikolai Bucharin, Abram Deborin, Kontroversen über dialektischen und historischen Materialismus, Suhrkamp, Frankfurt am Main, 1997.

47. Sandkühler, Hans-Jörg, de la Vega, Rafael (Hg.), Marxismus und Ethik, Suhrkamp, Frankfurt am Main, 1997.

48. Schweppenhauser, Gerhard: Theodor W. Adorno. Einführung, Junius, Hamburg 2000.

49. Symanzik, Bernard, Birkfellner, Gerhard, Sproede, Alfred (Hg.): Sprache, Literatur, Politik. Ost- und Südosteuropa im Wandel. Mit einem Anhang: Osteuropäische Essays zu Jürgen Habermas, Verlag Dr. Kovats, Hamburg 2000.

50. Wiggershaus, Rolf: Die Frankfurter Schule. Geschichte, Theoretische Entwicklung, Politische Bedeutung, DTV, Opladen 1988.

Luminarea ca îndatorire permanentă

Mircea Flonta

Despre luminare se vorbeşte, în mod obişnuit, ca despre o epocă în istoria gândirii, epoca sau secolul luminilor. Se recunoaşte, desigur, că unele teme şi idei ale secolului luminilor au fost prefigurate de către gânditori din epoci anterioare, bunăoară de sofişti din antichitate sau de umanişti ai Renaşterii. Iar în ultimele două secole s-ar fi înregistrat ecouri întârziate ale acestor teme şi idei. Ecouri pe care unii le-au perceput cu nostalgie sau le-au evocat cu renăscuta speranţă, pe când mulţi le-au tratat cu ironie distanţată, dacă nu cu o îngăduitoare condescendenţă[1].

---

[1] Karl Popper spunea uneori că filosofia lui este o filosofie "îmbătrânită şi depăşită", deoarece este filosofia "unei epoci de mult trecute, epoca raţionalismuli şi a luminării". Ca susţinător întârziat al acestei filosofii, el credea în "eliberarea omului prin cunoaştere". (Vezi, de exemplu, *Zum Thema Freiheit*, în K. R. Popper, *Alles Leben ist Problemlösen*, München, Piper Verlag, 1994, p. 158.) Popper îl invoca adesea cu veneraţie pe Kant, pe care îl socotea filosoful clasic al luminării. Referindu-se la "căile greşite" pe care a păşit filosofia germană după Kant, Popper scria în 1963: "Ele au dus, în cele din urmă, la faptul că în epoca noastră Kant şi luminarea să fie considerate, în general, drept lucruri demodate. La care se poate răspunde doar: Cu atât mai rău pentru epoca noastră!" (*Prefaţă la a doua ediţie germană a Logicii cercetării*, în K. R. Popper, *Logica cercetării*, traducere de M. Flonta, Al. Surdu, E. Tivic, Bucureşti, Editura Ştiinţifică şi Enciclopedică, 1981, p. 67.)

În cele ce urmează, se va schiţa o altă imagine asupra luminării. Luminarea va fi caracterizată drept *o viziune asupra omului şi a societăţii, bazată pe raţiune, faţă de care nu există alternative.* Adică nu drept un curent de idei, drept ideologia unei epoci, ci ca mod de a gândi condiţiile generale ale emancipării omului, care capătă cu trecerea timpului contururi tot mai clare şi mai bine articulate. Acesta este un concept larg, cuprinzător al luminării. Prin raportare la acest concept, sofiştii, Erasmus din Rotterdam, Voltaire, Kant, Heine, Mill, Russell, Popper, Berlin sau Habermas ne apar drept verigi ale aceluiaşi lanţ. Ceea ce îi apropie, dincolo de multe diferenţe, este un nucleu ideatic la care Herbert Schnädelbach se referă vorbind despre "o înţelegere *structurală* a luminării"[2]. Este vorba de afirmarea unor principii care ne permit să distingem fundamentele umanităţii, raţionalităţii şi moralităţii de reprezentări, tradiţii, obiceuri şi mode, care exprimă diferenţe istorice, locale, etnice şi naţionale dintre oameni. Tocmai datorită recunoaşterii acestor principii devine posibilă o comunicare, cel puţin parţială, între oameni din spaţii

[2] O asemenea înţelegere "ne îngăduie să identificăm nevoia de luminare în cele mai diferite contexte culturale..." Herbert Schnädelbach vorbeşte de înţelegerea luminării ca "o îndatorire care ni se impune din nou în anumite împrejurări, de exemplu datorită uitării sau înlăturării a ceva în cultură, datorită apariţiei unor naivităţi sau <minorate> de un nou gen". (*Die Zukumft der Aufklärung,* în H. Schnädelbach, *Analytische und postanalytische Philosohpie,* Frankfurt am Main, Suhrkamp, 2004, p. 79.) Pentru cei care împărtăşesc o asemenea înţelegere a luminării, expresii ca "sfârşitul luminării" nu au sens. "Cu conceptul <luminării>, drept concept deschis, noi putem identifica fenomene, pretenţii şi nevoi ale luminării în diferite contexte istorice şi culturale." (*Die Aktualität der "Dialektik der Aufklärung",* în H. Schnädelbach, *Zur Rehabilitierung des animal rationale,* Suhrkamp, 1992, p. 144.)

geografice şi epoci diferite. Pentru cel care le contestă, capacitatea oamenilor de a înţelege modul de viaţă şi aspiraţii proprii semenilor lor din culturi foarte diferite rămâne de neînţeles. Cum scria Isaiah Berlin, "conceptul de om ar deveni prea nedeterminat iar oameni şi societăţi, separaţi de diferenţe normative insurmontabile, ar fi cu totul incapabili de a învinge distanţele spaţiale, decalajele temporale şi diferenţele culturale pentru a comunica.[3]"

Voi încerca, mai întâi, să desprind câteva motive fundamentale şi figuri ale gândirii (Denkfiguren), care conferă profil luminării înţelese în acest fel. Le-am sistematizat în trei cupluri: libertate-solidaritate, failibilism-toleranţă, formare (Bildung)-dialog generalizat. Termenii fiecărui cuplu îşi primesc deplina semnificaţie prin raportarea unuia la celălalt. Pe acest fundal, voi caracteriza luminarea ca o îndatorire permanentă. Voi distinge îndatorirea luminării în epoca începuturilor modernităţii şi în cea a modernităţii târzii referindu-mă la forţe care s-au opus în mod tradiţional luminării şi la cele care îi stau in faţă în civilizaţia actuală. Voi arăta, în încheiere, că astăzi în ţări cum este România programul luminării se confruntă atât cu adversari tradiţionali, cât şi cu noile puteri care i se opun în lumea vestică.

---

[3] Isaiah Berlin, *Patru eseuri despre libertate*, traducere de L. Stefan-Scalat, Bucureşti, Humanitas, 1996, p. 45. S-a spus adesea că ceea ce este depăşit în luminare ar fi afirmarea caracterului monolitic al raţiunii, ideea unei naturi umane imuabile, care se exprimă într-o cultură universală. Principiile luminării nu sunt, totuşi, incompatibile cu recunoaşterea diversităţii culturale. Dialogul culturilor devine posibil datorită convergenţei unor valori şi ţeluri ale oamenilor. În acest sens, universalismul şi pluralismul cultural nu se mai infăţişează drept incompatibile.

Puţini termeni din vocabularul omului cult au atât de multe înţelesuri ca *libertatea*. Ar fi greu să găsim în istorie un autor reprezentativ sau un curent influent de gândire care să nu fi afirmat libertatea. Dar nici libertatea înţeleasă ca mântuire, nici libertatea supraomului, nici libertatea interioară a înţeleptului stoic nu este libertatea ca principiu al luminării. Acest principiu îşi are rădăcina în postulatul demnităţii şi autonomiei depline a fiinţei omeneşti, un principiu a cărui afirmare exemplară o găsim în gândirea lui Kant. Luminarea a dezvoltat principiul libertăţii în două direcţii. Prima îşi găseşte expresia în instituţiile democratice, în primul rând în garanţiile egalităţii în faţa legii, garanţii pe care le oferă funcţionarea efectivă a unui stat de drept. Cea de a doua direcţie este libertatea neîngrădită de alegere a individului matur şi responsabil, o libertate care este îngrădită doar de recunoaşterea intereselor şi drepturilor, în egală măsură legitime, ale semenilor. S-a remarcat adesea că aceste două direcţii, numite libertate pozitivă şi negativă, sunt într-o anumită tensiune şi pot chiar să intre în conflict. Egalitatea politică, dreptatea socială, organizarea eficientă sau cerinţe de securitate sunt exigenţe ce pot să stea în calea libertăţii de alegere a individului. Deoarece este vorba de cerinţe recunoscute ca fiind deopotivă esenţiale, inalienabile, orice încercare de a le impune pe unele în dauna celorlalte va fi apreciată drept primejdioasă şi inacceptabilă. Fiind înzestrate cu aceeaşi forţă normativă, ele pot convieţui doar prin compromis.

Distincţia şi distanţa dintre înţelegerea libertăţii ca element definitoriu al autonomiei şi demnităţii omului şi asigurarea condiţiilor care fac posibilă afirmarea ei a fost şi este o temă a luminării. Hrană, adăpost, căldură, sănătate, securitate, educație sunt tot atâtea premise indispensabile pentru dezvoltarea unei ființe libere. A cere celor prost hrăniți, slăbiți de boli şi analfabeți să-şi asume drepturi şi îndatoriri ale oamenilor liberi nu are sens. Iată de ce efortul în direcția egalizării şanselor, în primul rând a accesului la educație, constituie un imperativ fundamental al luminării. Din această perspectivă, promovarea cauzei libertății cere solidaritate. Solidaritatea este conştiința responsabilității ce revine fiecăruia pentru libertatea celorlalți. Ea este răspunsul la provocarea pe care o reprezintă inegalități de natură economică şi socială, exclusivisme de ordin rasial, etnic sau religios. Este impulsul de a-l apăra şi ajuta pe cel slab şi oprimat, nu din dorința de autoafirmare, ci din compasiune şi din rațiune. Solidaritatea este expresia asumării respectului pentru demnitatea ființei umane prin acțiuni îndreptate spre ținta asigurării unui tratament egal, a unor condiții egale de realizare pentru toți oamenii. Pe cât de irealizabilă ne apare această țintă în deplinătatea ei, pe atât de valoroasă este orice contribuție în această direcție, de la sprijinirea unui individ defavorizat la mari programe umanitare şi de educație.

Luminarea a fost îndeobşte asociată cu încrederea în rațiune şi în ştiință. Aceasta este însă o încredere pe care luminarea o are în comun cu alte tradiții raționaliste din istoria gândirii. Ceea ce distinge luminarea pare să fie o încredere bine temperată în puterile rațiunii, adică acel scepticism moderat care este numit în mod curent failibilism. În ciuda unei impresii mai superficiale, favorizată de radicalizarea unor dihotomii, asumarea rațiunii drept călăuză în gândire şi acțiune și scepticismul moderat nu sunt câtuși de puțin incompatibile. Failibilismul luminării a fost inspirat într-o măsură considerabilă de spiritul propriu științei moderne, știința conștientă de limitele ei. Prin failibilism, încrederea în rațiune se va detașa net de credința care a susținut marile sisteme ale metafizicii clasice, credința că lumea naturală și omul sunt realități pe deplin inteligibile și, în consecință, atunci când există interes pentru adevăr și o metodă adecvată atingerea lui este garantată. Experiența cunoașterii științifice moderne demonstrează că exigențele unei cunoașteri obiective controlabile și scepticismul merg mână în mână, că orice căutare a unor răspunsuri definitive, ultime va trebui clar distinsă de obiectivele cercetării autentice. Chiar și cele mai scrupuloase cercetări care sunt întreprinse în științele exacte nu vor putea fi puse la adăpost de pericolul erorii care se poate infiltra în mod insidios și acolo unde vigilența este maximă. O posibilitate pe care mințile instruite de experiența acestor cercetări vor fi întotdeauna pregătite să o accepte. Concluzia este acel scepticism moderat pe care încă autori ai secolului al XVIII-lea l-au numit "spirit filosofic". Voltaire evidenția în noua știință a naturii, al cărei centru era pe atunci Anglia, acest spirit filosofic căruia el îi opunea încrederea nemăsurată în rațiune a cartezienilor[4]. O temă a filosofiei luminilor este cea a

[4] Voltaire îl privea pe Newton drept întruchiparea spiritului cercetării, a acelui spirit care este înclinat să bănuiască că ceea ce pare foarte plauzibil poate să fie greșit. Referindu-se, în ale sale *Lettres philosophiques*, publicate în 1734, la comportarea lui Newton, care a calculat forțele de atracție ce se exercită între Pământ și Lună și apoi a constatat abateri semnificative ale rezultatelor calculului față de valorile numerice oferite de măsurători, Voltaire scria: "Un filosof mediocru, care nu ar fi avut decât vanitate, ar fi

contrastului dintre moderația pretențiilor de cunoaștere ale celui pătruns de spirit filosofic și entuziasmul socotit nesănătos al minților dominate de spiritul de sistem. Din această perspectivă, va fi întâmpinată cu reținere chiar și o filosofie cu o orienare atât de critică cum a fost cea elaborată de Kant. Este de presupus că reținerea sceptică a fost îndreptată împotriva ideii kantiene a unei rațiuni pure, teoretice și practice, precum și împotriva pretențiilor filosofului din Königsberg de a-i fi trasat într-un mod definitiv contururile[5].

Failibilismul specific luminării cultivă echilibrul, moderația, apărându-se astfel de tentații uneori subtile ale dogmatismului. Pe de altă parte, failibilismul reprezintă o percepție acută a pluralității bunurilor și a valorilor. El ne previne

potrivit cum ar fi putut măsurătorile cu sistemul său. Domnul Newton a preferat să-și părăsească proiectul." (Voltaire, *Lettres philosophiques*, Paris, Garnier-Flammarion, 1964, p. 99.)

5 Mai târziu, Heine va vedea în încercarea lui Kant de a reabilita, pe baza rațiunii practice, acel deism pe care îl condamnase prin analiza dată rațiunii teoretice, o inconsecvență. Există în *Contribuție la istoria religiei și filosofiei in Germania* un pasaj în care această șovăială a "filosofului intransigent" este înfățișată cu splendidă ironie. Reținerea de a accepta adevăruri definitive, o reținere inspirată atât de spiritul gândirii științifice cât și de o experiență comună, va deveni mai accentuată cu trecerea timpului. Bertrand Russell, care a arătat, așa cum puțini alții au fost in măsură să o facă, valoarea scepticismului moderat, contrasta ceea ce numea punctul de vedere "liberal" și "neliberal" în termenii următori: "Deosebirea fundamentală dintre punctul de vedere liberal și neliberal este că primul consideră toate opiniile ca deschise discuției și toate opiniile ca deschise într-o măsură sau alta îndoielii, în timp ce ultimul susține de la început că anumite opinii sunt indiscutabile și că nu trebuie să se permită ca vreun argument împotriva lor să se facă auzit. Ceea ce este curios în această poziție este convingerea că dacă o cercetare imparțială ar fi permisă aceasta i-ar conduce pe oameni la o concluzie greșită." (*Freedom and the Colleges*, In B. Russell, *Why I am not Christian*, London, Unwin Books, 1967, p. 130.)

asupra tentației de a încerca să le armonizăm prin acele formule universale simple deosebit de agreate de minți cu spirit de sistem, cum sunt cele ale metafizicienilor şi ale altor teoreticieni cu mari ambiții. Dimensiunea dubitativă, pe care a conferit-o luminarea orientării gândirii încă de la începuturile sale, s-a accentuat considerabil, conducând la o conştiință tot mai clară a conflictului între diferite bunuri şi valori care conferă sens şi bogăție vieții oamenilor. Autori care au explorat această temă - un Karl Popper sau un Isaiah Berlin - au sporit într-un mod semnificativ înțelegerea noastră asupra însemnătății vitale a toleranței pentru conviețuirea paşnică a oamenilor.

Două momente se cer neapărat menționate în acest sens. Primul este că speranța găsirii acelei formule miraculoase care ar îngădui deplina armonizare a unor valori şi aspirații legitime care stau unele în calea altora este iluzorie. De această înțelegere ne-a apropiat, poate pentru prima dată, analiza făcută de Max Weber conflictului dintre ceea ce el a numit *eica convingerii* şi respectiv *etica responsabilității.* Weber a argumentat că în practică, de cele mai multe ori, evaluarea morală unei decizii prin examinarea obiectivelor urmărite şi evaluarea urmărilor deciziei, ținând seama de mijloacele folosite pentru înfăptuirea acestor obiective, nu pot fi armonizate. La o concluzie asemănătoare suntem conduşi dacă considerăm atât tensiunea dintre valori tradiționale cum sunt mila pentru cel slab şi neajutorat, pe de o parte, şi principiul dreptății şi echității, pe de altă parte, cât şi conflicte de presantă actualitate cum sunt cele dintre cerințele pe care le implică recunoaşterea demnității persoanei şi nevoi de securitate sau dintre libertatea de circulație şi asigurarea bunei conviețuiri într-o anumită comunitate. În al doilea pas al acestei analize, va trebui să admitem, oricât de greu ne vine să o facem, că în cazul unui conflict al valorilor nu există bune temeiuri pentru o opțiune. Este recunoaşterea că de multe ori ființe raționale sunt constrânse să decidă şi să acționeze într-un mod care nu le va putea satisface pe deplin tocmai din punctul de vedere al unor exigențe fundamentale ale rațiunii, o recunoaştere pe care o putem califica drept dramatică. Weber admitea că deşi etica convingerii şi etica responsabilității nu se exclud reciproc "dacă *trebuie* să acționeze conform eticii convingerii sau conform eticii responsabilității, în privința aceasta, nimănui nu i se pot da indicații"[6]. Iar Berlin, apreciind că necesitatea de a alege sacrificând anumite valori în favoarea altora, deşi le recunoaştem în egală măsură esențiale, este o "caracteristică permanentă a condiției umane", considera că alegerea rațională va fi în mod inevitabilă orientată de acele modele de viață "pe care un individ, un grup sau o societate le urmează"[7]. Este o alegere care nu poate fi obținută pe cale deductivă din principii universal acceptate. Ca ființe raționale, vom accepta o asemenea alegere deoarece vom recunoaşte că este de neocolit. O recunoaştere care implică distanțarea de speranța prea optimistă a acelor gânditori care şi-au sprijinit toate aşteptările într-o lume mai bună pe încrederea că am putea descoperi un principiu care permite armonizarea tuturor valorilor, prescriind astfel o formă unică de viață

[6] Max Weber, *Politica, o vocație și o profesie*, traducere de Ida Alexandrescu, București, Editura Anima, 1992, p. 53.
[7] Isaiah Berlin, *Op. cit.*, pp. 64-65.

pentru toți oamenii. Din această perspectivă, receptarea luminării drept o înțelegere schematică, simplificatoare a condiției umane ni se înfățişează drept o persistentă prejudecată. Conştiința că nu pot fi evitate dizarmonii şi chiar conflicte între opțiuni şi decizii care sunt legitimate prin raportare la valori general recunoscute reprezintă o aprofundare semnificativă a conştiinței de sine a luminării. Este un câştig în luciditate care conferă dimensiuni noi acelei teme tradiționale a luminării care este toleranța.

Cel din urmă cuplu este formare-dialog generalizat. Luminarea împărtăşeşte idealul autoîmplinirii prin formare, idealul dezvoltării personalității, cu gândirea umanistă europeană. Aceasta a promovat, îndeosebi incepând cu Renaşterea, afirmarea individualității, emanciparea omului prin creație şi printr-o receptare personală a bunurilor culturii. Afirmarea individualității este înțeleasă atât în sens negativ, drept eliberare de sub tutela unor puteri şi adevăruri supraomeneşti şi drept suprimare a subordonării omului unor țeluri subumane, cât şi în sens pozitiv, drept dezvoltare şi exersare a tuturor acelor capacități şi dispoziții care conferă fiecărei minți omeneşti o configurație aparte, specifică. Aceste două sensuri se condiționează şi se completează reciproc. Goethe a înfățişat în mod exemplar aspirația spre formare (Bildung) a persoanei atunci când a scris: "Ein jeder Mensch sieht die fertige, geregelte Welt doch nur als ein Element an, woraus er sich eine besondere, ihm angemessene Welt zu erschaffen bemüht ist." ("Fiecare om priveşte lumea încheiată, reglementată doar ca un element din care el se străduieşte să-şi creeze lumea lui aparte, care i se potriveşte.") Prin formare, individul îşi construieşte lumea interioară, un orizont în care integrează, într-o modalitate care îi este proprie, idei, cunoştinţe şi perspective intelectuale unificatoare, valori ale frumosului, principii ale moralităţii. Fermentul principal al formării, înţeleasă în acest fel, rămâne până astăzi cultura clasică. Cu cât este mai dificilă apropierea de cultura clasică a intelectualului de astăzi, care, spre deosebire de cărturarul secolelor trecute, este supus presiunii crescânde a specializării, cu atât străluceşte cu mai multă putere conştiinţa excepţionalului ei potenţial formativ. Acel potenţial care a fost odată invocat deosebit de sugestiv de un clasicist care spunea că omul instruit care nu a citit Iliada lui Homer sufera de o iremediabilă inferioritate intelectuală şi spirituală[8].

Din perspectiva idealului umanist al luminării, formarea primeşte o însemnătate excepţioanlă drept principal suport al capacităţii de gândire independentă. Pentru Kant sunt luminaţi acei oameni care sunt în stare să gândească cu propria lor minte (Selbstdenkende) şi sunt, în acest sens, liberi

---

[8] Există numeroase mărturii asupra modului cum percep oameni din lumea cercetării tensiunea dintre imperativele formării şi cele ale specializării. Intervine aici o tensiune în sensul cel mai deplin al cuvântului. Pe de o parte, formarea generală şi specializarea sunt obiective care solicită aproape toate resursele unei minţi, chiar şi a uneia ieşite din comun. Pe de altă parte, contactul direct cu mari opere ale culturii umaniste va fi răsplătit din dubla perspectivă a dezvoltării armonioase şi echilibrate a personalităţii şi a stimulării capacităţii creatoare a minţilor active în domenii specializate ale cercetării. Fizicianului german Werner Heisenberg, care îşi începe amintirile cu un citat din Tucidide, îi plăcea să-şi amintească cum citea, în tinereţe, textul original al *Timaios*-ului lui Platon. Colegul său mai vârstnic, Otto Hahn, ar fi exclamat însă atunci când i-a fost înmânată o înaltă distincţie de către preşedintele Republicii Federale Germania: "Este prea mult pentru mine. Nu am frecventat nici cel puţin liceul umanist!"

în raport cu autorităţi exterioare. Gândirea de sine stătătoare este, în acea tradiţie a luminării care a fost inaugurată de Kant, gândirea critică, în sensul originar al termenului *critică,* sensul dat de cuvântul grecesc *krinen,* care înseamnă a judeca, a supune ceva judecăţii. Obiectul criticii sunt lucrurile importante pentru orientarea în gândire şi în acţiune: principii, tradiţii, forme de viaţă şi autorităti de orice fel. Examenul critic este un examen public care are loc prin discuţia şi confruntarea punctelor de vedere ale tuturor celor care au curajul şi capacitatea să se folosească de mintea lor[9]. Formarea, înţeleasă drept dezvoltare a capacităţii de a gândi de sine stătător, este cea care face posibil dialogul între membrii unei comunităţi, ca şi între comunităţi omeneşti. O contribuţie remarcabilă la elaborarea sistematică a temei comunicării şi dialogului, ca bază a consensului raţional, a fost adusă mai recent de Jürgen Habermas prin teoria sa a raţionalităţii comunicative şi a comunităţii ideale a comunicării. Pentru Habermas, raţionalitatea reprezintă "disponibilitatea subiecţilor capabili de vorbire şi de acţiune de a dobândi şi utiliza o cunoaştere failibilă". Măsura raţionalităţii este dată de capacitatea acestor subiecţi "de a se orienta după criterii de validitate care sunt fondate pe recunoaştere intersubiectivă"[10]. Prin dialogul generalizat, şi numai prin dialogul generalizat, devine posibilă recunoaşterea intersubiectivă a pretenţiilor de

---

9 Vezi Immanuel Kant, *Răspuns la întrebarea ce este luminarea?*, traducere de D. Flonta, în (coord.) M. Flonta, H.-K. Keul, *Filosofia practică a lui Kant*, Iaşi, Polirom, 2000. Pentru dezvoltarea acestei teme, vezi şi M Flonta, *Ideea kantiană a luminării*, în acelaşi volum, îndeosebi pp. 243-250.

10 Jürgen Habermas, *Discursul filosofic al modernităţii*, traducere de G. V. Lepădat, I. Zamfir, M. Stan, Bucureşti, Editura All, 2000, pp. 297-298.

validitate (Geltungsansprüche), acea recunoaştere care face posibilă întemeierea prin consens a cunoştinţelor, a orientărilor acţiunii practice şi a normelor convieţuirii oamenilor. Principiul kantian, potrivit căruia acţiunile şi maximile lor au legitimitate doar dacă pot fi universalizate, primeşte astfel o nouă întemeiere. Dialogul generalizat este acel demers în care raţiunea se află în acţiune criticându-se pe sine în însuşi exerciţiul ei. O idee centrala a luminării, aceea că un consens autentic între membrii unei comunităţi va putea fi atins doar atunci când dezbaterea şi confruntarea opiniilor este reglementata exclusiv de standardele argumentării şi criticii raţionale, înlăturându-se presiunea distorsionantă pe care o pot exercita privilegii de orice fel, obieceiuri investite cu autoritatea tradiţiei şi prejudecăţi colective, dobândeşte astfel contururi mai nete şi este mai complex articulată.

Cuplurile libertate-solidaritate, failibilism-toleranţă, formare-dialog generalizat, corelaţiile dintre aceste cupluri şi dintre elementele lor conturează conceptul luminării, înţeleasă nu drept curent de gândire care aparţine unei an umite epoci istorice ce se desfăşoară într-un anumit spaţiu, ci ca o viziune perenă asupra a ceea ce este un om liber şi o societate umană. În această înţelegere a luminării accentul cade pe relaţia dintre elementele fiecărui cuplu. Primul element este condiţia de posibilitate pentru cel de al doilea, iar acesta din urmă îi conferă primului întreaga lui valoare. Astfel solidaritatea capătă o deplină dezvoltare în relaţia dintre persoane care posedă o reală libertate de alegere. Pe de altă parte, libertăţile individuale şi instituţiile democratice sunt puse în valoare prin solidaritate. Iar dacă înclinaţiile altruiste în raporturile cu cei apropiați, înclinații favorizate de predispoziții genetice, sunt oricum puternice, apelul la care oamenii vor fi cu atât mai sensibili cu cât sunt mai liberi este de a-şi ajuta semenii din culturi diferite, din comunități indepărtate, făcând abstracție de capacitatea acestora de a restitui ceva din ceea ce li se oferă ca sprijin. Moderația sceptică proprie failibilismului, opusa unor pretenții absolutiste ale rațiunii, încrederii nelimitate în justețea gândirii proprii, în superioritatea unei culturi şi a unui mod de a trăi, constituie garanția cea mai sigură a disponibilității pentru toleranța. Doar cel care este dispus să admită că poate greşi, în contrast cu cel ce se crede atotştiutor, poate să fie tolerant. În sfârşit, se poate arăta că deschiderea pentru dezbatere şi confruntare, disponibilitatea de a purta un dialog, sunt dependent de dezvoltarea personalității individului. Iar posibilitatea de a realiza un consens rațional în probleme de interes general reprezintă una din roadele cel mai prețioase ale sforțărilor indivizilor autonomi spre împlinire proprie prin formare.

O ultimă precizare de ordin general. Luminarea a fost adesea caracterizată drept "o filosofie a progresului". Aceasta este o apreciere discutabilă. În înțelegerea propusă aici, luminarea nu se sprijină în nici un fel pe supoziția că ar exista o lege a progresului inerentă naturii omului sau societății omeneşti. Ca viziune asupra omului şi a societății, luminarea formulează premise şi condiții ale unei lumi mai bune, pe baza experienței istoriei şi a reflecției raționale. Ceea ce nu este acelaşi lucru cu a susține că omenirea în ansamblu, o comunitate sau alta, o anumită cultură, înaintează sau vor înainta în direcția înfăptuirii acestor premise şi condiții. Totul depinde de modul cum gândesc şi acționează oamenii.

Ca mişcare de eliberare, de emancipare a omului, luminarea reprezintă întotdeauna o reacție. În secolul luminilor, ea a fost o reacție critică fața de forme de viațăşi organizare socială, față de tradiții şi autorități care nu puteau fi legitimate în mod rațional. Luminarea a reprezentat pe atunci în principal contestarea unor principii cu pretenții absolutiste, principii care au fost justificate, fie drept adevăruri revelate, fie prin statuarea tradiției ca o autoritate supremă, sacrosanctă. Şi într-un caz şi în celălalt, ceea ce s-a acuzat a fost sustragerea unor resurse cognitive, cărora li s-a atribuit un potențial normativ, oricărei discuții şi critici raționale. Ceea ce au respins gânditorii reprezentativi ai luminării a fost subordonarea silită şi oprimarea persoanei, violența, inegalitatea, tutelarea indivizilor maturi de către alții, intoleranța de orice gen, ascultarea şi supunerea necondiționată, ca tot atâtea încălcări ale demnității ființei umane. Acele încălcări care devin posibile şi pot fi infățişate drept legitime de îndată ce se acceptă autorități situate deasupra controlului rațiunii failibile a oamenilor. Să observăm, în treacăt, că din această perspectivă nu va putea fi identificată o deosebire cu adevărat semnificativă între regimuri autocratice tradiționale şi regimurile totalitare din vremuri mai recente sau din zilele noastre. Dreptul divin, "adevărul" partidului sau "înțelepciunea" incomparabilă a conducătorului au în egală măsură un statut care le pune la adăpost de orice discuție şi contestare. Revendicări ale luminării cum sunt controlul democratic asupra legislației şi guvernării, egalitatea în fața legii şi garantarea ei prin instituţiile sdtatului de drept, despărţirea religiei de stat, legitimarea normelor morale porin consensul raţional al cetăţenilor liberi, independent de deosebiri de ordin ideologic sau de credinţe religioase, vizează eliminarea su prevenirea unor pretenţii autoritare. Asupra consecinţelor unor asemenea pretenţii istoria ne-a instruit îndeajuns. Idealul luminării este societatea în care dreptul fiecărei persoane mature de a participa la constituirea consensului raţional este asigurat şi, totodată, societatea în care eforturile îndreptate spre formarea şi emanciparea indivizilor duc la sporirea numărului celor care sunt pregătiţi pentru asemenea implicare şi participare.

Cu mai mult de două sute de ani în urmă, Kant îşi punea întrebarea dacă epoca în care trăia este o "epocă luminată" (aufgeklärte Zeit) şi răspundea: "nu, dar trăim într-o epocă a luminării"[11]. Este firesc să ne întrebăm cum stau astăzi lucrurile, în lumea civilizată occidentală.

Un observator imparţial al istoriei va putea constata că multe dintre aşteptările lui Kant au fost împlinite. Respectul libertăţii personale, al egalităţii în faţa legii au un loc bine asigurat în mentalitatea vestică. În nici o societate de până acum nu s-a făcut atât de mult pentru promovarea dreptăţii sociale, pentru ajutorarea păturilor defavorizate ale populaţiei şi îndeosebi pentru înlesnirea accesului la educaţie. Motivaţia, sârguinţa, performanţa şi meritul sunt recompensate aşa cum nu au fost niciodată în trecut. Din multe puncte de vedere, viaţa majorităţii locuitorilor lumii vestice este mai liberă, mai

---

[11] Imm. Kant, *Răspuns la întrebarea ce e luminarea?*, în *Op. cit.*, p. 122.

bună şi mai lungă decât a fost viaţa oamenilor oricând de-a lungul istoriei. Există, desigur, şi sărăcie, criminalitate, violenţă, cruzime. Şi ceea ce este mai important, destule fapte inspirate de lăcomia de putere şi de bani, nu de interesele binelui public. Dar cum am putea aştepta ca ele să dispară? Cum se ştie, Kant se îndoia că din lemnul strâmb care este omul ar putea fi croit ceva drept. Totuşi, ca societate de oameni liberi, guvernată în măsură tot mai mare de drept, societatea vestică a înfăptuit revendicări ale luminării într-o măsură care depăşeşte poate aşteptările pe care le-ar fi putut avea Kant.

Ar fi spus însă el oare astăzi că trăieşte într-o "epocă luminată"? Avem bune temeiuri să ne îndoim. Locul adversarilor tradiţionali ai luminării, cei pe care îi viza Kant, a fost luat de alţii, cel puţin la fel de puternici şi poate mai greu de învins. Între aceştia un loc proeminent îl ocupă principiul plăcerii, hedonismul[12] şi corolarul său, consumismul. Este principiul care pare să domine reprezentările omului vestic despre viaţa bună, principiul care îi configurează aspiraţiile şi îi dictează deciziile. A trăi bine înseamnă a trăi cât mai plăcut, a te bucura de plăceri cât mai numeroase şi cât mai intense. Sunt avute în vedere, de regulă, acele satisfacţii la care fiinţa omenească are acces în virtutea înzestrării ei naturale, fără eforturi personale deosebite în direcţia formării. Presiunea

---

[12] Într-o caracterizare de dicţionar, hedonismul este acea orientare a vieţii care vede plăcerea simţurilor, desfătarea, divertismentul drept motiv fundamental şi ţel al acţiunii, al străduinţelor omului. Hedonistul este cel care năzuieşte să aibă parte în măsură cât mai mare de toate plăcerile care îi sunt accesibile.

acelei mentalităţi pe care o reprezintă şi o promovează eroi ai noilor generaţii cum sunt vedetele show-ului sau ale sportului, promotorii uriaşei industrii a divertismentului, este copleşitoare. Până şi oameni bine educaţi şi performanţi în activităţi specializate rezistă tot mai greu acestei presiuni, care se exercită prin toate mediile, prin omniprezenţa reclamei. Este o constatare că atunci când au posibilitatea să aleagă între o muncă profesională care asigură un trai modest, dar decent, şi oferă, în schimb, multe oportunităţi pentru o exersare independentă a aptitudinilor şi talentelor şi una în care o recompensă financiară incomparabil superioară va trebui plătită cu muncă puţin interesantă şi cu stres, cei mai mulţi vor opta pentru cea din urmă. Apeluri insistente de genul "Trăieşte-ţi viaţa!", "Gustă fiecare clipă!", apeluri care vin din toate părţile, au efecte nivelatoare, nu încurajează diversitatea stilurilor de viaţă[13]. Vizibilitatea culturii autentice pentru un

---

[13] Recent, Daniel Gilbert, profesor de psihologie la Harvard, a publicat o carte cu titlul "A te împiedica în fericire", care se bucură de un mare succes comercial. Termenul central este aici fericirea, pe care autorul o asociază strâns cu plăcerea. Fericirea - spunea Gilbert într-un interviu - este singurul lucru important în viaţă. "Constituţia americană îmi garantează aspiraţia spre fericire, ca şi viaţa şi libertatea. De ce este vorba însă aici de viaţă şi libertate? Există un singur motiv: deoarece şi ele aduc fericire. Menţionaţi-mi ceva care să aibă valoare şi să nu fie o sursă de fericire!" Vorbind despre fericire, Gilbert exprimă într-un mod brutal o mentalitate:"Grăsimea, sarea, zahărul şi sexul sunt cei mai mari aducători de fericire din lume." (Vezi "*Der Spiegel*", nr. 31, 3.07.2006.) În fiecare moment, oamenii care trăiesc în societatea de consum sunt încurajaţi să creadă ceea ce afirmă acest psiholog. H. Shnädelbach apreciază că luminarea este ameninţată astăzi "nu de conservatorismul cultural, de postmodernism, de critica radicală a raţiunii, şi nici în mod primar de fundamentalism", ci înainte de toate "de mecanismele societăţii moderne a informaţiei". (*Die Zukumft der Aufklärung*, în *Op. cit.* , p. 68.)

număr tot mai mare de oameni este profund afectată. Prestigiul idealului umanist clasic al autoperfecționării, al împlinirii de sine, cultivarea bucuriilor cunoașterii și imboldul spre o exersare desinteresată a capacităților creatoare sunt în declin. Concurența divertismentului este tot mai puternică și se dovedeștre adesea irezistibilă. Marea cultură umanistă și arta clasică își găsesc locul în mințile a tot mai puține persoane pentru care ele nu constituie o îndeletnicire profesională[14]. Interesele practice trec tot mai mult înaintea celor emancipatorii, chiar și în păturile mai instruite ale populației. Oamenii se solidarizează incomparabil mai ușor atunci când este vorba de promovarea drepturilor unor grupuri decât atunci când miza este o cauză de interes general. În acest sens, acțiunile pentru păstrarea unui mediu curat și sănătos reprezintă probabil cea mai notabilă excepție. O existență dusă mai mult în orizontul prezentului, participarea și implicarea mai slabă atunci când este vorba de evoluții cu efecte mai indepărtate în timp, afectează vizibil viața publică[15]. Grupuri de interese prea preocupate de prezent pentru a gândi și acționa în mod responsabil din perspectiva viitorului beneficiază astfel de mari posibilități de acțiune și de manevră. Slăbirea capacității de solidarizare și de acțiune convergentă a

---

[14] Pentru ascensiunea prestigiului unei competențe de specialitate, ca sursă a succesului, atracția pe care o exeercită celebritatea și bogăția, perceperea timpului liber ca spațiu al amuzamentului în lumea studențească americană, vezi Allan Bloom, *Criza spiritului american*, traducere de Mona Antohi, Humanitas, 2006.

[15] Vezi în această privință și Herbert Schnädelbach, *Der auferstandene Epikur. Erfahrungen mit akademischer Jugend*, în H. Schnädelbach, *Vernunft und Geschichte*, Suhrkamp, 1987.

cetățenilor maturi favorizează tendințe periculoase de acumulare a puterii și de manipulare a opiniei publice, în modalități tot mai rafinate. Peste toate, omul vestic al zilelor noastre este tot mai puțin receptiv față de acel apel la autolimitare voluntară care invocă un deziderat fundamental al vieții raționale și constituie o poruncă pentru conștiința luminată. Acum aproape o sută de ani, Albert Einstein spunea: "Simt nevoia de cumpătare și am adesea sentimentul apăsător de a pretinde mai mult decât este necesar din munca semenilor mei... Și mai cred că o viață exterioară simplă și lipsită de pretenții este bună pentru fiecare, pentru corp și pentru spirit."[16] Niciodată asemenea reflecții nu au fost mai actuale. Iar dacă ne gândim că ele exprimă unul din puținele puncte de convergență dintre mesajul luminării și cel al religiilor tradiționale, avem bune motive să fim îngrijorați că sunt astăzi atât de puțin receptate.

În România de astăzi, principiile luminării au o acută actualitate. Aici coexistă, într-o tensiune schizofrenică sau într-o alăturare indiferentă, adversarii tradiționali și cei noi ai luminării. Ne întâmpină la tot pasul, pe de o parte apeluri autoritare, care se legitimează prin raportare la absolut, pe de altă parte stereotipiile hedonismului vestic. "Nihil sine deo!" și "Trăiește-ți viață!". Incoerența și confuzia valorilor merge atât

---

[16] A. Einstein, *Cum văd eu lumea*, traducere de M. Flonta, I. Pârvu, D. Stoianovici, Humanitas, 2005, p. 249. Spusele lui Einstein au o relație semnificativă cu o cunoscută sentința, care era populară în rândurile primilor generații de coloniști americani: "Fiecare om este un consumator și el ar trebui să fie un producător". Or, dacă ne-am gândi serios la ce producem și la cât producem atunci, în măsura în care suntem ființe responsabile, apetitul nostru pentru consum ar putea să fie moderat.

de departe încât aceleaşi personaje urmează pios ritualurile religiei tradiţionale şi practică un lux vulgar şi deşănţat.

Observatori ai scenei culturale româneşti, ce vin din locuri în care "dezvrăjirea lumii" (Entzauberung der Welt) a fost în mare măsură desăvârşită, vor fi izibiţi de prezenţa puternică a formelor de viaţă premoderne. Bunăoară înfăptuirea unei revendicări timpurii a modernităţii, despărţirea religiei de stat şi de viaţa politică, transferarea convingerilor religioase în sfera vieţii private, rămâne problematică. În propaganda politică bunele intenţii sunt semnalate adesea prin împrumuturi din limbajul religios. Reprezentanţi ai bisericilor nu ezită să susţină deschis anumite cauze politice, invocând interese ale unor comunităţi locale sau etnice pe care le păstoresc[17]. Pe de altă parte, politicieni populişti şi naţionalişti, care nu-şi aleg mijloacele în încercarea de a ajunge la putere, socot potrivit să confere discursului lor mai multă autoritate şi putere de atracţie prin exploatarea mentalităţilor religioase tradiţionale[18]. Acei vestici care mai visează la reînvierea unei

---

[17] Un politician democrat-creştin, care doreşte să candideze la alegerile care vor avea loc în acest an pentru Parlamentul European, s-a declarat încrezător în reuşita sa pe temeiul sprijinului pe care i-l va acorda Mitropolitul Sucevei. (Vezi "Gândul", 31.01.1007.) Episcopul reformat Laszlo Tokes, care intenţionează să candideze la aceleaşi alegeri, se bucură de susţinerea Bisericii. Eparhia Reformată din Cluj a cerut partidului minorităţii maghiare ca unul din locurile eligibile de pe lista acestuia să-i revină episcopului. Deoarece cererea a fost refuzată, Biserica vrea să îl susţină drept candidat independent. (Vezi "Gândul", 18.02.200.)

[18] Un partid politic în rapidă ascensiune astăzi, Partidul Noii Generaţii, şi-a prezentat recent "doctrina". Proclamându-se creştin şi naţionalist, partidul se declară inspirat şi condus de valorile "creştinismului răsăritean". Deviza lui este: "În slujba crucii şi a neamului". În textul declaraţiei politice se afirmă că "PNG vrea să facă din religia creştină

religiozităţi pe care modernitatea europeană a marginalizat-o se declară entuziasmaţi de ceea ce întâlnesc în România. Simbolurile religioase sunt prezente pretutindeni, în Parlament, în instituţii publice, în şcoli. Demersul unui profesor de liceu care a cerut, în toamna lui 2006, îndepărtarea simbolurilor religioase din şcolile statului, a provocat o dezbatere publică aprinsă. Majoritatea luărilor de poziţie au fost ostile demersului. Iar intervenţia Consiliului Naţional pentru Combaterea Discriminării, care solicita o reacţie a Ministerului Educaţiei şi Cercetării, a stârnit proteste vehemente[19]. Ministrul a refuzat să se implice afirmând că decizia ar trebui să aparţină părinţilor, elevilor şi profesorilor din fiecare şcoală. Tot ceea ce s-a întâmplat cu această ocazie îi avertizează pe eventualii amatori că proteste împotriva prezenţei publice a religiei le pot aduce o pierdere de prestigiu sau chiar neplăceri mai mari.

Caracterizarea dată de Max Weber procesului modernizării, ca proces de diferenţiere şi autonomizare a valorilor, a

prima instituţie politică a democraţiei din România". Scopul declarat al partidului este de a contribui "la transformarea ortodoxiei într-o forţă social-politică redutabilă'. (Vezi "Gândul", 15.02.1007.) Nu s-a înregistrat până acum nici o reacţie din partea conducerii Bisericii Ortodoxe Române.

19 "Îndrăzneala" profesorului a fost condamnată în termeni aspri de personalităţi bine cunoscute, care au intervenit în discuţie. Iată câteva asemenea intervenţii: "Hotărârea Consiliului Naţional pentru Combaterea Discriminării nu face decât să continue practicile comuniste anti-religioase...". "Suntem într-o ţară creştină. În Parlamentul României, deasupra preşedintelui Parlamentului, stă o cruce. O dăm şi pe asta afară din Parlament? Consider că este o ruşine ceea ce se întâmplă." Calificând icoanele drept opere de artă" un apărător al menţinerii lor în şcoli a spus despre profesorul care a deschis această discuţie: "Dacă îl frustrează prezenţa unei opere de artă înseamnă că are un dezechilibru psihic şi ar trebui să fie dus la psihiatru." (Vezi "Ziua", 22.11.2006.)

formelor de viață și a imaginilor lumii, a devenit un loc comun în Vest. Nu tot așa stau lucrurile și în România. O mentalitate adânc impregnată de religiozitatea premodernă este sancționată pozitiv de reprezentanți influenți ai elitei intelectuale, cu deosebire a cele literar-artistice. Intelectuali care se bucură de o mare audiență publică exaltă religiozitatea tradițională și își așează discursul sub semnul pretenției cunoașterii absolutului[20]. Și relația dintre morală și religie rămâne o temă delicată în discuția publică. Kant credea încă în posibilitatea întemeierii credinței religioase pe principiile moralității, ca principe ale rațiunii practice pure. Astăzi se admite îndeobște că întrebarea kantiană *Ce trebuie să fac?* va trebui să primească un răspuns universal valabil, bazat pe consens rațional, iar întrebarea *Ce pot spera?* un răspuns cu semnificație exclusiv personală. O asemenea despărțire clară a sferelor are puțină susținere în discursul cel mai influent astăzi în România și va fi întâmpinată adesea cu suspiciune. Persoane cu pretenții de respectabilitate intelectuală au mari îndoieli că o moralitate autentică ar putea exista fără credință religioasă și, în genere, că un om care gândește bine ar putea să nu fie *religios*, în sensul tradițional al termentului. Se resimte incă puternic influența acelei mentalități rurale arhaice care conferă unei anumite forme de viață rangul de normă generală, de piatră de încercare a moralității și onorabilității.

---

[20] În multe cercuri intelectuale, ideile unor gânditori de orientare naționalist-ortodoxistă din generațiile mai vechi, ca Nae Ionescu, Nichifor Crainic și Petre Țuțea, sunt evocate cu venerație. Informații și comentarii semnificative în această privințe pot fi găsite în lucrări de istorie a ideilor ale lui Adrian Marino. Pentru unele dezvoltări, vezi și M. Flonta, *Ideea kantiană a luminării*, în *Op. cit.*, îndeosebi pp. 259-265.

Cuvântul *dialog* este invocat la fiecare pas, dar există puțină înțelegere pentru autonomia ființei raționale care se poate exprima și in angajarea pentru opinii dizidente, în contestarea opiniei majoritare. Ceea ce apropie gândirea autoritară premodernă de reprezentările hedoniste despre o viață bine trăită este tocmai presiunea conformismului, intoleranța sau lipsa de înțelegere pentru diversitatea autentică. Observația privește atât societatea în ansamblu,cât și lumea celor instruți. Intelectualitatea umanistă este divizată și adesea chiar învrăjbită de reprezentări cu tentă ideologică și îndeosebi de opțiuni politice; ea se dovedește incapabilă să se desolidarizeze pentru a promova discuția critică și consensul rațional în sfera publică[21].

Nu este de aceea de mirare că nu avem o discuție serioasă asupra catastrofei actuale a educației și formării. Aceasta nu este, cum par să creadă mulți, încă o problemă care stă alături de cele ale sărăciei, sănătății, violenței, probleme cotidiene ale multor familii și comunități. Ea stă, de fapt, în centrul celor din urmă. Puține lucruri mi se par mai demne de atenție pentru un om care gândește decât confuzia grotescă a valorilor și vidul

[21] Mulți lideri de opinie și arbitri ai dezbaterii publice, care sunt înclinați spre pronunțări imperiale și sentințe categorice, vor fi bine sfătuiți să reflecteze mai mult asupra virtuților moderației. Foarte conștient, cum a fost și Kant, cât de departe este omul de accesul la omnisciență și la perfecțiune, David Hume scria cu peste 250 înainte că nu există "o metodă mai eficace" de a sprijini cauza conviețuirii pașnice a oamenilor "decât să împiedici orice insultă fără motiv și orice izbândă a unei părți asupra celeilalte, să încurajezi opiniile moderate, să găsești moderația corespunzătoare în toate disputele, să-l convingi pe fiecare că oponentul său poate avea uneori dreptate și să păstrezi un echilibru în laudele și criticile aduse fiecărei părți". (*Despre coaliția dintre partide*, traducere de B. Asaftei, în D. Hume, *Eseuri poltice*, București, Editura Incitatus, 202, p. 85.)

de responsabilitate care ia naştere în mintea oamenilor la întâlnirea dintre credinţe şi mentalităţi autoritare tradiţionale şi fascinaţia hedonismului consumist. Rezultatul nu este o ciocnire în care cele două forţe se resping reciproc, ci o combinaţie hidoasă. Un tânăr îşi face cruce trecând pe lângă o biserică, în timp ce mestecă gumă şi ascultă la cască o muzică la modă, gândindu-se eventual cum va arăta tatuajul pe care intenţionează să şi-l facă. O dezbatere televizată între doi cunoscuţi intelectuali despre un subiect prin excelenţă grav - moartea - urmată imediat de o reclamă pentru o nouă marcă de automobil pe care o prezintă mai multe tinere atrăgătoare, aproape dezbrăcate, care se leagănă lasciv. Relatări despre formaţii sportive de a căror motivare se ocupă nu psihologii, ci preoţii. Invocarea frecventă a sprijinului divinităţii pentru a obţine victoria într-o partidă de fotbal sau câştigul la loterie. Televiziunile şi o presă tot mai comercializate combină adesea, în doze difeerite, discursul religios solemn şi cel civic politic corect - tributul conformist plătit unei anumite înţelegeri a moralităţii şi respectabilităţii - cu senzaţionalul ieftin şi divertismentul vulgar. O dezbatere sobră asupra dificultăţilor cu care se confruntă oamenii de rând în viaţa de fiecare zi va fi socotită plictisitoare.

Filosoful american Ralph Waldo Emerson, care a crezut în unul din idealurile luminării - cultura democratică - povestea că de câte ori întâlnea, în Vest, un om într-un tren citind o carte bună simţea nevoia să-l îmbrăţişeze. Ce ar putea spune astăzi unul dintre cei care iubesc cărţile? Cel care constată cât de bine sunt populate restaurantele, discotecile, cazinourile, cât de prompt se răspunde ofertelor de distracţie uşor accesibilă, şi află, totodată, că, potrivit unui sondaj relativ recent, în România 53% dintre cei întrebaţi nu au cheltuit nimic pentru cărţi, concerte, muzee sau filme, s-ar putea întreba care vor fi consecinţele accentuării acestei tendinţe într-o ţară pe care admiratorii "bunelor rânduieli" nu obosesc să o omagieze drept creştină şi să-i atribuie un potenţial de spiritualitate excepţional de bogat, din care ar trebui să se împărtăşeascăşi Vestul. Iar dacă va cădea într-adevăr pe gânduri, nu ar fi rău să-şi amintească perceptele simple şi clare ale luminării.

Cât de puternică este argumentarea anti-iluministă contemporană?

Adrian-Paul Iliescu

Ca şi în Occident, în România se desfăşoară, de mulţi ani deja, o ofensivă antiiluministă, concretizată prin „atacuri ale unui anumit fanatism religios contra laicităţii, contra egalităţii bărbaţilor şi femeilor",[1] contra raţionalismului şi a universalismului, contra idealurilor toleranţei. Ca şi în Occident, în peisajul cultural românesc există azi o serie întreagă de autori influenţi ce privesc Iluminismul ca pe un eşec atât de evident încât nici nu mai suscită discuţie. Mulţi dintre aceşti autori ar subscrie fără rezerve la sentinţa lui John Gray, unul dintre campionii anglo-saxoni ai anti-iluminismului, sentinţă conform căreia elementele iluministe remanente îşi datorează supravieţuirea exclusiv absenţei unor alternative la proiectul iluminist:

„In the late modern period in which we live, the Enlightenment project is affirmed chiefly for fear of the consequences of abandoning it. Except in the United States,

[1] Tzvetan Todorov, *L'esprit des Lumières a encore beaucoup à faire dans le monde d'aujourd'hui*, interviu acordat în *Le Monde*, 5-6 martie 2006, p. 16

where it has the status of a civil religion, it carries little positive conviction. [...] Ours are enlightenment cultures not from conviction, but by default".[2]

Moda denunțării proiectului iluminist şi vociferările aferente ei sunt, în România, chiar mai vehemente decât în statele dezvoltate din Apus, deoarece vasta operațiune, aflată în plină desfăşurare, de impunere în spațiul public est-european a unei corectitudini politice de dreapta (cu unele tente ortodoxiste), a reuşit în mare măsură să asocieze valorile iluministe cu comunismul: ea sugerează insistent că raționalismul, laicismul şi utopismul promovate de epoca luminilor ar fi (alături de spiritul Revoluției franceze) răspunzătoare de apariția ideologiei comuniste.[3]

În schimb, ceea ce lipseşte în dezbaterea contemporană de la noi este apărarea valorilor iluministe, respingerea a ceea ce Brian Barry a numit «sportul, devenit atât de popular, de a mătura pe jos cu iluminismul» - lipseşte argumentarea critică împotriva concluziei pripite că iluminismul şi-ar fi epuizat total principiile şi forța de convingere, argumentare ilustrată spre exemplu, tot în spațiul anglo-saxon, de Barry.[4] Analiza ce

---

[2] John Gray *Enlightenment's Wake*, Routledge, 1995, p. 144. Unii dintre autorii români care denunță Iluminismul, spre exemplu Virgil Nemoianu, sunt admiratori declarați ai lui John Gray.

[3] Vezi, spre exemplu, Dan Ciachir *Procesul comunismului, procesul Occidentului*, în ziarul *Ziua*, din 19 aprilie 2006, p. 6. Autorul lansează memorabilul apel „să scărmănăm serios etosul Europei Occidentale", justificat prin aceea că lumea apuseană ar fi început, încă de la protestantism, iezuitism şi voltairianism, să aşeze fundațiile comunismului.

[4] Brian Barry *Culture and Equality*, Polity Press, 2001, p. 9: „it is noteworthy how popular the sport of Enlightenment-bashing has become in recent years".

urmează este concepută ca o mică şi parţială contribuţie la atenuarea acestui contrast dintre atitudinile anti-iluministe şi cele pro-iluministe din România. (Precizez însă că nu mă voi referi decât la unele argumente anti-iluministe, formulate cu precădere de pe poziţii neo-conservatoare).

*

Contrastul dintre puternica mobilizare antiiluministă şi slaba pledoarie proiluministă nu trebuie să ne surprindă. El se poate explica prin anumite continuităţi de mentalitate. Încă Eminescu, ca exponent al unor elite politice şi culturale cu vederi de dreapta radicale, a promovat «Contrailuminismul» (ceea ce Isaiah Berlin numea «the Counter-Enlightenment»), mai ales pe cel de inspiraţie romantică şi naţionalistă germană, în dauna Iluminismului. Preluînd ştafeta, extrema dreaptă românească a denunţat şi mai insistent în perioada interbelică - prin Nae Ionescu, Mircea Eliade, Emil Cioran şi mulţi alţii - valorile şi principiile iluministe. Nae Ionescu atribuie Iluminismului o lungă serie de păcate mortale, de la cele «metafizice» - de exemplu, pretenţia „de a crea realitatea prin jocul logic al raţiunii",[5] - şi până la cele «pedestre»: acela de a fi creat francmasoneria.[6] Iluminismul apare ca fiind strâns legat de tot ceea ce este rău (în ochii extremei drepte româneşti), începând cu spiritul ştiinţific («pozitiv») şi terminând cu . . . Liga Naţiunilor: „structural, este o strânsă corelaţie între iluminism, pozitivism, iacobinism, gândire anglo-saxonă, gândire iudaică şi gândirea din care purcede

---

[5] Nae Ionescu *Roza vînturilor*, Editura Hyperion, 1993, p. 199

[6] Nae Ionescu *Roza vînturilor*, Editura Hyperion, 1993, p. 245

invenția și mașinăria Ligii Națiunilor".[7] Cititorul lucid și calm se va întreba, desigur, ce poate fi comun bunăoară între «iacobinism» și «gândirea anglo-saxonă». Răspunsul nu este greu de găsit. Nu e vorba de idei politice comune, deoarece iacobinismul era o mișcare revoluționară aflată la extrema stângă a spectrului, în timp ce gândirea anglo-saxonă era antirevoluționară și se situa la centru sau în zona de centru-dreapta. Comun celor două era însă refuzul de a se plasa la extrema dreaptă a spectrului politic, acolo unde credea Nae Ionescu că s-ar afla Adevărul, și de a repudia Iluminismul (deși iluminismul anglo-saxon era profund diferit de cel continental, care inspira iacobinismul). Pentru publicistul român (în mod greșit exaltat azi ca filosof) acest minuscul element comun era însă suficient ca temei pentru o condamnare globală. Ca atare, Nae Ionescu se simte îndreptățit a se delimita simultan atât de idealurile de la 1789, cît și de contractualismul anglo-saxon, anunțând cu mândrie: „nu cred în iluminism, în 1789, în Umanitate (cu U mare), în contractualism, în Liga Națiunilor și așa mai departe".[8]

Disciplinat și entuziast, Mircea Eliade va prelua de la magistrul său profesiunea de credință antimodernă, pretinzând că primul război mondial ar fi dizolvat definitiv toate opțiunile iluministe: „Mitul progresului infinit, credința în rolul decisiv al științei și industriei, care trebuiau să instaureze pacea universală și justiția socială, primatul raționalismului și prestigiul agnosticismului - toate acestea se spulberaseră pe

[7] Nae Ionescu *Între ziaristică și filosofie*,Timpul, 1996, 22
[8] Nae Ionescu *Roza vînturilor*, Editura Hyperion, 1993, p. 100

fronturile de luptă".[9] Un prohod prematur, desigur, căci, dacă *iluziile* iluministe s-au spulberat într-adevăr, *idealurile* iluministe nu dispăruseră în perioada interbelică, aşa cum voia să creadă extrema dreaptă. Ele vor rezista şi vor renaşte, mai ales după 1945.

Transformarea unor figuri ca Nae Ionescu şi Mircea Eliade în obiect de cult, precum şi ipostazierea epocii interbelice (dominate de extremismul de dreapta, inspirat de contrailuminism) în epocă-model, facilitează resurgența mentalităților antiiluministe.

*

O primă linie de atac la adresa iluminismului se bazează pe simpla invocare a Răului din lumea contemporană. Că lumea de azi este intrinsec *rea* apare, în dezbaterile din România, de regulă ca un «adevăr manifest» (ca să preiau termenii lui Karl Popper), ca un adevăr evident şi de la sine înțeles. Nu pare să mai fie nevoie de o argumentare în acest sens; în locul argumentelor, se vehiculează o suită de concepte şi epitete ca „laicizarea brutală, lipsa dimensiunii spirituale a existenței, materialismul grosier" (Mihai Zamfir), „descompunerea societății occidentale" sau „declinul Occidentului" (Sorin Antohi); o „Nebunie a Occidentului", „o catastrofă totală, o formă de anarhie acreditată" (Traian Ungureanu); „izgonirea gândirii religioase", „exilarea moralei dintre valorile publice" şi „incapacitatea Occidentului de a-şi da o ierarhie a valorilor", „raționalism decadent" (tot Traian

[9] Mircea Eliade *Profetism românesc*, Editura Roza vînturilor, 1990, vol. 1, p. 10-11

Ungureanu); sau, conform altor autori, „ura față de creștinism" care ar fi „devenit aproape unicul conținut *spiritual* al modernității noastre" (Patapievici).[10]

Impresia curentă că răul intrinsec modernității este evident, fiind axată pe supoziția «faptele vorbesc de la sine», este, din punct de vedere epistemologic, de o mare naivitate. În realitate, simpla descriere a modernității (fie ea și în termeni duri, ca cei de mai sus) *nu vorbește de la sine* și nu condamnă *ipso facto* iluminismul. Că lumea modernă este Răul însuși, este ceva ce trebuie totuși argumentat. Că Răul modern este efectul Iluminismului, trebuie încă mai mult argumentat.

Ceea ce se sugerează de obicei (și ar trebui să țină loc de argument) cade însă la examenul de *bună argumentare.* Mai întâi, există un cerc vicios implicit. Lumea modernă este rea (și este un eșec) pentru că este secularizată, pentru că nu se aliniază valorilor creștine (sau ierarhiei creștine de valori), pentru că în loc de a se baza pe spiritualitate, se axează pe raționalism. De ce, însă, toate acestea sunt lucruri rele? Pentru că aparțin mentalității eșuate a iluminismului. Dar iluminismul de ce constituie un eșec? Pentru că a creat o lume rea, secularizată, raționalizată, scientizată. Sintetic spus: lumea este *rea* pentru că poartă amprenta iluminismului (și nu a creștinismului); iar iluminismul este un rău pentru că a creat o lume *rea* (adică laicizată, iar nu creștină). Descrierea lumii în termenii valorilor iluministe (valori conotate negativ, prin epitete descalificante) vrea să justifice concluzia că lumea contemporană este rea; iar faptul că lumea (creată de

[10] H.-R. Patapievici *Agonia creștinismului*, în *Idei în dialog*, nr. 1/2007, p. 55

iluminism) este rea vrea să justifice concluzia că valorile iluministe şi, deci, întregul iluminism, constituie un eşec şi o rătăcire. Că secularitatea, raționalizarea sau rezervarea spiritualității pentru spațiul privat ar putea fi interpretate şi pozitiv, criticii români ai Iluminismului nu vor să ia în considerare.

În al doilea rând, foarte frecvent întrebarea retorică «poate oare să ne placă felul cum arată lumea de azi?» ține loc de dovezi cu privire la malignitatea intrinsecă societății contemporane. Este astfel escamotat faptul că *revolta morală* (pe care o stârnesc fenomene grave, cum sunt terorismul, violența politică şi socială, conflictele etnice etc.) nu poate funcționa ca şi criteriu de evaluare a răului lumii de azi (presupuse a fi impregnate de Iluminism) *în raport cu alte lumi posibile*. Această revoltă trebuie ea însăşi justificată şi raționalizată, prin demonstrarea faptului că societatea contemporană este *mai rea* decât alternativele sale posibile (care nu ar fi fost modelate de Iluminism). Care ar fi însă aceste alternative? Una dintre acestea ar fi fost, eventual, societatea nesecularizată, necontaminată de raționalism, dominată de spiritualismul tradiționalist. Din câte ştiu, însă, nimeni nu a încercat (la noi) măcar să schițeze modul în care ar fi evoluat lumea occidentală până în secolul XXI dacă Renaşterea, protestantismele şi Iluminismul nu ar fi existat. Şi nu fără temei: un asemenea exercițiu contrafactual ar fi o pură jonglerie cu artefacte ale fanteziei personale, căci ne lipsesc criteriile pe baza cărora am putea construi obiectiv lumi posibile de acest tip.

Dacă adversarii Iluminismului presupun că o alternativă de acest fel ar fi fost superioară societății de azi, ei se sprijină, în concluzia lor, pe imaginea unei societăţi în care proiectul axat pe valorile creştine ar fi reuşit să epureze lumea de rău, şi conchid că o atare societate ar fi fost superioară celei impregnate de Iluminism. Această comparaţie este însă incorectă: nu este *fair* să se compare o societate ideală (cea a *proiectului* creştin, presupus a fi *deja realizat pe deplin*) cu una reală (cea în care Iluminismul a schimbat efectiv lumea, dar nu a reuşit să elimine Răul): la urma urmelor, şi adepţii Iluminismului ar putea postula (aşa cum fac apărătorii valorilor creştine şi ai tradiţionalismului anti-iluminist) că o societate în care proiectele iluministe ar fi reuşit pe deplin ar fi arătat impecabil din punct de vedere moral (şi nu aşa cum arată lumea de azi). Nu se poate deci ajunge nicăieri pe baza comparării unei lumi reale (marcate de tot Răul din ea) cu o lume ideală, presupusă (în care tot Răul ar fi fost alungat de creştinism).

O a doua tentativă la care se recurge este aceea de a decide Răul intrinsec al lumii contemporane prin simpla contabilizare a grozăviilor secolului XX. Se aminteşte mereu, în acest sens, că totalitarismele acestui secol au făcut mult mai multe victime decât toate conflictele anterioare, din epocile «neluminate» de valorile ştiinţei, progresului şi Iluminismului; că s-a ajuns la cruzimi inimaginabile (cum sunt experimentele pe oameni) etc. Este însă limpede că simpla contabilitate (fie ea şi corectă) a catastrofelor morale din secolul XX nu spune, în ea însăşi, nimic relevant despre efectele Iluminismului. De ce?

În primul rând, pentru că raţionamentul următor (foarte caracteristic) este greşit: «lumea modernă este rea şi ea este impregnată de iluminism, deci ea dovedeşte răul intrinsec iluminismului care a modelat-o». Este ca şi cum cineva ar spune: «acest corp este bolnav şi, cum el este hrănit de sângele care circulă, rezultă că sângele este otrăvit». Concluzia poate părea a rezulta din premise, dar ea nu urmează din ele deloc: dacă nu există dovezi independente despre otrăvirea sângelui, coexistenţa bolii cu omniprezenţa sângelui nu spune absolut nimic. Coincidenţa sau coexistenţa Răului cu anumite prezenţe specifice nu demonstrează că acele prezenţe (şi nu altele) sunt sursa Răului. Este perfect adevărat că Iluminismul a modelat, în bună parte, lumea modernă, dar el nu este câtuşi de puţin singura influenţă modelatoare: la fel de mult, lumea a fost modelată de persistenţa unor tradiţii şi atavisme (morale, politice, psihologice), de particularisme, de naţionalisme, de ura tribală, de fanatism şi aşa mai departe. Cine poate demonstra că Iluminismul, şi nu aceste alte influenţe modelatoare, se află la originea Răului contemporan?

În al doilea rând, nu se poate proba că, în absenţa Iluminismului şi a influenţei sale, nu s-ar fi produs *alte* catastrofe morale (genocid etc.), mai cu seamă în condiţiile în care tehnica şi capacitatea administrativă ar fi ajuns la aceleaşi performanţe la care au ajuns ele de fapt în secolul XX. Ni se indică aberaţiile la care a ajuns spiritul «luminat», folosindu-se de ştiinţa, tehnica şi capacitatea administrativă modernă; acestea sunt într-adevăr cutremurătoare. Dar ce anume ne poate asigura că un spirit neluminat (creştin-tradiţionalist, iar nu secularizant, spiritualist, iar nu ştiinţific, iraţionalist, iar nu raţionalist) nu ar fi ajuns în timp la aberaţii egale sau chiar mai mari, mai ales dacă ar fi dispus de aceeaşi tehnică şi capacitate de organizare? Iar dacă precizăm că alternativa preferabilă lumii contemporane ar fi fost nu numai eliberată de «dogmele iluministe», ci şi lipsită de tehnica sau capacitatea administrativă modernă, atunci concluzia este că ceea ce ni se propune (drept preferabil) nu e nimic altceva decât *înghețarea* universului uman la nivelul său anterior epocii moderne, adică utopia inversă a eternizării unei epoci trecute. Acestea nu sunt argumente de natură să poată dovedi că lumea de azi este mai rea decât alternativele ei, ci simple expresii ale unei nostalgii paseiste.

Se insistă, spre exemplu, că secularizarea a produs lumea de azi, cu toate defectele şi caracteristicile ei inadmisibile. Dar nimeni nu analizează tipul de societate la care s-ar fi ajuns în absența secularizării; se asumă tacit că acest tip ar fi fost superior societății prezente, dar ce anume ne asigură de acest lucru? Răspunsul este: doar un entuziasm paseist. Toleranța modernă (se afirmă) a condus la excesele şi vulnerabilitățile comunitare vizibile azi (criminalitate, violență, terorism şi aşa mai departe). Dar nu se indică în nici un fel la ce fel de realitate socială ar fi condus perpetuarea intoleranței. În spatele argumentărilor obişnuite pare să se ascundă convingerea că, în timp ce amplificarea toleranței a dus la o lume marcată de rău, conservarea intoleranței ar fi asigurat o lume mai bună. Însă această convingere nu are absolut nici un temei, sau, cel puțin, nimeni nu a reuşit să indice temeiurile pe care s-ar putea sprijini ea.

O a treia tentativă de a dovedi Răul suprem din lumea de azi constă în a sublinia că Iluminismul reprezintă un eşec în raport cu propriile sale principii; că el nu şi-a atins propriile idealuri, că nu şi-a îndeplinit promisiunile etc. O primă observație: chiar dacă acest mod de a pune problema ar fi adecvat, el nu ar conduce la concluzia că lumea modelată de Iluminism este mai rea decât cea premodernă, ci doar la concluzia că Iluminismul a eşuat în promisiunile sale. Nu ni s-ar dovedi însă, *ipso facto*, că lumile alternative (la cea modelată de Iluminism) ar fi fost preferabile. Dar acest mod de a pune problema este greşit din cel puțin două motive.

Primul motiv: aşa cum s-a mai subliniat (Brian Barry), nu a existat de fapt un unic proiect iluminist, care să se identifice cu, şi să se reducă la, promisiunile precise privind viitorul de aur al societății umane; au existat mai multe proiecte iluministe (în variante aparținând mai multor gânditori). Este adevărat că unele dintre acestea au exprimat sau sugerat speranțe foarte mari, ori au fost interpretate ca formulând promisiuni formidabile: pacea eternă, fericirea tuturor, dispariția Răului etc. Dar nu toate contribuțiile iluministe sunt condiționate de îndeplinirea acestor promisiuni şi, în tot cazul, Iluminismul nu se reduce la acestea. A denunța Iluminismul pentru simplul motiv că nu a realizat cele mai înalte speranțe puse în el înseamnă a confunda *aşteptările* cu *principiile* iluminismului (universalismul, raționalismul, autonomia individului etc). Condamnarea Iluminismului presupune respingerea acestor principii, nu pur şi simplu indicarea faptului că cele mai mari speranțe investite (de unii, şi nu de toți iluminiştii) s-au dovedit iluzorii.

Apărătorii Iluminismului vor putea totdeauna răspunde că «experimentul» uman nu are limite precise de timp, şi dacă principiile sale nu au dus *încă* la rezultatele optime dorite, aceasta nu înseamnă că ele sunt *în sine* greşite. Pentru a anula valoarea acestui răspuns, adversarii Iluminismului vor trebui să asume că «experimentul» este deja încheiat în mod conclusiv, şi că el arată falsitatea principiilor iluministe; o atare asumpție transformă însă argumentarea lor într-una circulară: tocmai pentru că postulează eşecul Iluminismului, pot ei să stabilească faptul că lumea de azi este una *rea*; iar faptul că este rea, devine temeiul lor pentru a demonstra rătăcirea Iluminismului care a modelat-o.

Al doilea motiv: este limpede că şi creştinismului tradiționalist i se poate oricând imputa neîndeplinirea marilor idealuri propuse de el, exact aşa cum i se impută şi Iluminismului eşecul de a materializa aceste idealuri. Dacă am conchide la eşecul Iluminismului plecând de la constatarea prezenței Răului în lume, de ce nu am conchide şi la eşecul Creştinismului plecând de la constatarea aceluiaşi Rău peren? Căci peste o mie de ani de creştinism, ce au trecut înainte de Renaştere, n-au reuşit să impună eliminarea Răului... Denunțătorii Iluminismului resping «experimentul» iluminist, evocând promisiunile acestuia şi faptul că s-a aşteptat destul (peste două secole), fără succes, pentru îndeplinirea lor. Acest fel de a gândi lucrurile poate fi admis: se poate recunoaşte că, în acest sens, Iluminismul nu este un succes. Dar aceasta nu dovedeşte (aşa cum ar dori acei adversari ai Iluminismului care îşi încheie pledoariile cu *nihil sine Deo*) superioritatea unei lumi tradiționalist-creştine asupra celei iluministe. Căci, şi despre creştinism s-a spus exact acelaşi lucru: «este adevărat: noi nu putem demonstra că Învierea morților şi Mântuirea universală nu se vor produce totuşi într-o bună zi; dar am aşteptat destul». În cazul creştinismului, aşteptarea (fără succes) a fost chiar mult mai îndelungată decât în cazul Iluminismului. Nu se poate deci, în acest context argumentativ, trage concluzia că lumea iluministă este inferioară celei creştine din punctul de vedere al promisiunilor ei.

În fine, toate argumentările antiiluministe tind să escamoteze contribuţiile pozitive ale Iluminismului. John Gray, unul dintre cei mai expeditivi denunţători ai luminilor, admite că ideile iluministe, deşi «iluzorii», au inspirat anumite «progrese sociale», spre exemplu abolirea torturii în justiţie.[11] De asemenea, Gray recunoaşte că instalarea toleranţei în lumea occidentală datorează mult Iluminismului, care includea o tradiţie sceptică favorabilă îngăduinţei moderne.[12] Însă nici Gray, nici alţi critici nu trag din aceste concesii concluzia necesară: ei refuză să recunoască semnificaţia şi greutatea progreselor inspirate de Iluminism. Evitând să cântărească comparativ succesele şi eşecurile Iluminismului, tind mereu să sară direct la teza că bilanţul acestuia ar fi negativ, deşi, *acest bilanţ nu a fost, de fapt, realizat.*

Gânditori ce aparţin tradiţiei analitice, cum ar fi Hilary Putnam, evidenţiază valorile pe care Iluminismul le-a adus lumii moderne, bunăoară *diversitatea de opinii* şi *societatea deschisă*:

> „Gânditorii clasici vedeau diversitatea de opinii ca pe un semn al decăderii şi ereziei; numai începând cu Iluminismul acestea au putut fi văzute ca nişte bunuri pozitive. [...] Societăţile moderne nu sunt unite de o singură concepţie comprehensivă asupra lumii. Ele nu sunt unite de

[11] John Gray *Heresies*, Granta Books, p. 5
[12] John Gray *Heresies*, Granta Books, p. 88

> o singură religie, iar dacă mai există convingeri morale împărtăşite, ele nu sunt convingeri morale *necontestate*. Mai mult decât atât, exceptând o minoritate de reacţionari, noi nici nu dorim ca societăţile noastre să fie unite de sisteme indiscutabile de convingeri morale şi religioase. Noi apreciem libertatea pe care o avem de a ne alege propriile „destine" [...] libertate înţeleasă nu numai ca o libertate de a-ţi alege ocupaţia sau profesia, ci şi ca libertate de a hotărî în mod autonom cu privire la valori, scopuri, norme concrete şi chiar, într-o anumită măsură, la moravuri. Ceea ce numim Iluminism a fost în mare măsură o mişcare intelectuală dedicată furnizării unui temei raţional pentru acest gen de «societate deschisă»; nu era doar un temei politic şi istoric, ci şi unul epistemologic, unul care cuprindea «argumente despre caracterul incert al cunoaşterii noastre morale şi religioase». Iar problemele generate de Iluminism sunt încă probleme pentru noi; apreciem valoarea toleranţei şi pluralismului, dar suntem tulburaţi de scepticismul epistemologic care a apărut odată cu toleranţa şi pluralismul. [. . .]
>
> Întrebarea dacă o societate poate evita scepticismul moral coroziv fără a cădea înapoi într-un autoritarism moral este încă o întrebare deschisă".[13]

Deşi Putnam pare pe deplin conştient de faptul că moştenirea iluministă este complexă - cuprinzând avantaje, aşa cum este *evitarea autoritarismului moral*, dar şi riscuri, aşa cum este *scepticismul moral coroziv* –, nici el nu face un bilanţ global de natură a justifica sau condamna Iluminismul. Şi, probabil, un atare bilanţ nici nu poate fi făcut. Dar această limitare drastică a capacităţii noastre de evaluare serveşte

---

[13] Hilary Putnam *Pragmatism*, Blackwell, 1995, pp. 1-2

adversarilor Luminilor, care tind să postuleze că bilanțul global este negativ. Recursul la postulat (la un postulat de regulă implicit) nu este însă decât o confirmare a neputinței de a dovedi natura *rea* a Luminilor şi a societății de azi.

Eşecul tentativelor de a demonstra că lumea contemporană este *intrinsec rea* ne lasă în următorul punct: adversarii Iluminismului văd lumea ca pe un univers al marasmului moral şi refuză să acorde importanță eventualelor elemente pozitive din societatea contemporană; se postulează marasmul tocmai pentru a se minimaliza orice presupus «progres» moral. În schimb, apărătorii acestuia pot continua să susțină că Răul din lume este doar contingent, şi că el trebuie contrapus progreselor morale realizate în timp. Pe scurt, numai cine este deja convins că lumea de azi este o *cădere*, o *prăbuşire*, va conchide la eşecul Iluminismului care a creat sau accelerat frenetic această cădere; iar «insulele» de bine moral vor fi astfel tratate ca nesemnificative. Adepții Iluminismului nu vor vedea însă lucrurile la fel: ei vor percepe lumea nu ca pe un spațiu al marasmului, ci ca pe unul al progreselor Binelui, în care subzistă însă «insule» de malignitate. Răul din lume va apărea astfel contingent şi, la limită, vulnerabil în fața progreselor Rațiunii. Cei dintâi vor evidenția criza valorilor, omniprezența conflictelor, genocidul, crimele pe scară largă; cei din urmă vor reliefa progresele civilizatorii (egalitatea politică, acceptarea diversității, toleranța), prăbuşirea totalitarismelor, extinderea democrației parlamentare sau faptul că democrațiile (spre deosebire de autoritarisme) evită să declanşeze între ele războaie. Interpretările opuse rămân deci active, iar criticii Iluminismului nu pot pretinde a fi câştigat definitiv disputa.

Un al doilea adevăr-manifest evocat la noi este că răul evident ar fi rezultatul funcţionării conceptelor şi ideilor iluministe: „Un tip de degradare îngrijorătoare ale cărei simptome devin tot mai vizibile pare să macine astăzi lumea occidentală. [...] suita de concepte introduse în epoca Iluminismului, precum primatul raţiunii şi al drepturilor individuale, de la care se revendică arhitecţii şi activiştii secularismului, sună poate bine pe hârtie, dar rezultatele de pe teren sunt departe de a fi entuziasmante" (Alexandru Lăzescu).[14] De aici pleacă o a doua linie de atac împotriva Iluminismului: nu numai că lumea de astăzi este intrinsec rea; dar ea este *rea datorită acţiunii principiilor iluministe.*

Premisa este aşadar aceea că marasmul este datorat Iluminismului. Este oare convingătoare această premisă? Voi încerca să argumentez că, în varianta curentă cel puţin, ea nu este convingătoare.

Orice *Weltanschauung* are propria formulă internă de explicare a Răului. O societate plină de Rău dar ataşata creştinismului tradiţionalist nu va admite, desigur, că tocmai creştinismul ar fi vinovat pentru Răul din societate; ea va susţine că Răul existent are caracter remanent, fiind rezultatul insuficientei pătrunderi a creştinismului în conştiinţele oamenilor, a unei asumări incomplete a valorilor creştine. În mod analog, Iluminismul va susţine că Răul care persistă este

---

[14] Alexandru Lăzescu *Icoane, demagogie politică şi agenda secularismului vest-european*, în 22, nr. 874, 5-11 decembrie 2006, p. 4

ceea ce a rămas şi a rezistat raţionalizării iluministe a conduitei umane; că el se datorează unei insuficiente asumări a valorilor iluministe, supravieţuirii particularismelor, iraţionalităţii etc. Numai cine respinge această explicaţie iluministă va putea ajunge la concluzia că tocmai valorile iluministe poartă vina fenomenelor maligne recunoscute. Trebuie să pleci de la respingerea Iluminismului pentru a dovedi «vinovăţia» sa pentru ceea ce este negativ în societatea modernă. Într-un fel, ne întoarcem la un cerc vicios: numai pe baza acceptării premisei că valorile iluministe sunt false valori, se poate ajunge la concluzia că lor li se datorează Răul din lumea contemporană.

Dar este interesant de urmărit felul cum funcţionează aici circularitatea. Se afirmă frecvent, bunăoară, că marile totalitarisme ale secolului XX, fascismul şi comunismul, ar fi efectul spiritului nebunesc de inginerie socială cultivat de Iluminism. Este neîndoielnic adevărat că principiile iluministe au contribuit la formarea paradigmelor moderne de gândire politică. Este probabil adevărat că idealurile raţionaliste şi progresiste, mai ales principiul autonomiei Raţiunii, au slăbit restricţiile tradiţionale asupra impulsurilor de schimbare a ordinii sociale tradiţionale, deci au contribuit la formarea mentalităţii că societatea ar putea fi schimbată după voia noastră. Dar oare în simpla idee că putem schimba societatea cum dorim stă Răul totalitar? Antiiluminiştii vor spune că da; ei vor pretinde că anemierea centrelor tradiţionale de autoritate, relaxarea standardelor de disciplină socială (ale respectului pentru tradiţii, ierarhii etc.) şi ridicarea restricţiilor asupra acţiunii voluntare au condus, în cele din urmă, la tragediile binecunoscute ale totalitarismului. Aici este însă implicată presupoziția că abandonarea constrângerilor tradiționale (creştine) a fost *nu numai condiția necesară, ci şi cea suficientă* pentru crimele secolului XX. Dar a asuma această presupoziție, echivalează cu a spune că orice îndepărtare de creştinism şi de tradițiile premoderne nu putea fi decât rea şi nu putea duce decât la tragedie socială - ceea ce înseamnă că Răul Iluminismului (care, conform criticilor săi, s-a îndepărtat de creştinism) este deja asumat, este asumat implicit de la bun început, şi numai pe baza acestei asumpții se ajunge la concluzia că tocmai lui i se datorează fenomenele maligne din perioada modernă.

Prin contrast, un apărător moderat al Iluminismului va vedea lucrurile altfel. Chiar dacă va recunoaşte că acesta a relaxat disciplina socială şi a încurajat aspirațiile către marile inginerii sociale, el va susține că aceste efecte nu au constituit decât o condiție necesară, dar nu şi una suficientă pentru toate acele catastrofe produse de comunism şi de fascism. Adeptul valorilor iluministe va sublinia că Răul totalitar s-a datorat mai ales particularismelor fanatice, nu universalismului iluminist.

Particularismul fanatic al rasei superioare, etnicismul *Blut und Boden*, şi încrederea în supremația forței asupra dreptului ar fi (în această interpretare) răspunzătoare de crimele fascismului; aşadar, nu ingredientele iluministe (favorabile universalismului, raționalității, supremației dreptului) ar fi cele direct responsabile de Răul produs în secolul XX prin acțiunea ideologiilor de extremă dreaptă.

De asemenea, în cazul comunismului, tot elementele particulariste ar constitui factorul malign: ceea ce a condus în mod direct la crimele comuniste nu a fost idealul de dreptate socială în sine, ci particularismul doctrinei mesianice că *o clasă anume, un partid anume* şi o *elită revoluționară* ar fi mandatate de «Istorie» să impună Binele general tuturor (în ciuda oricărei rezistențe «reacționare»). Că unii (clasa muncitoare, comuniştii, revoluționarii) sunt predestinați să facă dreptate în lume, iar ceilalți trebuie să li se supună; că «reacționarii» nu pot fi convinşi, ci trebuie învinşi, adică exterminați, că orice opoziție înseamnă «atitudine duşmănoasă» şi ea trebuie eliminată cu forța; că este necesară o «dictatură» pentru ca Binele să învingă Răul - acestea (se poate susține) sunt adevăratele *surse directe* ale tragediilor produse de comunism.

Dar acestea sunt legate de particularism, şi nu de universalismul iluminist; de o încredere în victoria raționalității unui grup particular (prezentat, desigur, ca exponent al mersului istoriei universale!), nu de una în victoria rațiunii ca înzestrare universală. Aici nu se făcea apel atât la raționalism, cît la un fel de iraționalism - conform căruia îndreptarea societății nu se poate face pe căi strict raționale, prin convingere şi cooperare, prin toleranța față de Celălalt, atât de călduros apărată de Lessing, ci numai prin forța care impune progresul.

Un raționalism universalist de tip kantian, care pretindea ca fiecare om să fie tratat drept scop în sine, nu drept mijloc, nu putea legitima «dictatura proletariatului», «zdrobirea duşmanului de clasă» şi «doctrina omletei» («care nu se poate face fără a sparge ouăle» - doctrină care i-a sugerat lui Isaiah Berlin remarca amară că, până la urmă omleta nu se mai face, şi ceea ce rămâne sunt ouăle sparte).

Doctrina iluministă a progresului i-a dezinhibat, într-adevăr, pe oameni şi i-a făcut receptivi la, ba chiar nerăbdători faţă de, proiectele de schimbare socială. Iluminismul poate fi acuzat că a încurajat experimentalismul social (chiar şi John Stuart Mill era pentru experimentalism, dar pentru unul individualist); însă pentru ca experimentalismul să ducă la catastrofă, a trebuit ca unii să îşi asume *dreptul de a-i forţa pe alţii* să se supună marilor proiecte «progresiste». Aceasta nu se putea face însă doar pe baze iluministe - adică pe temeiul ideilor universaliste, raţionaliste, al ideilor de conciliere universală, de «pace eternă», sau, în varianta iluminismului anglo-saxon, pe baza ideilor creşterii organice a cooperării sociale. A trebuit să intervină o altă ideologie, o doctrină particularistă a superiorităţii (de rasă, în cazul fascismului) sau de clasă (la comunişti); să se impună teza opoziţiei «prieten-duşman» (Carl Schmitt) la nazişti şi aceea a luptei de clasă, la comunişti, pentru ca idealurile să degenereze în crime. Erau aceste ideologii, doctrine şi teze care au intervenit decisiv iluministe? Deloc. Nu erau iluministe, ci marcat particulariste. Încrederea în progres, idealul unei ordini raţionale (care să se substituie celei tradiţionale), autonomia gândirii umane istorice (faţă de dogmele religioase eterne) şi alte elemente iluministe au contribuit enorm la schimbarea mentalităţilor, dar nu ele sunt direct responsabile de nazism sau comunism. De fapt, ingredientele de *filosofie a puterii, ideologia nevoii de forţă, misionarismul particularist* (al unei rase, naţionalităţi sau clase) au dus la crimă. Or toate acestea nu au caracter iluminist, ci ţin mai curând de contrailuminism. Căci Iluminismul era mai curând încrezător în posibilitatea consensului raţional, a cooperării,[15] a progresului spiritelor individuale, decât ferm convins de nevoia ca Forța să impună un ideal de dreptate națională sau socială.

*

Concluziile discuției de mai sus sunt de ordin critic și limitativ. Este decisiv să fie luat în considerare faptul că nu s-a făcut încă nici un «bilanț» sistematic al consecințelor Iluminismului; iar câtă vreme un atare bilanț nu este disponibil, demonizarea Luminilor rămâne o simplă manevră ideologică. Rămâne, de asemenea, de dovedit dacă relele lumii moderne se datorează triumfului Luminilor, sau, dimpotrivă, nereușitei lor de a se impune.

În general, atacurile aparent devastatoare lansate împotriva ideilor iluministe își extrag aparența de plauzibilitate dintr-o confuzie: confuzia dintre *principiile iluministe* și *exaltarea ideologică iluministă.* Orice curent important de gândire și de atitudine morală generează, la vremea sa, entuziasm și febrilitate propagandistică. Nici Iluminismul nu a fost scutit de aceste efecte colaterale, iar ele au condus la o exaltare ideologică specifică. Expresiile acesteia sunt ambițiile maximale ale fericirii generale, păcii eterne, fraternității universale, abandonării definitive a loialităților grupale sau tribale (etnice, religioase etc.); utopiile progresului neîntrerupt și atotcuprinzător, stabilirii unui cod rațional unic și universal

---

15 De aici, și repulsia extremismului politic de dreapta față de el - Nae Ionescu își explica astfel neîncrederea în Iluminism și neîncrederea în colaborarea dintre state: „Nu cred în colaborarea generală pentru că nu cred în Iluminism..." (*Roza vînturilor*, op. cit. , p. 100).

pentru întreaga umanitate, raționalizării complete a lumii și a vieții, secularizării și scientizării existenței oamenilor. Evident, aceste ambiții nu mai sunt azi realiste sau rezonabile. Dar abandonarea lor nu atestă prăbușirea Iluminismului ca atare, ci numai destrămarea exaltării ideologice create în jurul său. În timp ce aceasta dispare, principiile iluministe subzistă ca fundament încă nerivalizat în mod serios de nici o alternativă modernă.

Într-adevăr, există vreo alternativă contemporană la principiile diversității și toleranței, la ideea așezării vieții și a relațiilor umane pe baze raționale, la principiul societății deschise? Există vreo doctrină modernă coerentă și convingătoare care impune unitatea monolitică în locul diversității, intoleranța în locul toleranței, idealul gestului irațional în locul raționalității, care cere întoarcerea la o societate închisă, axată pe autoritarismul unei unice religii, pe un Adevăr unic, universal și obligatoriu, pe ierarhii rigide sau caste, pe repudierea libertății individuale și desființarea egalității? Câtă vreme nu se va constitui o atare doctrină, și ea nu se va dovedi capabilă să convingă membrii societății moderne, principiile iluministe nu pot fi considerate vetuste. Absența unui proiect coerent și substanțial, rival față de cel iluminist și opus spiritului Luminilor, nu este, așa cum sugerează John Gray, un simplu accident de parcurs; ea spune ceva despre soliditatea și puterea de convingere a idealurilor iluministe, evidențiind indirect și carențele argumentării îndreptate împotriva acestui spirit.

Iluminism şi istorism

Vasile Muscă

Observate mai atent, manifestările legate de programul *Sibiu, capitala culturală europeană - 2007*, acreditează impresia că, într-un fel sau altul, ele tind să se constituie într-un adevărat elogiu adus iluminismului secolului al XVIII-lea, numit şi al luminilor, a cărui figură proeminentă în Ardeal, în al cărui palat se desfăşoară chiar lucrările întâlnirii noastre ştiinţifice, a fost baronul *Samuel von Bruckental.*

Trebuie să admitem că în judecăţile noastre istorice suntem înclinaţi, de cele mai multe ori, să nedreptăţim epoca luminilor, depreciind rolul excepţional în conturarea profilului lumii moderne. Ne-am lăsat pradă obişnuinţei de a considera că spiritul modern, şi lumea modernă în care acesta s-a încorporat, au apărut în Renaştere, ce reprezintă cu adevărat zorii modernităţii. Într-o însemnare rătăcită a sa, Nietzsche spunea că Renaşterea este cel mai important eveniment istoric din ultima mie de ani care a trecut. Fără îndoială, contribuţia Renaşterii la apariţia lumii este de o importanţă ce nu poate fi ignorată în nici un fel. Dar, în toate planurile sale de existenţă materială şi spirituală, lumea modernă este îndatorată, chiar mai mult decât Renaşterii, secolului al XVIII-lea al luminilor.

Trebuie să recunoaştem că noi, cei de azi, suntem un produs al epocii luminilor, şi pentru acest motiv secolul al XVIII-lea merită omagiul pe care îl închinăm astăzi prin simpozionul nostru internaţional, ţinut la Sibiu, adevărata capitală a luminilor în Ardeal - *Aufklärung heute*.

Într-o autoevaluare, desigur lovită de un anumit grad de subiectivitate, ca orice act de acest fel, secolul al XVIII-lea se declara pe sine, nu lipsit de o oarecare mândrie şi un anumit orgoliu - W. Windelband considera şi el secolul al XVIII-lea, în istoria sa a filosofiei moderne, ca unul dominat de orgoliu[1] - drept un *secol al filosofiei*. Aceasta aparţine, dacă nu unuia dintre gânditorii cei mai importanţi ai secolului, atunci, în orice caz, unuia dintre cei mai semnificativi, D'Alembert. Inventariind, după moda epocii sale, progresele înregistrate de spiritul uman în ultimele câteva secole ale sale de existenţă, sec. XV, sec. XVI, sec. XVII, marcat de triumful cartezianismului, în sfârşit, ajuns la secolul său, al XVIII-lea, D'Alembert face, în *Eléments de Philosophie*, următoarea observaţie: „Epocii în care trăim îi place să se autodenumească epocă a filosofiei. De fapt, dacă examinăm fără prejudecată starea actuală a cunoaşterii noastre, atunci nu putem nega faptul că filosofia a făcut progrese semnificative". Opinia aceasta avansată de D'Alembert contrastează puternic cu altele, de circulaţie în epocă, susţinute între alţii şi de Kant, după care filosofia, după ce s-a despărţit de episodul antic al istoriei sale, nu face altceva decât să bată pasul pe loc, fără a înregistra nici un progres. Totul depinde de ce anume înţelegem prin filosofie.

[1] W. Windelband, *Die Geschichte der neuen Philosophie*, Leipzig, Breitkopf & Härtel, 1919, Bd. I, p. 447

D'Alembert lucrează/operează cu un concept tradiţional al filosofiei, care, trecând prin gândirea medievală, poate fi întors până înapoi în antichitatea greacă cu înţelesul de *„mathesis universalis"*, care strânge la un loc - la fel ca şi „copacul" cunoaşterii din comparaţia lui Descartes - întreaga suprafaţă a ştiinţei omeneşti, acel *globus intellectualis*, de care vorbise deja şi Bacon. Astfel că, pentru a pleda în favoarea progreselor filosofiei, D'Alembert invocă toate realizările din domeniul a ceea ce el numeşte „studiul naturii". În ceea ce priveşte însă domeniul propriu-zis al filosofiei, se menţionează că „descoperirea şi utilizarea unei noi metode de filosofare, trezeşte, totuşi, prin entuziasmul care însoţeşte toate marile descoperiri, un avânt general al ideilor"[2]. Transformându-se într-un purtător de cuvânt al mişcării de idei din secolul în care trăieşte, D'Alembert sare dintr-odată în sprijinul filosofiei. „Dat fiind că filosofia îmbrăţişează tot ce intră în domeniul raţiunii şi că raţiunea îşi lărgeşte mai mult sau mai puţin acest domeniu, cuprinzând toate obiectele cunoştinţelor noastre naturale, urmează că nu trebuie să excludem din *Elementele de filosofie* decât un singur fel de cunoştinţe - pe acelea care ţin de religia revelată. Ele sunt absolut străine ştiinţelor omeneşti prin obiectul lor şi chiar prin însăşi convingerea pe care o produce în noi"[3].

---

[2] D'Alembert, *Eléments de philosophie*, I. *Mélanges de litterature d' historire et de philosophie*, Amsterdam, 1758, IV, p. 1 şi urm., *apud* E. Cassirer, *Filosofia luminilor*, Piteşti-Bucureşti-Braşov-Cluj-Napoca, Paralela '45, 2003, p.19

[3] D'Alembert, *Încercare asupra elementelor de filosofie sau asupra cunoştinţelor omeneşti* (cap. III - „Obiectul şi planul general"), în vol. „Materialiştii francezi din veacul al XVIII-lea", Bucureşti, E.S.L S. (Col. *Texte filosofice*), 1954, p. 352

În pasajele reproduse, D'Alembert se arată tributar noului spirit în care veacul său, şi apoi ceea ce urmează, înţelege să scrie istoria. B. Croce menţionează că specificul acestei noi formule de a scrie istoria stă în a realiza vaste anchete istorice privind „progresele spiritului uman", după modelul lui Concorcet[4].

* * *

Pentru a înţelege mai bine ce înseamnă un secol al filosofiei, un secol filosofic altfel zis, sunt necesare, credem, câteva precizări. În primul rând, „filosofic" ca atribut trimite imediat, direct sau indirect, la substantivul „raţiune", pe care îl determină, raţiunea la care se face referinţă fiind una filosofică. Mai mult, „filosofic determină într-o măsură atât de hotărâtoare raţiunea, astfel încât, dacă nu reprezintă unicul atribut al acesteia, este, în orice caz, atributul ei esenţial. D'Alembert însuşi, în textul la care s-a făcut trimitere, ţine sa precizeze că „filosofia îmbrăţişează tot ce intră în domeniul raţiunii"[5]. Secolul care s-a crezut şi s-a numit pe sine al filosofiei este debitorul raţiunii, de la care îşi împrumută principiile fundamentale ale gândirii sale. Secolul al XVIII-lea înseamnă epoca dominaţiei raţiunii, filosofia fiind doar o manifestare supremă a acestei raţiuni. Este vorba, aşadar, de epoca unui declarat raţionalism filosofic.

Trebuie adăugat, în continuare, că raţiunea de la care se revendică secolul al XVIII-lea este cea carteziană. Iluminismul,

---

[4] B. Croce, *Intorno alla storia della storiografia* în *Teoria e storia della storiografia*, Milano, Adelphi Edizioni, 2001, p. 270

[5] D'Alembert, *op. cit.*

la fel ca epilogul său în ordine practică, Revoluția franceză, au ca cel mai vechi strămoș al lor rațiunea carteziană. Descartes este cel care elaborează prin opera sa un anumit mod de a înțelege rațiunea, pe care îl va însuși, apoi, ca pe un fel de emblemă a sa, întreaga linie de mișcare raționalistă a filosofiei europene moderne. Rațiunea constituie pentru marea tabără a cartezienilor un dat de natură divină, universal, împărțit în mod egal între toți oamenii care participă la ea. Rațiunea apare, atât cantitativ cât și calitativ, aceeași în fiecare individ, toți fiind egali în ipostaza lor de purtători ai rațiunii. O asemenea rațiune este identică cu sine, in toate manifestările sale în spațiu și în timp, oriunde și oricând, absolut invariabilă în orice apariție a sa. „Secolul al XVIII-lea - scrie unul din marii săi cunoscători, E. Cassirer - este străbătut de credința în unitatea și statornicia rațiunii. Ea este una și aceeași pentru toți subiecții gânditori, pentru toate națiunile, pentru toate epocile și pentru toate culturile"[6].

Este ușor de observat că, în cazul lui Descartes, este vorba de o rațiune absolută, în afară de spațiu și timp, de o esență supra-istorică. Motiv suficient pentru ca, în esența ei, această rațiune să se prezinte și ca an-istorică. Ca un dat de natură divină, ea este marcată de la început de semnul perfecțiunii, și ca atare perfecțiunea ei inițiala anulează orice motiv de a progresa și a evolua. Întâlnim, desigur, și la Descartes, ideea unui progres al cunoașterii, care se realizează, firește, în timp, dar aceasta privește mai cu seamă latura cantitativă și constă

[6] E. Cassirer, *Filosofia luminilor*, Paralela '45, București-Pitești-Brașov-Cluj-Napoca, 2003, p.21

în faptul că raţiunea, prin actul cunoaşterii, se extinde mereu, cuprinzând tot mai multe planuri şi domenii ale realităţii. Dar, în acest proces de expansiune a cunoaşterii, raţiunea, ca principal instrument, rămâne blocată într-o permanentă identitate cu sine, ea nu înregistrează nici un progres, rămâne calitativ aceeaşi. Ea nu se schimbă, în nici un fel, prin transformarea sau perfecţionarea metodelor sale de lucru, a ansamblului său de demersuri cognitive. Ca într-un fel de blestem, ea este condamnată să rămână veşnic aceeaşi.[7]

Prin concepţia generală pe care o promovează, cartezianismul se defineşte pe sine ca o mişcare intelectuală a-istorică, chiar an-istorică. El nu este doar indiferent, ci uneori chiar împotriva istoriei. Dimensiunea istorică lipseşte din consideraţiile cartezianismului cu privire la realitate, raţiune şi cunoaştere. Lumea şi cunoaşterea par să nu se sprijine pe nici o istorie în spatele lor.

Mai cu seamă, cartezianismul lucrează cu ideea unei raţiuni de natură divină, primită de om ca un dar din mâna lui Dumnezeu. O asemenea raţiune se comportă ca un dat perfect de la început, care conţine totul în sine şi numai operaţiile succesive de analiză la care este supusă de către om ca subiect al cunoaşterii scot din ea, în desfăşurarea timpului, întreaga materie a cunoaşterii omeneşti. Chiar dacă o raţiune astfel concepută nu poate fi decât statică şi eternă există şi în Descartes o timidă tentativă de abordare istorică, din perspectiva timpului, a raţiunii care rezidă nu atât într-o

[7] Pentru ansamblul de probleme al raţionalismului cartezian, J. Laporte, *Le rationalisme de Descartes*, Paris, P.U.F., 1945. Pentru cele al raţiunii, în special Cartea I, „Nature de la Raison", pp. 1-137

evoluție internă care ar fi proprie rațiunii, cât într-o diversificare a planurilor de realitate pe care rațiune și le asimilează. Cât privește rațiunea ca atare, ca instrument al cunoașterii, ea rămâne neafectată de vreun semn de progres. Prin perfecțiunea sa inițial dată, rațiunea carteziană nu poate fi asociată, în nici un fel, ideilor de dezvoltare, evoluție, istorie. Rațiune omenească, prezentă de la început, nu are nici posibilitatea și nici motivația unei dezvoltări sau evoluții, a unei istorii. În termenii cartezianismului, rațiunea este dată de toată de la început într-un prezent etern, an-istoric, la fel ca ființa lui Parmenide. Refuzând, așadar, istoria, rațiunea carteziană nu are un trecut în spate, pe care să se sprijine, și nici un viitor în față, pe care să-l sprijine. În prezentul rațiunii se resorb ca fiind lipsite de realitate și trecutul și viitorul ei. O altă temă an-istorică, chiar anti-istorică, și aceasta a gândirii lui Descartes, pe care o amintim doar în treacăt fără a o dezvolta, este cea a îndoielii, prin care Descartes șterge cu un gest puternic întreg trecutul filosofiei. Orice gândire filosofică trebuie să înceapă de la un fapt inițial, printr-un fel de curățire a terenului, debarasându-se, de fiecare dată, de toată materia istorică a tradițiilor. Ea trebuie să pornească, de fiecare dată, din ea însăși, să se hrănească în continuare doar din propria substanță, care este cea a prezentului. Astfel, pentru Descartes, și gândirea modernă trebuie să înceapă dintr-un punct zero absolut total, în care întreaga tradiție de până atunci a gândirii se șterge. În aceste condiții nu este dificil să ni-l reprezentăm pe Descartes, teoreticianul îndoielii, drept părintele absolut al filosofiei moderne.

Gândită pe asemenea coordonate teoretice, în ciuda tuturor eforturilor susținute de Descartes, rațiunea, această rațiune centrală a concepției sale, rămâne una vagă, slab determinată. Rațiunea, „conceptul suprem - observă E. Cassirer - rămâne pur, vag şi indeterminat"[8]. Este vorba de o rațiune universală, permanent identică cu sine în spațiu şi în timp, oriunde şi oricând, pretutindeni, şi de la începutul până la sfârşitul timpurilor, care străluceşte pe firmamentul marelui secol clasic ca o expresie a încrederii şi respectului ei de nezdruncinat în ideea de om.

Să mai observăm că, în perioada care a urmat lui Descartes, marile experiențe pe care omenirea le-a traversat la începutul episodului modern al istoriei sale vor susține o luptă înverşunată împotriva dogmelor din materialul cărora cartezianismul şi-a croit ideea sa de rațiune, şi în primă linie caracterul de a fi universală al acestei rațiuni. Istoria modernă, prin evenimente ale sale din cele mai importante, atât în plan de existență materială, cât şi spirituală, va zdruncina cu putere caracterul de unitate în spațiu şi apoi pe cel de unitate în timp al ideii de rațiune. În urma lor, rațiunea carteziană îşi pierde unitatea sa absolută în spațiu şi în timp. Să urmărim pe scurt aceste două procese.

A. Zdruncinarea unității rațiunii în spațiu începe încă din Renaştere, odată cu procesul marilor descoperiri geografice, acesta continuând într-un ritm cât se poate de alert şi în secolul al XVII-lea. În urma marilor descoperiri geografice, multe dintre statele occidentului european se transformă în

---

[8] E. Cassirer, *op. cit.*, p. 22

posesoare ale unui imperiu colonial. Rezultatul imediat al acestui proces este lărgirea necunoscută înainte a dimensiunii spaţiale a lumii. Lumea, dintr-o dată, se dublează spaţial: pe lângă lumea veche apare lumea nouă. Explorarea acesteia va conduce către ideea diversităţii structurilor raţiunii, a relativismului raţiunii. Recunoaşterea acestei diversităţi spaţiale a raţiunii va duce la ruptura dintre logica primitivă a „sălbaticilor"şi logica superioară a popoarelor culte[9].

B. Intervine apoi încununarea raţiunii, în timp, datorată extraordinarului avânt pe care îl înregistrează, încă de la debutul secolului al XVIII-lea, cunoaşterea istorică. Acesta constituie, într-un fel, perioada naşterii ştiinţelor istorice şi formula lor cu adevărat modernă. La imaginea despre sine a prezentului se adaugă şi cea a trecutului său, prin care se ajunge la o recuperare a acestui trecut ce lărgeşte imaginea în timp a raţiunii. Se pun bazele ideii de istorie a raţiunii. Din trecut şi până în prezent, aceasta nu a stat pe loc, angajându-se într-o continuă evoluţie[10].

Mai cu seamă, sub presiunea studiilor istorice în plină dezvoltare, care cuceresc tot mai mari porţiuni ale trecutului pe seama cunoaşterii, raţiunea îşi pierde şi unitatea, dar şi unicitatea ei, în timp imprimându-se concepţia diversităţii în timp a structurilor raţiunii. La fel ca în spaţiu, nici în timp nu există o singura raţiune, si cu aceasta, mitul raţiunii universale unice se prăbuşeşte fără nici o susţinere.

---

[9] Ed. Papu, *Călătoriile Renaşterii şi noi structuri literare,* Bucureşti, Editura pentru literatură universală, 1967

[10] Chantal Grell, *L'histoire entre érudition et philosophie. Etude sur la connaissance historique à l'âge des Lumières,* Paris, P.U.F., (Questions): f.a.

Modificarea în timp a perspectivei asupra raţiunii, ce a dus la concluzia existenţei unei raţiuni antice, dar şi a alteia moderne a dat naştere, mai departe, la ideea rivalităţii dintre ele. Aceasta a produs unul din fenomenele cele mai interesante ale culturii din a doua jumătate a secolului al XVII-lea şi din cel următor, celebra „la querelle des anciens et modernes". Prin diversitatea răspunsurilor date, aceasta urmărea să soluţioneze problema atât de pasionantă pentru epocă: cui îi aparţine superioritatea: raţiunii antice sau moderne. Oricum, efectul va fi acela de a sparge identitatea cu sine, în timp, a raţiunii, admiţându-se o raţiune antică, pe de o parte, şi o raţiune modernă, pe de altă parte, aflate în concurenţă[11].

Construcţia metafizică a raţiunii universale, aceeaşi oriunde în spaţiu şi în timp, se prăbuşeşte.

* * *

La fundamentele ultime ale culturii europene pare să se fi insinuat încă de la început conflictul, după toate aparenţele, neisprăvit încă, fiindcă pare să ţină chiar de substanţa acesteia, inevitabil adică, dintre ceva static şi ceva dinamic, indiferent cum se numesc elementele opuse: spirit şi formă (G. Lukács), suflet-corp etc. În cazul nostru, pentru problema pe care o discutăm, acest conflict se instituie între raţiune-statică şi istorie-dinamică.

Raţiunea se înfăţişează într-o serie de manifestări, dintre care, pentru gândirea secolului al XVIII-lea, cea mai înaltă rămâne filosofia. Aceasta desemnează planul eternului,

---

[11] Asupra dosarului problemei, „La querelle des anciens et modernes", Paris, Gallimard, 2001

permanența, substanțialitatea, exprimă constanța adevărului. Rațiunea este statică, ancorându-și principala sa preocupare în cunoașterea supremă a domeniului existenței ca existență; ea se arată interesată de ceea ce nu se întâmplă, fiindcă este, se află în afară de timp și există, deci, în sensul cel mai tare al cuvântului. Tot ce rațiunea sau filosofia ca expresia sa cea mai fidelă eternizează, tot ceea ce ele ating, se transformă din trecător în etern. Obiectul rațiunii și al filosofiei îl constituie adevărul, universalul; adevărul universal stă deasupra faptelor, care se află în opoziție cu forțele individuale, variabile în spațiu și timp. Singurul care valorează ca atare, dincolo de spațiu și timp, oriunde și oricând, avându-și valabilitatea universalității sale asigurată în orice condiții, este adevărul.

În schimb, *istoria* acționează în direcție opusă, ea desemnând planul trecătorului, instabilului, devenirea în procesualitatea sa dinamică. Ea se arată interesată de ceea ce se întâmplă, ce se află în timp. Domeniul istoriei îl constituie faptul unic și irepetabil în ireductibilitatea sa, ea studiind, ca atare, întâmplătorul și trecătorul. Datorită viziunii în care înscrie fenomenele prin metodele cu care le abordează, istoria temporalizează. Prin modul propriu de cunoaștere, de care face uz, opune rezistență oricărei tentative de generalizare.

Nietzsche a dat expresie acestui conflict în stilul său propriu, vorbind de „idiosincraziile" filosofilor, remarcând în cazul acestora „lipsa lor de simț istoric, ura împotriva ideii însăși de devenire, egipțianismul lor. Ei socotesc că acordă unei probleme *considerație,* dacă o dezistoricizează, *sub specie aeterni* - dacă o transformă în mumie"[12].

Se pare că, în cadrul iluminismului, conflictul semnalat dintre rațiune şi istorie s-a tranşat în favoarea rațiunii. Ca urmare a acestui triumf al rațiunii, ne manifestăm astăzi, dacă nu într-o istorie integral rațională, atunci în orice caz într-una care evoluează în modul cel mai hotărât în direcția unei raționalizări crescânde. Iar aceasta are ca efect restrângerea într-o proporție inversă a prezenței şi acțiunii irationalului în lume. Istoria de azi apare, într-o întinsă parte a sa, ca fiind controlabilă rațional, planificabilă ca atare, la dispoziția omului. În esență, putem declara, pe baza experienței noastre actuale de viață, că istoria, deşi un proces dinamic, veşnic, vie, imprevizibilă în procesele sale, constituie un proces rațional, zguduit doar când şi când de puternice izbucniri de iraționalitate. Încă din antichitatea greacă, s-a purtat o interesantă luptă filosofică între linia reprezentată de Heraclit şi cea opusă, reprezentată de Parmenide, al cărei rezultat acceptat de ambii beligeranți admitea că Adevărul despre lucruri trebuie situat deasupra lucrurilor, localizat într-un alt plan care se va identifica apoi cu acela al eternității Ideilor platoniciene. Această valorificare a Adevărului identificat cu eternitatea a compromis grav istoria cu devenirea ei, conferindu-i caracterul unui ne-adevăr, dacă nu al unei erori care se situează în efemer. Ca o altă ipostază de gândire la care duce ideea conflictului, ce are toate aparențele de a fi etern între istorie şi Rațiune, este ideea de sfârşit a istoriei. Ea poate

[12] Fr. Nietzsche, *Amurgul zeilor,* Bucureşti, Humanitas, 2005, p. 29

fi interpretată şi ca istoria deplină a Raţiunii, raţionalizarea integrală proclamată de Hegel prin identitatea fără rest dintre raţiune şi realitate (istorie), ce are ca ultim efect sacrificarea, de fapt, a istoriei. Sfârşitul istoriei înseamnă că nu mai avem istorie, în sensul de schimbare şi transformare, devenire care implică un sens raţional. Schimbarea şi transformarea mai pot avea loc, dar de vreme ce sensul general unic a fost atins, schimbarea şi transformarea private de acest sens unic sunt condamnate să rămână o simplă frământare pe loc.

* * *

În plan strict filosofic, s-au conturat două soluţii de a concilia conflictul instituit între cei doi termeni în discuţie: raţiunea (filosofia) cu statismul ei şi istoria cu dinamismul ei. Acestea sunt următoarele:

A. Soluţia lui Voltaire, a filosofiei istoriei, care constituie o mare performanţă intelectuală, întrucât reuşeşte să unească pentru prima oară ceea ce părea definitiv despărţit: raţiunea (filosofia) şi istoria. Istoria, ca domeniu al individualismului pur, unic şi irepetabil, urcă înspre filosofie, căutând să satisfacă exigenţele raţiunii prin identificarea unui general, repetabil şi în planul mişcării istorice, adică, altfel zis, un general specific istoriei. Voltaire, cel care, în *Essais sur les moeurs et l'esprit des nations,* din 1756, lansează termenul pe care el însuşi l-a făurit, de filosofia istoriei, oferă exemplul cel mai puternic al oscilaţiilor unei mari conştiinţe a secolului între raţiune şi istorie, între general şi individual. El încearcă să tranşeze între cei doi termeni aflaţi în opoziţie fără a îndrăzni să-l sacrifice pe unul din ei[13]. Cum observa B. Croce, Voltaire rămâne, după câte se pare, un spirit obsedat de atracția raționalistă a epocii sale pentru general, chiar şi în acel domeniu al individualului care este istoria. În planul individual al istoriei, Voltaire caută să identifice o formă de general, singurul care, conform cu raționalismul epocii sale, poate fi obiectul unei cunoaşteri sigure, clare şi distincte. Paginile sale de istorie nu trădează în nici un fel tentația de a stabili şi reconstrui faptele în individualitatea lor strictă, ireductibilă. Ieşind din formula istoriografiei de curte, cantonată în biografia unor mari individualități - un Ludovic al XIV-lea al Franței sau Carol al XII-lea al Suediei -, Voltaire caută dincolo de faptele individuale spiritul general comun pe care ele îl degajă, spiritul epocii.

B. Soluția lui Hegel, a istoriei filosofiei, constituie o altă modalitate de a uni filosofia şi rațiunea. Istoria filosofiei coboară rațiunea în fluxul devenirii istorice, o fluidizează, imprimându-i un dinamism propriu. Prezentând istoria filosofiei ca o istorie a rațiunii, Hegel dovedeşte că în istoria filosofiei se manifestă, de fapt, o singură rațiune care, în progresul ei în timp, se prezintă ca o succesiune de trepte tot mai înalte, pe fiecare din aceste trepte locuind câte un sistem filosofic. Ca o reacție îndreptată împotriva rațiunii statice a cartezianismului, Hegel susține prin istoria sa a filosofiei că şi rațiunea are o istorie, că în spatele rațiunii stă o istorie.

---

[13] Karl Löwith, *op. cit.*, capitolul despre Voltaire, p. 114 şi urm.

* * *

Raţionalismul cartezian a dus la constituirea unei lumi a adevărurilor raţionale absolute, universal şi etern valabile, neafectată/ferită de valurile devenirii istorice. Marele adversar al acestui tip de raţionalism static şi universalist va apărea ca un rezultat al eforturilor gândirii filosofice de a depăşi limitările cartezianismului sub forma *istorismului*[14]. Acesta va aduce afirmarea diversităţii în spaţiu şi timp a raţiunii în mijlocul acelei unităţi raţionale absolute pe care o proclamă cartezianismul. Istorismul porneşte din valorificarea deplină a tuturor experienţelor istorice făcute de omenire de-a lungul existenţei sale până în secolul al XVIII-lea. Istorismul, prezentând lucrurile în maniera cea mai scurtă cu putinţă, istorismul ca o reacţie împotriva cartezianismului, constituie o manifestare filosofică germană, în primul rând, şi reprezintă cea mai însemnată contribuţie germană la fondul comun de idei al filosofiei europene din a doua jumătate a secolului al XVIII-lea şi prima jumătate a secolului al XIX-lea.

Cauzele care explică naşterea istorismului în cadrele gândirii germane sunt preponderent de natură istorică. Din motive istorice care ţin de specificul culturii germane, cartezianismul a fost mai slab reprezentat în Germania decât în alte ţări. În locul acestuia s-a instaurat însă dominaţia spinozismului cu metoda sa a demonstraţiei *more geometrica*, în

---

[14] Pentru o informare mai largă asupra istorismului sunt de văzut cele două lucrări devenite celebre în dezbaterea problemei: Fr. Meniecke, *Die Entstehung des Historismus* I-II, München, 1936, pentru aspectele istorice şi E. Troeltsch, *Der Historismus und seine Probleme* (I, *Das logische Problem der Geschichtsphilosophie*), Tübingen, JGB Mahr, 1922, pentru cele sistematice.

stilul geometric, ce va impune ca un ideal al cunoaşterii matematicul. În lipsa unei dominaţii clare a cartezianismului cu preferinţele sale către static, filosofia germană a putut da satisfacţie înclinaţiei sale către dinamism, găsind mai mult ca în altă parte un teren favorabil pentru dezvoltarea istorismului.

Nu ne aventurăm intr-o definiţie a istorismului. Ca în majoritatea cazurilor, când este vorba de termeni de bază vehiculaţi de gândirea filosofică, aceasta ar fi o întreprindere riscantă. Preferăm o descriere a ceea ce este istorismul prin prisma exigenţelor pe care le impune gândirii. „Fundamentul rezidă în presupoziţia sa că între fenomenele naturii şi cele ale culturii există o deosebire de esenţă care pretinde pentru ştiinţele sociale şi culturale, în mod principial, o alta metodă decât pentru ştiinţele naturii. În timp ca natura este scena unor fenomene care se repetă permanent, urmărindu-se nişte scopuri inconştiente, istoria constă din asemenea fenomene omeneşti unice şi irepetabile care sunt înregistrate cu voinţă şi intenţie. Lumea omului se află în starea unei curgeri continue, chiar dacă există în ea astfel de centre de stabilitate (personalităţi, instituţii, naţiuni, epoci) care dispun de o structură internă, de un caracter determinat şi care - corespunzător legilor de dezvoltare ascunse în ele - se schimbă în permanenţă. Deci, putem înţelege ceea ce este omenesc numai prin intermediul istoriei."[15]

Ca un rezultat direct al istorismului trebuie să considerăm şi distincţia fundamentală susţinută de W. Windelband şi H. Rickert, şi pe urmele lor de atâţia alţii încă, ce împarte *globus*

---

[15] Georg G. Iggers, *Deutsche Geschichtswissenschaft*, München, 1974, p. 13

intellectualis în două domenii distincte, al ştiinţelor naturii şi al celor zise ale spiritului sau ale culturii.

Istorismul reprezintă consacrarea filosofică definitivă a ideii dinamismului permanent al realităţii şi o reabilitare a dimensiunii temporale a lucrurilor şi fenomenelor. La fel ca în fluviul heraclitean unde *panta rhei kai korei* şi în nici un colţ de realitate nimic nu stă pe loc, şi istorismul susţine că statul se află într-o veşnică mişcare.

Apariţia istorismului a bulversat cu adevărat atmosfera spirituală impregnată de un dogmatism naiv al raţiunii iluminatoare ce caracteriza secolul al XVIII-lea. Datorită istorismului a apărut un fel de relativism de orientare antidogmatică. „Noi înţelegem prin conştiinţă istorică privilegiul omului modern de a avea în mod plenar conştiinţa istoricităţii oricărui prezent şi a relativităţii tuturor opiniilor. Este manifest în orice moment că această conştiinţă istorică nu este fără efect asupra acţiunii spirituale a contemporanilor noştri şi că pentru aceasta nu trebuie să ne gândim decât la imensele răsturnări spirituale ale epocii noastre. Astfel, de pildă, invazia gândirii filosofice sau politice de către ideile pe care noi, în germană, le denumim prin cuvintele «concepţie despre lume» este, fără îndoială, în acelaşi timp, o consecinţă şi un simptom al conştiinţei istorice."[16]

Istorismul va primi o solidă susţinere a tezelor sale în elaborările dialectice proprii idealismului german. Astfel, apogeul său îl va reprezenta taman sistemul care, încorporându-şi în maniera cea mai perfectă istoria, va susţine, totodată, şi

---

16 H. G. Gadamer, *Le problème de la conscience historique*, Louvain-Paris, Editions Béatrice-Nauwelaerts, 1963, pp. 7-8

ideea devenirii realității, idealismul hegelian. În concepția lui Hegel, principiul istorismului primeşte cea mai pregnantă formulare a sa: nici un fenomen nu este întreg, considerat numai în prezentul său, el devine întreg numai dacă la prezentul său îi adăugăm şi toate momentele trecutului său. Urmează de aici, din această formulare teoretică a principiului, şi o importantă consecință în planul metodologiei cercetării realității. Întrucât orice fenomen al realității poate fi prins ca într-o emanație în formula: un fenomen = prezentul + trecutul său, cunoaşterea integrală a oricărui fenomen reclamă şi investigarea sa istorică, ce cuprinde întregul trecut pe care acesta se susține. „Aceste fapte ale gândirii se înfățişează - scrie Hegel în sensul istorismului - privite din punct de vedere istoric, mai întâi, ca lucruri care aparțin trecutului ce se află dincolo de realitatea noastră actuală. Dar, în fapt, ceea ce suntem noi, suntem totodată şi istoriceşte; sau, mai precis, aşa cum, în această regiune a istoriei gândirii, trecutul nu este decât una din laturi, tot astfel şi, în ceea ce suntem noi, ceea ce este comun şi nepieritor este indisolubil legat de ceea ce suntem istoriceşte. Posesiunea unei raționalități conştiente de sine, care ne aparține nouă, lumii actuale, nu a luat naştere în chip nemijlocit, răsărind şi crescând numai din pământul prezentului, ci trăsătura esențială a acestei averi este aceea de a fi o moştenire, mai exact un rezultat al muncii, şi anume al muncii tuturor generațiilor trecute ale genului omenesc."[17] Ne sprijinim în permanență pe munca generațiilor trecute al istoriei, suntem ceea ce suntem numai „istoriceşte", cum spune şi Hegel.

---

[17] Hegel, *Prelegeri de istoria filosofiei*, Bucureşti, Editura Academiei, 2005, vol. I, pp.7-8

Odată cu acest îndemn pornit de pe poziţiile istorismului, avem şi cel mai puternic motiv al dezvoltării studiilor istorice în cultura germană, al căror exces va fi apoi denunţat de Nietzsche pentru consecinţele sale negative ca unul din pericole majore care ameninţă omul secolului al XVIII-lea: omul istoric devine întru totul dependent de povara istorică ce o duce în spate - „animalul trăieşte anistoric - scrie Nietzsche -căci el se cuprinde exact în prezent...". „Omul, dimpotrivă, se propteşte de marea şi tot mai marea povară a trecutului: aceasta îl striveşte sau îl speteşte, îi îngreunează mersul, ca o sarcină invizibilă şi obscură."[18] Remediul preconizat de Nietzsche este uitarea care îl împiedică pe om de la o permanent reluată rumegare a trecutului său. „Orice acţiune presupune uitarea: precum viaţa tuturor organismelor presupune nu numai lumină, ci şi întuneric. Un om care n-ar vrea să simtă decât istoric s-ar asemăna cu cel silit să se abţină de la somn sau cu animalul care n-ar trebui să trăiască decât din rumegat şi iar rumegat. Deci, este posibil să trăieşti aproape fără amintire, chiar să trăieşti fericit, cum o demonstrează animalul; dar este absolut imposibil să trăieşti, în general, fără uitare. Sau, spre a mă pronunţa şi mai simplu în legătură cu tema mea: există un grad de insomnie, de rumegare, de simţ istoric, de la care începând ceea ce este viu suferă pagube şi până la urmă piere, fie el un om sau un popor sau o cultură."[19]

---

[18] Fr. Nietzsche, *Despre foloasele şi daunele istoriei pentru viaţă* în „Consideraţii inactuale", în Opere complete, Timişoara, Editura Hestia, 1998, vol. II, p. 165

[19] *Ibidem*, p. 166

Am încercat să prezentăm o imagine convențională, acreditată deja în literatura de specialitate a secolului al XVIII-lea, ca unul al rațiunii. Şi totuşi, vrem să subliniem în continuare că secolul al XVIII-lea al luminilor a făcut două experiențe intelectuale care nu se înscriu în formula sa intelectuală dominantă, oarecum de frondă în raport cu raționalismul abstract de sorginte carteziană, orientat către promovarea generalului, pe care am zis că l-a îmbrățişat. Amândouă aceste experiențe ca tentative de a evada din coordonatele intelectuale dominante în gândirea epocii prezintă, mai degrabă, un caracter dizident, şi ele pun în discuție chiar problema fundamentelor vieții spirituale a epocii. Ele pot fi interpretate, mai mult chiar, ca două încercări de a abandona raționalismul general abstract, destituindu-l în favoarea a două forme specifice de iraționalism care îşi fac de pe acum intrarea în peisajul filosofic al iluminismului. Este vorba mai întâi de iraționalismul sentimentului, opus rațiunii, care a dus la constituirea esteticii ca disciplină filosofică, iar apoi de iraționalismul individualului opus generalului, care a provocat naşterea unei alte discipline filosofice, filosofia istoriei, ca una din cele mai importante şi durabile contribuții filosofice a secolului luminilor. Ambele mişcări dizidente apar în a doua jumătate a secolului al XVIII-lea şi îşi găsesc împlinirea în Kant, adevăratul părinte al esteticii filosofice germane, dar totodată şi adevăratul creator, în planul gândirii europene, al filosofiei istoriei. Valoarea acestor realizări filosofice ale lui Kant a fost analizată în amănunțime şi importanța lor pusă în lumina cuvenită, iar rezultatele acestora l-au impus pe Kant drept cel mai mare gânditor al secolului al XVIII-lea al luminilor[20].

Ne interesează acum doar naşterea filosofiei ca un produs intelectual de cea mai mare însemnătate al epocii luminilor, fără a sublinia în mod deosebit importanța lui Kant în această privință. Filosofia istoriei a apărut în secolul al XVIII-lea, când în evoluția spiritului european s-au maturizat toate condițiile care au făcut posibil, dar şi necesar, ca ea să apară. Trebuie însă spus, de la început, că filosofia istoriei reprezintă mai degrabă o necesitate a concepției generale despre lume, a filosofiei, şi nu atât din nevoile specifice ale cercetării istorice, aflată într-un moment de avânt deosebit în această perioadă.

* * *

Pentru a ne lămuri mai clar intenția, este în interesul demersului pe care îl întreprindem să schimbăm planurile, schimbând pentru moment considerațiile de factură istorică cu o incursiune în domeniul filosofiei sistematice a istoriei. Orice disciplină, ştiințifică sau filosofică, este rezultatul unor succesive elaborări conceptuale, şi doar atunci când conceptele sale de bază au primit contur şi consistență putem considera că a apărut şi noua disciplină în cauză. Astfel, în cazul filosofiei istoriei, conceptul ei fundamental şi care exprimă chiar obiectul filosofiei istoriei este acela de fapt istoric. El exprimă ceea ce este în istorie, mai precis ceea ce se întâmplă - *was geschieht*. Faptul istoric constituie chiar existența istorică, ontologia istoriei, multitudinea acestor fapte constituind ceea

---

[20] Dintr-o imensă literatură ne oprim la Alfred Baeumler, *Das Irrationalitätsproblem in der Ästhetik und Logik des 18. Jahrhunderts*, Halle an der Saale, 1923

ce numim uneori, mai degrabă metaforic, universul istoriei. Este vorba, desigur, de o construcție prin analogie cu ceea ce numim universul naturii sau mai pe scurt, natura şi istoria. Unul din marii filosofi ai istoriei, Wilhelm Windelband, a arătat, încă din perioada în care noua disciplină a filosofiei istoriei se străduia să-şi consolideze statutul ei ştiinţific, că prima întrebare care se impune oarecum chiar de la sine, înaintând pe linia analogiei stabilite deja, este aceea dacă istoria constituie un cosmos la fel ca natura, adică dacă în ambele aceste sfere ale realității acționează cu toate rigorile pe care le impune, ordine, măsură, armonie, acelaşi unic *logos*. Este întrebarea „dacă ordinea pe care o prezintă munca culturală a omenirii se întemeiază într-o ordine rațională mai înaltă, asemănătoare legităților pe care le dobândim în cunoaşterea teoretică a naturii şi pe care o înțelegem ca raționalitate generală."[21] Prin legătura pe care o întreține cu o valoare spirituală universală (*Wertbeziehung*), faptul istoric particular devine, în ştiințele istorice, în aceasta ipostază a sa, „principiul alegerii şi al sintezei"[22]. Prin aceasta, faptul istoric asigură şi caracterul de cosmos al universului istoric.

Dar, faptul istoric este unul omenesc, legat de ființa omului, fiind de neconceput în afara razei de acțiune a acestuia în istorie. De aceea, în centrul cercetării istorice se află, întotdeauna, omul, astfel că în sensul cel mai propriu al cuvântului nu există istorie decât în directă legătură cu omul. „Este vorba în ea (istorie–N. B.) de întâmplarea omenească (*das*

---

[21] W. Windelband, *Einleitung in die Philosophie*, Tübingen, J.C. B. Mohr (Paul Siebeck), 1920, (II Aufl), p. 337

[22] *Ibidem*, p. 335

menschliche Geschehen), de ceea ce se întâmplă în om şi pentru om."[23] Pe acest motiv nu există istorie decât omenească, a omului, acesta fiind singura ființă în stare să-şi propună un univers, valori, şi care nu poate trăi fără a-şi lăsa viața coordonată de aceste valori. A vorbi de istorie a naturii, cum s-a făcut de atâtea ori în cursul secolului al XVIII-lea - Kant - „Istoria generală a naturii (*Allgemeine Naturgeschichte...*) şi teoria cerului (1755) - sună destul de impropriu şi poate fi acceptat numai într-un sens larg. Mai departe, faptul istoric este unul care aparține trecutului, sferei lui, ceea ce a fost şi poate fi reactualizat, adus in prezent numai prin intermediul valorificării, datorită unei judecăți de raportare la o valoare. Faptul istoric ține de trecut, dimensiunea timpului fiind esențială în definirea sa. Caracteristica esențială a faptului istoric pe care trebuie să o reținem stă în împrejurarea că el fiind în timp, apare ca unic şi irepetabil - el a fost odată şi nu va mai fi niciodată întocmai.

Conştiința istorică modernă s-a născut printr-o secularizare a conştiinței istorice proprii regimului mitic al culturii în care funcționa nevoia de a asigura pe seama masei de întâmplări şi evenimente care se repetă prestigiul caracterului unic şi irepetabil. Pentru aceasta, un fapt oarecare al realității este luat şi prelucrat în operațiile conştiinței mitice care îl ia şi îl proiectează în sferele înalte ale timpului mitic, unde este supus transfigurării în fapt mitic originar. Acesta este unic şi irepetabil, dar, întrucât se constituie într-un fapt model, exemplar, el poate fi imitat, reprodus, reiterat într-un timp

[23] *Ibidem*, p. 336

mitic reversibil. Conştiinţa mitică secularizată a lumii moderne a asigurat misterul unicităţii faptului istoric, legându-l de reprezentarea nouă a timpului impusă de ştiinţele naturii ca timp obiectiv infinit, unidirecţional şi ireversibil. Într-un timp astfel conceput, totul este unic, se petrece o singură dată, fără posibilitatea unei repetări identice. Pentru a putea gândi noţiunea centrală a istoriei, faptul istoric, în toate încheieturile sale şi în toate implicaţiile ce le comportă, era necesar aportul acestui nou concept de timp, care reprezintă, probabil, cea mai importantă achiziţie intelectuală a gândirii secolului al XVIII-lea prin generalizarea viziunii naturalist-ştiinţifice a lumii. Numai în condiţiile teoretice asigurate prin apariţia ideii noi a timpului faptul istoric a putut fi gândit ca ceva unic şi irepetabil în timp, şi odată cu aceasta, s-a putut constitui şi filosofia istoriei ca disciplină autonomă şi cu statut şi independenţă proprii.

A. Naşterea unei conştiinţe istorice sau, cum s-a mai numit, a simţului istoric, a constituit una, poate cea mai importantă, dintre revoluţiile prin care a trecut gândirea secolului al XVIII-lea. Însemnătatea acesteia nu a trecut neobservată, ci a fost bine evidenţiată. „Apariţia unei conştiinţe istorice - scrie H. G. Gadamer - este, după toate aparenţele, revoluţia cea mai importantă între cele pe care le-am trăit de la începuturile epocii moderne. Influenţa sa spirituală a depăşit-o pe cea pe care o recunoaştem realizărilor ştiinţelor naturii, realizări care au transformat atât de vizibil suprafaţa planetei noastre. Conştiinţa istorică ce caracterizează omul contemporan este un privilegiu, poate chiar o povară, cum nu a fost impusă nici uneia din generațiile anterioare."[24]

* * *

Dacă considerăm că apariția numelui care desemnează nişte preocupări de cunoaştere distincte coincide cu apariția unei noi discipline, atunci filosofia istoriei apare la o dată relativ târzie, în secolul al XVIII-lea, când Voltaire uneşte pentru prima oară cei doi termeni, filosofie şi istorie, pentru o abordare originală a istoriei din punct de vedere filosofic[25].

Deşi în aceste condiții filosofia istoriei apare ca un produs tardiv al gândirii filosofice, abia în secolul al XVIII-lea ea şi-a elaborat, cum observă cu pătrundere Karl Löwith, marile ei teme, mişcarea ciclică (*kyklos*) şi orientarea escatologică (*eskaton*) încă în perioada de trecere de la elenism la creştinism. Astfel, filosofia istoriei se naşte epuizată de la început, nereuşind să iasă din sfera tematică pe care a moştenit-o din perioada Antichității târzii, odată cu constituirea viziunii creştine a istoriei. „Se pare, deci, că cele două mari concepții, cea a Antichității şi cea a creştinismului, mişcarea ciclică şi orientarea escatologică au epuizat toate posibilitățile fundamentale ale comprehensiunii istorice. Tentativele cele mai recente de interpretare a istoriei nu sunt, ele însele, nimic altceva decât nişte variații ale celor două formule principale sau combinații ale lor."[26]

---

24 H. G. Gadamer, *Le problème de la conscience historique*, Louvain-Paris, Publications Universitaires de Louvain-Editions Béatrice Nauwelaerts, 1963, p. 7

25 K. Löwith, *Weltgeschichte undHeilgeschehen zur Kritik der Geschichtsphilosophie*, în *Sämtliche Schriften*, Stuttgart, J. B. Metzler, 1983, vol. II, p. 114 şi urm.

26 *Ibidem*, pp. 29-30.

A. În apariția sa, filosofia istoriei a fost favorizată de câteva cuceriri ale gândirii secolului al XVIII-lea, dintre care enunțăm acum în treacăt doar câteva, pentru a ne opri mai amănunțit asupra lor la timpul potrivit.

În primul rând este de amintit impunerea noii concepții despre timp, acreditate de științele naturii de tip galileo-newtonian şi care s-a generalizat în epoca luminilor. Este vorba despre ideea de timp obiectiv, liniar, conceput ca şi curgere progresivă, infinită, unidirecțională, ireversibilă, de la trecut către prezent şi de la prezent către viitor, omogen în structura momentelor sale. Marele beneficiar, în plan filosofic, al impunerii acestei idei de timp a fost Kant, şi pe acest motiv el poate fi considerat, fără rezerve, şi adevăratul părinte al filosofiei istoriei. Numai în cadrele acestei concepții despre timp, *faptul istoric* (*das Geschehen*), ceea ce se întâmplă, ca şi concept fundamental al filosofiei istoriei, a putut fi orânduit ca fapt unic şi irepetabil în timp. Ideile de timp vehiculate de elenism şi creştinism nu s-au putut constitui în nişte cadre teoretice apte să susțină ideea de fapt istoric. Platon, la vremea sa, în sec. V-IV î. e. n., a asistat la apariția unui fenomen într-adevăr revoluționar, scrisul, trăgând un semnal de alarmă privind generalizarea acestuia. Consecințele nefaste ale fenomenului, prin apariția „omului memoriei" - dintr-o altă perspectivă, Nietzsche s-a referit şi el la acelaşi efect - se resimt tot mai acut până în contemporaneitate. Kant este contemporan cu un alt fapt revoluționar de aceeaşi amploare, de un caracter diferit, dar cu efecte la fel de importante, generalizarea noii idei de timp, ale cărei consecințe s-a priceput să le evidențieze în planul gândirii filosofice. În al doilea rând, ca o consecinţă imediată a generalizării noii concepţii a unui timp infinit deschis, liniar şi unidirecţional, se impune ca idee de vârf în concepţia despre lume a secolului al XVIII-lea cea de progres. Din punct de vedere social-politic, ea va constitui cea mai puternică armă în arsenalul ideologic prin care iluminismul va pregăti şi apoi va justifica actul istoric al Revoluţiei franceze, ce încheie acest secol. În sfârşit, în al treilea rând, cu un rol hotărâtor în naşterea filosofiei istoriei a fost ideea de umanitate, elaborată prin contribuţia comună a unor gânditori ai secolului, precum Kant şi Herder, în primul rând, ca subiectul unic al unei istorii gândite pe această nouă coordonată a timpului infinit. Rezumând, putem trage concluzia îndreptăţită că, în fond, în plan teoretic, iluminismul însuşi este rezultatul esenţial al generalizării conceptului de timp acreditat de gândirea secolului al XVIII-lea.

Elenismul

Antichitatea greco-romană nu a avut şi nici nu a dispus de condiţiile teoretice necesare pentru a justifica o excepţie filosofică asupra istoriei. „Pentru gânditorii greci - observă K. Löwith - o «filosofie a istoriei» ar fi fost un mare non-sens. Istoria este istoria politică, şi prin aceasta însă, ea este problema oamenilor de stat şi a istoricilor politicii."[27] Viziunea antică greacă a lumii, agreată sub semnul dominant al *logos*-ului, nu promovează ideea de fapt sau eveniment istoric singular, unic şi irepetabil; totul se petrece într-un univers închis, perfect ca

---

[27] K. Löwith, *op. cit.*, p.14

ansamblu. Conceput ca şi *cosmos*, epuizându-şi posibilităţile sale limitate în spaţiu şi timp, pentru a se salva pe sine, nu-i rămâne decât să-şi angajeze procesualitatea pe calea unei veşnice repetiţii, prin reluarea aceluiaşi. Este ideea pe care, în interpretările sale date la presocratici, Nietzsche a botezat-o cu numele de „veşnica revenire a aceluiaşi" (*die ewige Wiederkehr des Gleichen*).

Antichitatea greacă îmbrăţişează o concepţie asupra timpului care nu tolerează în mod coerent logic ideea de fapt istoric ca ceva care se petrece în timp, cu un caracter unic şi irepetabil. Ea avansează concepţia unui timp infinit - vom arăta imediat sensul în care este vorba de un timp infinit - omogen, în care clipele ce curg una după alta sunt perfect identice, încât, aşa cum spunea, într-un celebru fragment al său, Parmenide (fr. B. 8), nu există nici o justificare raţională pentru a ne opri asupra uneia sau alteia din acestea ca început sau sfârşit absolut al existenţei, care, in consecinţă, este în afara timpului, atemporală în substanţa sa. În absenţa unui început sau sfârşit absolut in timp, lumea este veşnică, ea există din eternitate în eternitate. Curgerea timpului, însă, nu se petrece liniar, în linie dreaptă, ci în cercuri periodic reluate, la mari intervale de timp, aşa-numiţii ani cosmici, de unde se creează, prin repetare continuă, impresia falsă a unui timp infinit. Prin această concepţie a unui timp prins pentru eternitate în chingile unei mişcări ciclic repetabile, misterul unicităţii absolute a oamenilor şi faptelor lor se dizolvă.

Într-o asemenea concepţie, nimic nu este etern sub soare - *nihil novi sub solem* - din simplul motiv că totul se repetă. Nimic nu este unic şi totul este repetabil la infinit într-o curgere a timpului care devine infinită prin reluare la nesfârşit. Tot ceea ce se întâmplă în prezent s-a mai întâmplat de nenumărate ori în trecut şi se va mai întâmpla de nenumărate ori în viitor. Socrate a trăit şi a murit condamnat la moarte de atenieni şi va mai face aceasta de nenumărate ori în repetabilitatea infinită a timpului. Imaginea timpului cosmic este cea a mişcării unui cerc pe circumferinţa căruia realităţile în permanenţă se fac, desfac şi refac, după o formulă veşnic identică cu sine, aceeaşi, neschimbătoare.

O asemenea concepţie despre timp corespunde cu tipul grec de raţionalitate, care pretinde perfecta identitate dintre a gândi - *noein* - şi a fi - *einai* - *to gar auto estin noein te kai einai* - cum spune Parmenide în fragmentul său (fr. B. 3). Ceea ce există, conform prescripţiilor raţiunii greceşti, este ca atare şi raţional, iar aceasta înseamnă blocat într-o perfectă identitate cu sine, netransformabil, etern. Concepţia elenismului cu privire la timp exprimă repulsia şi antipatia vechiului grec faţă de individual, singular, întâmplător. Numai generalul şi necesarul merită atenţie şi ele trebuie smulse din lumea sensibilă a devenirii, generatoare de opinii false, ca, abia proiectate într-o lume ideală, transcendentă, acestea să se constituie în adevăratele obiecte ale ştiinţei.

Lansarea unei asemenea concepţii despre timp provoacă vechiului grec o totală derută cât priveşte orientarea in timpul cosmic şi, ca o parte a sa, în timpul istoric. Desigur, formula ciclicităţii oferă o timidă tentativă de a introduce un minimum de ordine în haosul nestăpânit al devenirii. La drept vorbind, într-un timp conceput în aceşti termeni, nu există nici început şi nici sfârşit, ci numai o permanentă trecere, în continuitatea căreia orice sfârşit devine un nou început. Nu se poate admite nici sentimentul escatologic de început absolut al lumii, dar nici cel apocaliptic de sfârşit absolut al acesteia. Lumea, deposedată de o istorie propriu-zisă, este prinsă în nişte tipare puternice şi fixe, care nu admit nici o abatere de la sensul temporal principal, este, ca atare, eternă. Grecul nu suportă în nici un fel conştiinţa unicităţii absolute a unui eveniment istoric central, în funcţie de care să se aşeze întreaga materie a devenirii istorice. În absenţa a ceva care s-a întâmplat numai o singură dată, fără a se mai putea întâmpla încă o dată, fără putinţa multiplicării prin repetare în timp, timpul ca atare nu poate avea o direcţie şi un sens, nu poate fi prins şi definit, determinat, scăpând parcă permanent printre degete. Repetiţia anulează caracterul absolut al noutăţii. Aşadar, pentru greci, la drept vorbind, teoretic nu există şi nici nu poate exista istorie şi, desigur, nici meditaţie filosofică asupra istoriei.

Creştinismul aduce, credem, în raport cu antichitatea, concepţia nouă a unui timp, în principiu, de asemenea finit la fel ca cel antic, însă, spre deosebire de acesta, unul a cărui curgere se petrece liniar, dublu orientat, cum vom vedea, şi care, mai ales, şi-a pierdut omogenitatea. O clipă nu mai este perfect egală, ontologic vorbind, cu cealaltă, fiecare posedă propria sa realitate în funcţie de încărcătura de care dispune, dată de apropierea sau îndepărtarea în raport de scopul final al istoriei, salvarea şi starea de beatitudine generală pe care aceasta o induce. Să spunem imediat că nici această concepţie despre timp acreditată de creştinism nu permite ca faptul istoric să fie gândit ca un fenomen petrecut în timp, unic şi irepetabil.

Este adevărat, creştinismul plasează în centrul istoriei universale un fenomen cu adevărat unic şi irepetabil, naşterea lui Isus Hristos, figura centrală a creştinismului. Chiar dacă Acesta va veni şi pentru a doua oară - *parousia* -, aceasta se va produce în cu totul alte condiţii decât prima venire şi în cu totul alte scopuri. În schimb, naşterea, moartea şi învierea lui Isus Hristos nu se vor mai petrece în condiţii identice niciodată. Trecerea timpului se organizează în funcţie de acest eveniment pământesc al naşterii lui Isus Hristos, fără ca prin aceasta istoria să înceapă sau să se sfârşească aici şi acum - *hic et nunc*. Luând ca reper central acest eveniment, timpul este dublu orientat: pe o linie înapoi, către geneză, iar pe alta înainte, către apocalipsă şi mântuirea finală. Timpul se împarte în două, un înainte şi un după acest eveniment central al naşterii lui Isus Hristos. Pornind din aici şi acum, ne putem îndrepta către trecut, spre începutul absolut al Genezei sau către sfârşitul absolut al Apocalipsei. Prima mişcare indică o cădere Paradis-Pământ, este descendentă; cealaltă arată o ridicare Pământ-Paradis, este ascendentă. Este o mişcare dublă cu semnificaţia precisă de pierdere şi recâştigare, între un Paradis pierdut şi unul recâştigat. Cu aceasta, creştinismul reabilitează noţiunile de început şi de sfârşit, eveniment iniţial şi eveniment final, care lipseau din patrimoniul gândirii antice. Istorie propriu-zisă întâlnim doar în episodul trecător care se petrece aici pe Pământ, acesta fiind încadrat de cele două episoade, cu caracter anistoric, legate de existenţa paradisiacă atemporală. Omenirea este prinsă între două evenimente capitale: ea pierde odată cu Paradisul eternitatea şi cade în timp, declanşând episodul istoric al existenţei sale, şi iese din timp, recucerind eternitatea şi abandonând caracterul istoric temporal al existenţei sale. Prinse lucrurile într-o schemă, aceasta ar arăta astfel:

Paradis - zona eternităţii a-istorice - Paradis
pierdut recâştigat
(Geneză) (Apocalipsă)

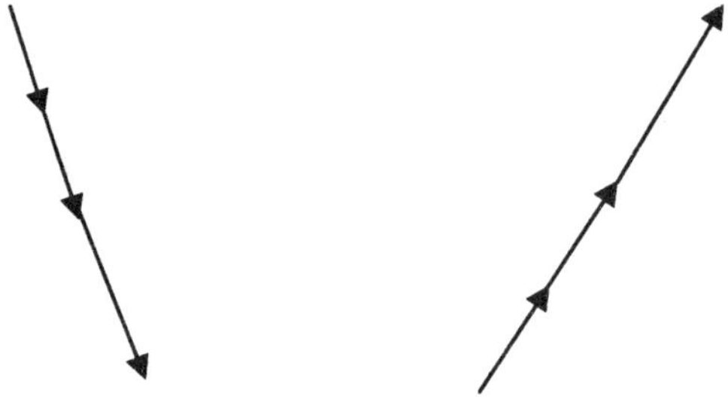

Pământul
Istoria
naşterea şi moartea lui Isus Hristos

Se poate observa că şi în acest caz, la fel ca în acela al elenismului, nici un moment al acestei procesualităţi temporale - Paradisul pierdut şi Paradisul recâştigat - nu este unic şi irepetabil. Aceasta în sensul că tot ceea ce se petrece pe latura descendentă în negativ este recuperat, repetându-se pe latura ascendentă, în pozitiv. Evident, de asemenea, că în raport de apropierea sau îndepărtarea de punctul central al istoriei - drama umană a lui Isus Hristos - fiecare moment al istoriei primeşte o sarcină ontologică proprie, diferită de a celorlalte, îşi dobândeşte o individualitate proprie prin care omogenitatea timpului antic se desface în clipe autonome.

Viziunea creştină a istoriei este stăpânită autoritar de preocuparea pentru salvare, venirea pe pământ a lui Isus Hristos, având drept scop chiar anunţarea bunei veşti că aceasta se va înfăptui la sfârşitul timpului, al tuturor timpurilor. „Pentru evrei şi creştini - notează K. Löwith - istoria înseamnă înainte de toate salvarea. Ca atare, ea este preocuparea profeţilor şi predicatorilor. Filosofia istoriei ca fapt şi ca întrebare privitoare la un sens ultim a provenit din credinţa ontologică într-o salvare ca scop ultim."[28]

Epoca modernă este dominată de fenomenul hotărâtor pentru destinul istoric al întregii omeniri, al constituirii reprezentării despre lume a ştiinţelor moderne ale naturii înţelese ca unitate dintre empiric şi matematic, adică matematizare a experienţei, împrejurare de natură să le asigure garanţia unui progres continuu, cumulativ, al cunoaşterii. De uriaşele succese ale aplicării practice ale ştiinţelor beneficiem astăzi din plin şi în afara acestora nu ne-am putea închipui în nici un fel confortul zilnic al civilizaţiei noastre tehnice, chiar cu riscul de a pierde pe zi ce trece tot mai mult caracterul natural al vieţii noastre.

Acestea reuşesc să impună concepţia lor proprie despre timp, aceea a unei curgeri liniare, unidirecţionale, înţeleasă ca devenire progresivă permanentă, deschisă infinit către viitor. Timpul se înfăţişează ca o linie dreaptă infinită, a cărui curgere este univoc direcţionată, într-o succesiune de momente ce se urmează necesar unele pe altele, fără ca ordinea lor să poată fi răsturnată, care duce iremediabil şi irecuperabil de la trecut

[28] K. Löwith, *op. cit.*, p.15

către prezent şi de la prezent către viitor. Tot ce se petrece pe această linie infinită este învestit cu misterul unicităţii absolute: el a fost odată pentru a nu mai putea fi niciodată întocmai.

Pentru ceea ce intenţionăm să dovedim, trebuie reţinut că abia această concepţie modernă, de inspiraţie ştiinţifică, a timpului, face cu putinţă, teoretic, ca faptul istoric să fie gândit ca un eveniment temporal, unic şi irepetabil. Cu aceasta, este asigurată şi condiţia sau premisa cea mai importantă a constituirii filosofiei istoriei ca disciplină filosofică autonomă, independentă.

(A) K. Löwith a chemat la o anume moderaţie în privinţa folosirii ideii de umanitate, care nu constituie mai mult decât un ideal normativ, inexistent ca atare în realitate. „Umanitatea" nu a existat în nici un trecut istoric şi nu poate exista mai mult decât atunci în nici un prezent: ea este o idee şi un ideal pentru viitor, orizontul necesar al concepţiei escatologice despre istoria universală[29].

Un alt factor care a favorizat apariţia filosofiei istoriei în secolul al XVIII-lea a fost ideea de umanitate elaborată prin contribuţia mai multor gânditori de primă importanţă ai epocii (B). Viziunea unui proces istoric universal unic şi unitar îşi revendică drept o necesitate logică internă ideea de umanitate sau gen omenesc ca atare. Dar, fără îndoială, pe lângă consideraţiile teoretice se adaugă şi cele de natură poetică: pentru a putea face faţă solicitărilor momentului istoric reprezentat de iluminism, aşa cum au fost acestea înscrise în

---

[29] K. Löwith, *op. cit.*, p. 29

programul de reforme promovat de acesta, se impune, ca unic agent al istoriei, nu omul ca individ, ci umanitatea ca specie. Avantajele de a centra sarcina istorică pe ideea de umanitate sunt evidente şi în ordinea teoretică şi în cea practică. Pe când individul este trecător şi suportă o cotă redusă a sarcinii istorice, neamul omenesc infinit în spaţiu şi timp, etern, în succesiunea generaţiilor sale este singurul care poate duce la capăt nişte sarcini de anvergura istoriei universale vizate de programul raţionalist al luminilor.

Pentru gânditorii secolului al XVIII-lea, un Kant şi un Herder, în primul rând umanitatea înseamnă calitatea supremă a neamului omenesc. Ar fi o gravă eroare să se creadă că ea este dată deodată întreagă, de la început, urmând să fie doar împărţită pe parcursul istoriei, în mod egal între generaţii şi indivizi. Umanitatea constituie fondul iniţial comun al omenirii, dat de la început oamenilor, dar care nu constituie o calitate *ne varietur*, ci una care evoluează istoric odată cu oamenii, umanitatea deplină fiind doar rezultatul unui program infinit dar care se cucereşte pe parcursul dezvoltării istorice prin eforturile colective ale omenirii. Ea va putea fi dobândită în totalitatea ei numai undeva intr-un punct îndepărtat în viitorul devenirii istorice a omenirii. Umanitatea constituie produsul final al devenirii istorice a omenirii, acela în care se înfăptuieşte unitatea deplină a simţirii, gândirii şi acţiunii tuturor oamenilor. Cea care asigură caracterul raţional al istoriei este umanitatea, şi nu individul, care rămâne ataşat întâmplătorului, hazardului istoric. Omenirea acţionează în istorie după un plan înscris de la început în codul ei genetic: realizarea umanităţii integrale. Pe când pentru individul singular istoria contează doar ca şi un cadru exterior, câmpul de acţiune al unor forţe iraţionale între care trebuie să se descurce, lăsându-se purtat de nişte impulsuri de moment iraţionale. Acţiunile individuale în istorie se suprapun într-un paralelogram al forţelor sociale, cum spunea Marx, care se suprapun unele peste altele într-un joc calculabil matematic, care fie se anulează unele pe altele, fie se adună într-o rezultantă unică ce indică dominanta istorică.

Aşadar, după noua concepţie a timpului, ideea de umanitate constituie al doilea factor ce a condiţionat pozitiv apariţia filosofiei moderne a istoriei.

Epocile anterioare nu au cunoscut ideea de umanitate unitară cu toate implicaţiile sale în sensul actual al termenului. Antichitatea greacă nu operează cu ideea unei umanităţi unitare, subiect unic al unei istorii universale. Dimpotrivă, ea introduce în ideea de umanitate, omenire, nişte diferenţe şi distincţii care acţionează în sensul opus al spargerii ideii de unitate. Un document al acestui mod de a gândi găsim în *Republica* (345e) lui Platon. Într-un pasaj celebru, acesta desface omenirea în trei tipuri de popoare - „dragostea de învăţătură (*he to philomates*) ar putea fi cel mai bine pusă pe seama meleagurilor noastre, cât despre iubirea de arginţi (*he to philochrematon*), aceasta s-ar potrivi cel mai bine cu fenicienii sau egiptenii" (345e). La fel, în *Politicul* (747b-c), Platon lasă să se întrevadă acelaşi dispreţ al său pentru orientali, egipteni şi fenicieni, având ca unică preocupare a lor să se îmbogăţească: „abilitatea aceasta nenorocită, care slujeşte numai de a înşela pe alţii, după cum vedem la egipteni şi fenicieni şi multe alte neamuri, ajunse la starea de acum din cauza josniciei celorlalte îndeletniciri ale lor şi a căilor pe care apucă spre a se îmbogăți, fie că trebuie să se pună greşeala pe seama vreunui legiuitor puțin prudent, sau vreunui eveniment supărător sau unei dispoziții de spirit naturală la aceste neamuri" (747b-c). În ochii lui Platon, orientalii încarnează tipul omului practic, în timp ce grecii sunt singurul popor capabil să se consacre unei vieți teoretice - *vita theoretica* - dedicată cunoaşterii şi studiului dezinteresat al adevărului. În spatele acestei opoziții dintre greci (*hoi hellenoi*) şi celelalte popoare orientale, barbare (*hoi barabroi*), Platon nu reuşeşte să sesizeze unitatea fundamentală a neamului omenesc şi să lucreze cu ideea de umanitate. La fel Aristotel. În gândirea sa social-politică, el avansează distincția dintre cei liberi (*hoi eleuteroi*) şi cei supuşi, sclavii (*hoi douloi*). Prin asociere, poate rezulta faptul că grecii sunt poporul de oameni liberi cărora li se cuvine în mod natural (*katà physin*), în această calitate a lor, dreptul de a conduce celelalte popoare. Acestea nedispunând de libertate, sunt, de fapt, nişte popoare de sclavi, născute numai pentru a fi supuse şi conduse. Abia odată cu stoicii, datorită condițiilor istorice specifice elenismului, apar în filosofia greacă unele elemente ale ideii de omenire, ca neamul omenesc unic, în care asemănările, ceea ce este comun este mai puternic decât ceea ce separă şi diferențiază.

Creştinismul avansează pe calea elaborării unui concept unitar al neamului omenesc prin însăşi scopurile pe care şi le propune. Scopul pe care creştinismul îl fixează istoriei omenirii este asigurarea mântuirii pentru toți şi pentru fiecare. Sarcina care, prin creştinism, se pune în fața istoriei, urmând a fi realizată prin eforturile omenirii de oriunde şi oricând, mântuirea, este atât de înaltă încât, pentru realizarea ei, indivizii trebuie să acționeze împreună, într-un bloc unitar, solidar, care este omenirea. Legat de acest scop, pe traseul istoric pe care omenirea îl urmează între cădere şi înălțare în vederea salvării sale, „se desfăşoară devenirea totală a neamului omenesc considerat ca un bloc indistinct"[30]. În vederea obținerii salvării, omenirea se comportă ca o mare unitate, un bloc unic şi unitar, care este neamul omenesc în ansamblul său ca agent unic al istoriei. Deşi angajează aceeaşi omenire, pe parcursul acestei deveniri, istoria o pune la lucru în mod diferit. De aceea, în sânul omenirii concepute ca organ unic şi unitar în timp, se disting anumite fragmente care formează generațiile. De fapt, o generație se constituie pe conştiința unității sarcinii istorice care apasă pe umerii unui grup de oameni constituiți ca fragment al omenirii. „În acest fel - scrie H. Ch. Puech - derularea istoriei este comandată şi orientată de un fapt unic, singular în mod radical. Şi, prin urmare, destinul omenirii, al întregii omeniri, ca şi destinul particular al fiecăruia dintre noi, se joacă şi ele o singură dată, odată pentru totdeauna, într-un timp concret şi de neînlocuit, cel al istoriei şi al vieții. "[31]

Filosofia istoriei a beneficiat de ideea de umanitate mai cu seamă aşa cum aceasta s-a constituit în gândirea germană a secolului al XVIII-lea (*Aufklärung*) şi apoi în cea a secolului al XIX-lea, a idealismului german (*der deutsche Idealismus*). W. Windelband, în istoria sa a filosofiei moderne, susține că

[30] H.-Ch. Puech, *Gnoza şi timpul* (1952), în *op. cit.*, p. 269
[31] *Ibidem*, p. 272

idealul umanității se înrădăcinează în idealismul moral filantropic al gândirii lui Leibniz, adevăratul părinte al iluminismului german. „Cu aceasta - scrie acesta - Leibniz a enunțat idealul moral filantropic al epocii *Aufklärung*-ului și filosofia populară a secolului al XVIII-lea s-a mișcat în Germania în esență în jurul acestei idei. Înțelepciunea și virtutea sunt aici una: luminarea spirituală este identică cu cea morală, și din aceste convingeri s-a preparat idealul umanității, care, precum un parfum vrăjit (*das wie ein zauberischer Duft*), s-a răspândit peste dezvoltarea poeziei germane. Germanilor le-a fost încredințat să ducă principiul iluminismului pe înălțimea sa morală."[32]

Într-adevăr, către sfârșitul secolului al XVIII-lea apar numeroase lucrări de importanță, care vehiculează chiar din titlul lor noul concept al umanității ca unic subiect al istoriei universale. De altfel, în consacrarea lor, cele două concepte, cel al istoriei universale și al umanității, s-au susținut reciproc. Este vorba de următoarele, fără îndoială câteva doar cele mai de seamă din mai multe:

1780 - „Educația neamului omenesc" (*Die Erziehung des Menschengeschlechts*) de Lessing

1784-1791 - „Idei despre o filosofie a istoriei umanității" (*Ideen zur Philosophie der Geschichte der Menschheit*) de Herder

1786 - „Începutul probabil al istoriei omenirii" (*Mutmaßlicher Anfang der Menschengeschichte*) de Kant

---

[32] W. Windelband, *Filosofia iluminismului german*, Satu Mare, Editura Decalog, 1997, p.82 (*Geschichte der neuren Philosophie*, Leipzig, Breitkopf&Härtel, 1919, Bd. I, p. 496)

1795 - „Scrisori despre educația estetică a omenirii" (*Briefe über die ästhetische Erziehung der Menschheit*) de Schiller

1793-97 - „Scrisori despre promovarea ideii de umanitate" (*Briefe zur Beförderung der Idee der Humanität*) tot de Herder.

Peste tot apar termenii de omenire (*Menschheit*), umanitate (*Humanität*) încă din titlurile acestor lucrări ca noile concepte cu care operează gândirea iluministă și indică o direcție în evoluția acesteia către ceea ce se va numi neo-umanism. Umanitatea sau neamul omenesc se clădește în timp, se reface pe parcursul istoriei, transversând istoria. Umanitatea, ca supremă calitate în care se realizează evoluția istorică a omenirii, cunoaște diferite grade de realizare, în funcție de modul diferit în care ea se transpune în fiecare dintre indivizii și popoarele care apar și dispar pe parcursul istoriei. În concepția neo-umanismului propriu celor mai de seamă reprezentanți ai iluminismului și idealismului german, orice om ca individ este purtător al umanității pe o treaptă istorică de realizare a acesteia. O umanitate parțială există, deci, în fiecare din momentele istoriei pentru ca să se înfăptuiască drept umanitate integrală, deplină, ce constituie o achiziție finală a istoriei, numai în ceea ce metaforic am putea numi ultimul om al istoriei. Abia în acesta și în ultima generație a istoriei, după secole de efort și strădanii, într-o manieră cumulativă, umanitatea se realizează adunând progres peste progres în formula sa finală, deplină, perfectă. Întrebarea aceasta, cine reprezintă adevăratul agent al istoriei, în care se realizează cu adevărat istoria, specia, neamul omenesc sau individul, omul individual, a constituit obiectul polemicii ce va despărți gândirea acestui sfârșit de secol în două tabere opuse reprezentate de Kant, respectiv de Herder. Pentru iluminişti, în conformitate cu principalele teze pe care ei le susţin cu privire la procesul istoric, şi în cadrul său, la iluminismul însuşi, care se regăsesc toate în gândirea lui Kant, umanitatea se realizează integral numai în ultima generaţie de indivizi ai istoriei. Haina umanităţii depline este purtată, ca un favor pe care istoria îl face, numai în ultima generaţie de indivizi ai istoriei. Tabăra opusă, care reprezintă noua sensibilitate romantică în afirmare, împărtăşeşte convingerea că se poate realiza toată, încă înainte de sfârşitul istoriei în oricare din indivizii din acţiunea cărora se ţese istoria. Umanitatea poate fi exprimată în totalitatea atributelor sale în oricare moment al istoriei sale, mai cu seamă de acei indivizi din avangarda ei, care sunt geniile, purtători, anticipativ, de fiecare dată, ai unei umanităţi perfecte. Aşadar, pentru Kant, conform cu concepţia sa că iluminismul este mai degrabă un efort permanent către împlinire, dar care practic, în infinitatea timpului, nu se va împlini niciodată, urmând să rămână activ în istorie ca unul din marile idealuri normative ale omenirii, umanitatea deplină ca rezultat al acestor eforturi dispuse asupra tuturor generaţiilor care au fost active în câmpul istoriei rămâne şi ea marea normă regulativă a istoriei. În cele din urmă, ultima generaţie istorică va putea gusta din avantajele asigurate de umanitatea integrală, toate celelalte generaţii care s-au perindat prin istorie vor forma sacrificaţii anonimi ai istoriei care s-au pierdut fără urmă în luptele date de neamul omenesc, fără a se împărtăşi din bucuria victoriilor acesteia.

Iluminismul, marea mişcare de idei în care s-a lăsat antrenat secolul al XVIII-lea, s-a aşezat de la început sub semnul dominant al raţiunii. Aceasta în plan teoretic. Pentru că, în plan moral, iluminismul vine cu solicitarea ca omul să se folosească de această raţiune cu care este dotat. Ambele aspecte se regăsesc, în cele din urmă, în cunoscuta definiţie kantiană a iluminismului, din „Răspuns la întrebarea: ce este luminarea?" (5. dec. 1785): „*Luminarea* - scrie Kant - *este ieşirea omului din starea de minorat a cărei vină o poartă el însuşi. Starea de minorat* este neputinţa de a se servi de mintea sa fără a fi condus de altcineva. Te faci *tu însuţi vinovat* de această stare atunci când cauza ei nu se află într-o lipsă a inteligenţei, ci în lipsa fermităţii şi a curajului de a te sluji de ea fără a fi condus de altcineva. *Sapere aude!* «Ai curajul să te serveşti de *propria* minte» este, prin urmare deviza luminării." Problema iluminismului se joacă, în ultimă instanţă, în plan moral: ea constă în curajul de a gândi cu propria raţiune. Iluminismul implică drept supremă dovadă a maturităţii intelectuale şi morale a omului acţiunea în conformitate cu prerogativele unui plan dinainte stabilit, ce urmează să fie îndeplinit, adică o acţiune gândită în mod finalist, în funcţie de un scop. De aceea, iluminismul deplin înseamnă domnia unei raţiuni implicate practic, care, precum zicea Leibniz, părintele iluminismului german, „procură fericire" - *procuranda felicitas* -, aceasta într-o cantitate cât mai mare cu putinţă, pentru toţi la un loc şi pentru fiecare în parte. Epoca, cum o definea W. Windelband, este cea a unei vocaţii hedoniste orientate către a gusta din plăcerile vieţii - „secolul luminilor se înfăţişează în existenţa sa spirituală, şi mai cu seamă în ceea ce priveşte viaţa sa filosofică, drept o adevărată epocă a savurării"[33].

Formula de gândire preconizată de iluminism stă sub semnul unor grave ambiguităţi şi dileme dintre care semnalăm unele. Atingerea unui scop, raţional fixat şi utilizând mijloace raţionale, ca esenţă a iluminismului, presupune a acţiona într-un timp finit, intră în contradicţie cu cealaltă componentă fundamentală a iluminismului, împrumutată din ştiinţa modernă, cu reprezentarea sa a timpului, presupoziţia unui timp infinit. Într-un timp infinit, nici un scop al istoriei, mai cu seamă unul de anvergura celui pe care şi l-a fixat iluminismul, raţionalizarea completă a conţinutului vieţii individuale şi sociale, nu poate fi atins, ci numai permanent amânat, pasat de fiecare dată mai departe, pe linia infinită a viitorului. De fapt, realizarea unui astfel de scop ar echivala cu sfârşitul istoriei, când scopul acesteia, fiind o dată atins, se anulează şi infinitatea timpului. Cu aceasta, iluminismul ar duce omenirea la capătul călătoriei sale în timp, când principiul hegelian al identităţii totale dintre realitate şi raţiune devine efectiv. Totul a devenit raţiune, e raţional şi omenirii nu-i rămâne nici o altă perspectivă decât cea de a ieşi din timp, când nu se mai întâmplă nimic, în orice caz nimic încărcat şi de o semnificaţie spirituală, ideală. Ieşită astfel din timp, omenirea ar putea savura (*genießen* - W. Windelband) în eternitate binefacerile acestei raţionalizări fără rest a istoriei. În această eternitate a bucuriei divine, timpul ca atare, indiferent că curge sau e blocat în loc, nu mai prezintă nici o semnificaţie majoră.

---

[33] W. Windelband, *op. cit.*, p. 35 (ed. germană, p. 447)

Valorificarea lui ar putea însemna cel mult angajarea sa în procesele inverse ale deconstrucțiilor de tot felul. S-a instalat cu aceasta ceea ce ne-am obişnuit să numim sfârşitul istoriei.

Sfârşitul istoriei este însă permanent amânat, împins de fiecare dată mai departe în timp, de intervențiile acțiunilor creatoare al căror subiect este omenirea. El nu va fi atins, practic, niciodată, fiindcă cu cât ne apropiem de el, în maniera idealurilor normative kantiene, el se îndepărtează de noi. Kant, în definiția sa a iluminismului, va distinge între o *epocă luminată* (*aufgeklärte Zeit*) şi o *epocă a luminării* (*Zeit der Aufklärung*). La întrebarea ce urmează in modul cel mai firesc din acceptarea acestei distincții, cum poate fi caracterizată propria sa epocă, Kant răspunde fără prea multe ezitări: „trăim în prezent într-o epocă luminată? Răspunsul este nu, dar trăim de bună seamă într-o epocă a luminării" şi Kant îşi motivează verdictul: ‚Lipseşte încă foarte mult ca, după cum stau lucrurile astăzi, oamenii, socotiți în totalitatea lor, să fie deja capabili sau cel puțin să fie făcuți capabili să se servească sigur şi bine de propria lor minte fără a fi conduşi de altcineva'[34]. De fapt, Kant revine în această privință pe nişte poziții susținute mai înainte, în *Critica rațiunii pure*, în legătură cu opozițiile pe care le are de înfruntat critica înțeleasă ca exercițiul suprem al rațiunii iluministe. Într-o notă la *Prefața* ediției întâi a *Criticii rațiunii pure* (1781), Kant observă, dând o altă formulare a părerilor sale, privind propria sa epocă: „Secolul nostru este adevăratul secol al criticii, căreia totul

[34] Citare liberă, conform lui Immauel Kant - „Ce este luminarea", în: Al. Boboc (coord.), *Ce este „Luminarea"?: teze, definiții şi explicații*, ed. Paideia, Bucureşti, 2004, pag. 22.

trebuie să i se supună. *Religia*, prin *sanctitatea* ei, și legislația, prin *majestatea* ei, vor de obicei să i se sustragă. Doar atunci ele provoacă împotriva lor bănuieli juste și nu pot pretinde stima sinceră, pe care rațiunea o acordă numai aceluia care a putut face față examenului ei liber și public"[35]. Kant crede că epoca sa este pe cale de a rezolva amândouă aceste probleme prin politica reformistă dusă de regele Prusiei, Friedrich al II-lea cel Mare. „Avem totuși indicii clare că acum li se deschide drumul pentru a răzbi liber într-acolo și că piedicile în calea luminării generale sau a ieșirii din starea de minorat, de care se fac ei înșiși vinovați, se împuținează încetul cu încetul. În acest sens, epoca noastră este epoca luminării sau secolul lui Frederic"[36].

Așadar, crede Kant despre epoca sa, suntem într-o epocă a luminării, în care procesul luminării se află într-o plină desfășurare. Se pare că niciodată nu se va ajunge însă într-o epocă luminată; luminarea deplină nu va fi niciodată o realitate istorică. Luminarea rămâne un deziderat al omului, care acționează în istoria sa cu valoarea unui imperativ. După toate probabilitățile, luminarea este permanentă, iar omenirea va stărui veșnic într-o epocă a luminării, fără a ajunge vreodată într-o epocă luminată. În consens cu înclinațiile gândirii din vremea sa, Kant definește iluminismul nu ca o stare realizată, ci ca un proces în curs de realizare. Apare întrebarea ce rămâne din iluminism, la un bilanț istoric obiectiv, dacă scopul său nu poate fi îndeplinit niciodată.

---

[35] I. Kant, *Critica rațiunii pure*, București, Editura Științifică, 1969, p. 13

[36] Immauel Kant - „Ce este luminarea", în: Al. Boboc (coord.), *Ce este „Luminarea"?: teze, definiții și explicații*, ed. Paideia, București, 2004, pag. 22.

Răspunsul e simplu: rămâne strădania, efortul luminării. În istorie, la nivelul marilor colectivități, mai cu seamă a celor naționale, la fel ca în existența indivizilor singulari, creator este doar insuficientul. Rămâne ca un element pozitiv, din/pentru iluminism, doar efortul permanent al realizării scopului de care omenirea se va îndepărta, cu atât mai mult cu cât se apropie de el. Permanența efortului şi strădaniei de a fi într-o epocă luminată, aşezată sub semnul rațiunii victorioase obligă să admitem ideea unui iluminism etern, fără sfârşit, iar indivizii singulari, la fel ca şi omenirea în ansamblul ei, rămânem mereu cuprinşi în acest efort şi această strădanie continuă de luminare. Căci aşa cum spunea marele Goethe - „Pe cel ce neîncetat se străduieşte / Pe acela îl putem mântui". Şi poate că tocmai acesta este şi sensul ultim al istoriei universale.